KB004575

중간세계사

비잔티움과 오스만제국

※ 일러두기

1. 본문에서 인용되는 모든 저작이나 단행본에는 『』(겹낫표)를, 논문에는 " "(쌍따옴표)를 사용했습니다.
2. 본문에 사용된 지도의 저작권은 저자에게 있으며, 사용된 도판 중 위키백과 · 나무위키 등 공용 사이트의 저작권 만료 또는 사용 제약이 없는 퍼블릭 도메인 이미지는 출처 표시를 생략하거나 소장처를 표기하였습니다. 이외에 소장처가 분명치 않은 도판은 정보가 확인되는 경우 이에 따른 적법한 절차를 밟겠습니다.

중간세계사
비잔티움과 오스만제국

이희철 지음

리수

프롤로그

『중간세계사, 비잔티움과 오스만제국』을 쓰는 이유

이 책은 중세와 근대의 동양과 서양, 그러니까 동양의 중국 문화권과 서양의 유럽 문화권 사이에 있는 중간세계의 이야기를 다룬다. '중간세계' 란 표현은 『이슬람의 눈으로 본 세계사』의 저자 타밈 안사리가 사용한 것이다. 그는 서구와 중국 중심의 기존 세계관을 의심하며 중간세계를 동서를 이어준 중간지대라는 의미로 사용했다. 지리적으로는 인더스 강에서 이스탄불까지, 문화 · 지역적으로는 지중해권 세계와 중국 세계 사이를 말한다. 그런데 그가 말한 중간지대에는 거대한 장화 모양의 아라비아반도와 소아시아라고 불린 아나톨리아반도 등 두 개의 넓은 반도가 있고, 유대교뿐만 아니라 기독교와 이슬람의 발상지이자 페르시아 · 아랍 문화권과 이슬람 문화권이 중첩되는 중동(Middle East)이 있다.

오늘날의 튀르키예가 있는 아나톨리아반도는 고대 그리스 · 로마 강역이었고 중세에는 비잔티움제국(동로마제국)의 문화가, 근대에 들어서는 오스만튀르크 즉 오스만제국의 문화가 서린 곳이다. 그리고 이슬람 역사의 서장을 연 아라비아반도를 포함한 중동은 페르시아와 아랍인의 고유한 정체성과 문화자원이 축적된 지역이다. 동양과 서양의 중간에 있는 이 지역은 고대 페르시아제국부터 근대 오스만제국에 이르기까지 역사적 다양성이 풍부하고, 그리스 · 로마, 페르시아 · 아랍 · 튀르크 문화, 기독교와 이슬람 문화 등 동서 문화의 연결고리를 완성해주는 문화적 요충지이다.

그러니까 타밈 안사리가 말한 중간세계는 유서 깊은 역사적 사실이 넘쳐나는 인류 역사의 중요한 무대이고, 신비롭게 감춰진 보물창고 같은 곳이다. 내가 이 책을 쓰고자 하는 이유는 바로 이 때문이다. 세상을 움직이는 힘은 있었으나 세계사의 중심축으로 관심 받지 못하고 고립되어 우리에게 잘 알려지지 않은 중간세계를 비잔티움제국과 오스만제국을 통해 조명해보고자 한다. 이 책을 통해 세계질서의 흐름과 동시대 문명의 다양한 모습을 볼 수 있길 바란다.

이 책은 시간을 기준으로 역사적 사실을 서술하지만, 인간의 지적 활동과 삶의 방식 등 문화와 문명은 서로 중첩되고 영향을 미친다는 상호 관련성을 중심원리로 하여 분석적이고 기술적인 서술이 주된 흐름이 되도록 했다. 그러므로 이 책은 역사 · 정치 · 경제 · 종교 · 건축 · 예술 분야 등 여러 영역을 넘나드는 다학제(多學際)적 융합 연구라고 할 수 있다. 먼저 비잔티움과 오스만제국이 어떤 제국이었는지 설명해보고자 한다.

두 제국의 공통점

기독교 국가인 비잔티움과 이슬람 국가인 오스만제국은 서로 다르게 보이지만, 크게 네 가지 면에서 공통점이 있다.

첫 번째 공통점은 두 제국 모두 '세계사' 라는 주무대에서 제대로 평가받지 못하고 뒷전으로 밀려났다는 것이다. 현재 시점에서 볼 때 이러한 평가는 낡은 것이 되었지만, 서구 중심적 시각의 세계사에서 비잔티움제국과 오스만제국은 문화적인 '타자' 로 여겨졌다. 가톨릭 로마가 서구 유럽의 중심이었다면, 동방정교회의 중심지였던 비잔티움(동로마)은 그 '서자(庶子)' 였다. 비잔티움은 부패하고 타락한 나라로 인식되었고, 비잔틴(byzantine)이라는 말이 상투적 형용사로 사용될 정도였다. '비잔틴적 세금' , '비잔틴적 음모' 등이 그 예다. 비잔티움이 그리스와 로마 문화를 계승한 공에 비하면 야박한 평가이다. 그렇다면 오스만제국은? 유럽에서 볼 때, 오스만제국은 '성전' 을 위해 여러 세기에 걸쳐 유럽을 침략하며 유럽 세계를 공포에 휩싸이게 한 장본인이었다. 19세기 유럽의 제국주의적 시각에 따라 동 · 서양은 이분법적으로 갈라졌고, 동양에 대한 서양인의 편견과 선입견이 반영된 오리엔탈리즘이 유행하면서 오스만제국의 역사와 문화는 왜곡되었다. 거기에다 서구 열강의 팽배한 제국주의 열풍으로 오스만제국은 '병자(sick man)' 취급을 받으며 식민 찬탈의 '밥' 이 되었다. 서구 열강의 제국주의 압박에 제대로 대응하지 못한 오스만제국의 '국격' 은 땅에 떨어지고 말았다.

두 번째 공통점은 비잔티움과 오스만제국은 같은 장소를 수도로 했다는 것이다. 비잔티움의 수도는 콘스탄티노플이었고, 오스만제국의 수도는 이름만 바뀐 이스탄불이었다. 오스만제국이 비잔티움의 후계자가 된 셈인데, 수도를 같은 장소로 했다는 점은 두 제국 간 문화의 수용과 교류라는 점에서 매우 중요한 요소로 작용했다. 콘스탄티노플이나 이스탄불은 지중해, 에게해 무역과 문화의 중심지였다. 지리적인 특징 때문에 콘스탄티노플이나 이스탄불은 다양한 문화가 교류되는 장소이자 여러 문화가 중첩되는 장소가 되었다. 다시 말해 콘스탄티노플과 이스탄불은 종교의 중심, 세계정치의 중심, 기독교와 이슬람 문화의 중심이라는 역할을 했다. 콘스탄티노플이나 이스탄불을 통해 종교, 문화, 제국의 힘이 연상되는 이유이다.

세 번째 공통점은 두 제국은 정치와 행정 제도 면에서 엄청난 유사성이 있고, 종교와 문화 면에서도 공통의 전통을 가졌다는 것이다. 이것이야말로 내가 이 책을 쓰고자 하는 가장 큰 자극이 되었다. 비잔티움과 오스만제국은 고도의 국가주의적이고 중앙집권적인 정책을 시행했다. 두 제국은 이전 제국의 정치적 경험과 문화적 전통을 수용하되, 변혁적인 능력을 발휘하여 사회적 응집력을 굳건히 하기 위한 자신들의 독특한 방식을 개발했다. 정도의 차이는 있지만, 탄탄한 관료 제도나 프로니아(비잔티움)와 티마르(오스만제국) 제도 같은 행정 및 군사 제도도 서로 유사했다. 마지막으로 한 가지 사실을 추가하면, 두 제국의 생존 중심지는 발칸과 소아시아(아나톨리아)로 이 두 지역은 제국의 지속가능성을 보장해주는 생태적 차원의 인프라였다. 이 두 지역을 차지할 때 제국은 번성했고, 상실할 때 제국은 쇠퇴했다.

네 번째 공통점은 로마의 일곱 언덕처럼 두 제국에도 일곱 언덕이 있었다는 것이다. 로마제국의 역사와 문화는 로마의 일곱 언덕 위에 세워

이스탄불의 일곱 언덕

졌다. 'New Rome', 새로운 로마로 불렸던 콘스탄티노플에도 일곱 언덕이 있었다. 여섯 언덕은 골든 혼(Golden Horn, 금각만)을 중심으로 좌우에 세 개씩 연결되어 있고, 나머지 한 개는 남서쪽에 별도로 떨어져 있다. 역사문화 유적이 넘치는 이스탄불 지구는 1985년에 유네스코 세계문화유산에 등재되었다.

비잔티움이란?

비잔티움(330~1453년)은 어떤 나라일까? 비잔티움이 동로마제국을 일컫는다는 것은 알아도 역사적으로 어떤 모습으로 존재한 나라였는지 아는 사람은 많지 않을 것 같다. '비잔티움'이라는 나라 이름은 당대에 사용됐던 말이 아니다. 비잔티움제국의 사람들은 자신을 로마제국에 사는 로마인으로 생각했다. 비잔티움제국이 멸망하고 난 뒤에 학자에 따라 그 나라가 여러 이름으로 명명되었으나, 영어권에서는 관례적으로 Byzantine Empire 또는 Byzantium 등 두 가지로 혼용 표기하고 있다. 국내에서는 영어식 표기를 근거로 '비잔틴제국' 또는 '비잔티움' 으로 사용하다가, Byzantine의 사전적 의미가 형용사이므로 '비잔틴제국' 이라는 표기는 부적절한 명칭이라는 지적에 따라, 근래에는 '비잔티움' 으로 표기하는 것이 일반적이다. 이 책에서는 보편적으로 사용되는 '비잔티움' 을 쓰기로 한다.

우선 비잔티움의 '생일' 은 언제일까? 비잔티움이 탄생한 해를 언제로 해야 할지는 아직 합의된 것이 없다. 멸망한 날짜와 시간은 1453년 5월 29일 화요일 정오 즈음으로 분명하지만 말이다. 로마제국 전체를 다스리는 단독 황제로 등극한 콘스탄티누스 대제가 새로운 제국의 수도로 고대 그리스의 식민지인 비잔티온(현 이스탄불)을 선정하고, 그곳을 '새로운 로마(Nova Roma, New Rome)' 로 공표한 324년? 아니면 콘스탄티누스 대제가 로마제국의 수도를 콘스탄티노플로 옮긴 330년? 아니면 테오도시우스 1세가 두 아들에게 물려주기 위해 로마제국을 동서로 분리한 395년? 아니면 서로마제국이 멸망한 476년?

그런데 로마제국 역사상 가장 큰 전환점(turning point)이라고 부를 만한 사건은 콘스탄티누스 대제가 313년에 밀라노 칙령으로 기독교를 공인한 것이다. 기독교 공인은 이후 유럽인들의 철학, 삶의 가치, 태도에 큰 영향을 준 획기적 사건이었다. 비잔티움이 중세 기독교 세계의 중심이고 기독교가 비잔틴 문화의 핵심이니, 우리는 기독교를 공인한 콘스탄티누스 대제가 콘스탄티노플로 수도를 옮긴 330년을 비잔티움이 탄생한 해로 보기로 하자.

콘스탄티노플은 제국의 수도가 되었다. 콘스탄티누스 대제는 로마제국에 있는 것과 같은 히포드롬을 만들고 황제의 관람석을 만들었다. 히포드롬과 연결하여 대궁전도 건축했다. 궁전 입구에는 동상과 대리석으로 장식된 두 개의 주랑 현관인 웅장한 포르티코(portico)도 만들었다. 새로운 도시를 위대한 도시로 만든 콘스탄티누스 대제는 즉위 25년이 되는

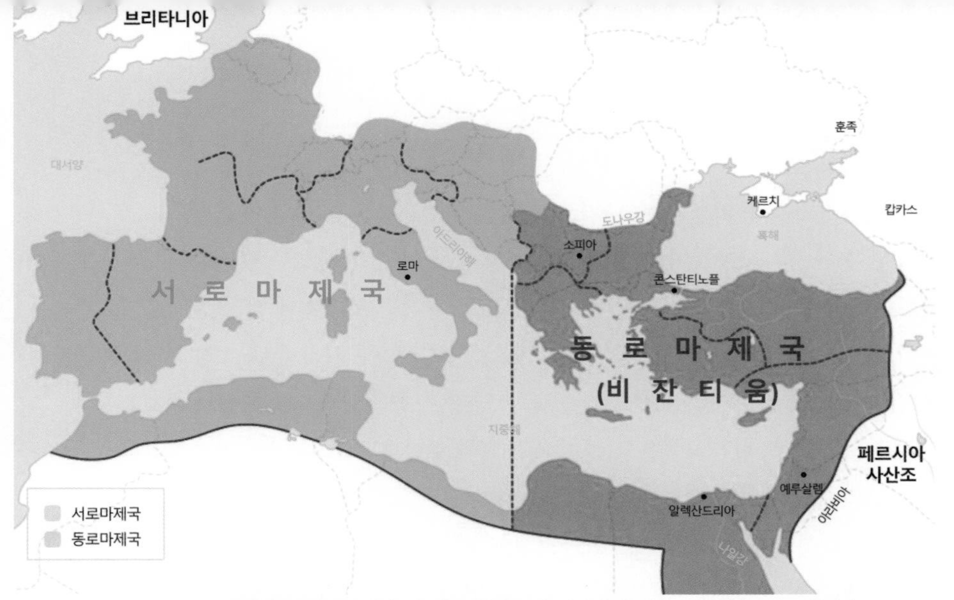

서로마제국과 동로마제국(395년) 로마제국의 마지막 황제인 테오도시우스 1세(재위 379~395년) 집권 말기 로마제국은 동서로 양분되었고, 476년 게르만 족장 오도아케르에 의해 서로마제국이 멸망하자 유럽은 중세 기독교 지배의 암흑기에 들어갔다. 경제적으로 부유한 콘스탄티노플을 수도로 한 동로마제국은 비잔티움제국(Byzantine Empire)이라는 이름으로 중세 유럽 천년의 제국을 상징했다.

기원후 330년 원로원의 승인을 얻어 도시 이름을 콘스탄티노플로 정했다. 로마제국의 건국(기원전 753년)으로부터 콘스탄티노플까지 1080년이라는 시간이 흘렀다.

비잔티움, 330~1453

시작이 좀 길었다. 비잔티움은 로마제국의 반쪽으로 동쪽에 있다 해서 동로마제국(Eastern Roman Empire)이라고도 부른다. 로마제국의 반쪽 서로마제국은 476년에 게르만족에 의해 황제가 폐위되면서 멸망했지만, 다행히 동쪽에 있는 또 다른 반쪽 동로마제국은 서로마제국이 멸망한 후에도 천년을 살아남았다.

비잔티움은 중세 기독교 세계와 동방정교회의 중심이었다는 것이 가장 큰 특징이다. 사실 이것만으로도 비잔티움은 인류 문화사에서 '옥좌'에 앉아도 될 만한 자격이 있다. 비잔틴 문명은 로마제국의 통치 전통, 그리스 문화와 로마 관습, 기독교 신앙 등 세 가지 요소가 고리처럼 결합하여 있다. 이 가운데 어느 것 하나가 빠진다면 비잔티움의 역사와 문화를 설명할 수가 없다. 이것이 바로 서로마제국과는 다른 방식으로 발전한 동로마제국 문화의 독특한 특징이다. 비잔티움 황제는 로마법에 따라 통치했고, 로마제국처럼 히포드롬 광장과 도로, 다리, 성벽, 카라반 숙소 등을 건설하고 가난한 자를 위한 급식소도 운영했다. 콘스탄티노플은 로마와 다름없었으나, 비잔티움은 시간이 지나면서 로마 문화적 성격이 약해지고 그리스 문화의 색채가 강한 나라가 되었다. 콘스탄티노플에는 그리스인들이 대부분을 차지했지만, 튀르크인, 이탈리아인, 슬라브인, 페르시아인, 시리아인, 아르메니아인 들이 섞여 살았다. 그래서 비잔티움은 타문화에도 개방적인 다문화 제국이었다. 제국의 통치자와 귀족들은 모두 자신들을 로마인이라고 했으며, 자신들이 로마 문화 속에 살고 있다는 것에 긍지를 가졌다.

비잔티움은 중세 유럽의 대표적인 제국이었고, 그렇게 비잔티움을 빛나게 한 것은 비잔티움에 부를 가져다준 무역이었다. 비잔티움의 수도 콘스탄티노플은 당대 가장 유리한 지리적 조건을 가진 곳으로, 6~12세기에 동서 교역의 중심지였다. 흑해와 지중해를 연결하는 보스포루스해협에 접해 있는 삼각형 형태의 반도에 있는 콘스탄티노플은 아시아와 유럽을 잇는 전략적 요충지로 세계 경제와 무역의 중심지가 될 수 있었다. 비단(silk)을 비롯한 각종 직물, 유리, 보석, 향신료 등 값비싼 제품들이 콘스탄티노플 항구를 통해 거래되었다. 콘스탄티노플의 부유함은 주변국의 부러움을 사기에 충분했다. 돈 있는 로마인들은 더 많은 부를 위해, 프랑스나 에스파냐 등의 서유럽인들은 더 좋은 삶을 찾아 콘스탄티노플로 이주해왔다. 그래서 콘스탄티노플은 국제 경쟁과 글로벌 가치사슬이 상호 연계되는 '국제시장' 이었다. 비잔티움의 인근 해상국가인 제노바와 베네치아도 비잔티움으로부터 관세 특혜를 받아 엄청난 부를 거두며 상업국가가 되었다. 고대와 중세의 실크로드를 연결하는 중요한 역할을 한 콘스탄티노플은 비잔티움이 부와 군사력을 갖춘 제국으로 성장하게 했다.

비잔티움은 제국으로 성장하는 과정에서 물질적인 삶보다는 정신적인 삶에 중요한 가치를 부여하면서 문화를 발전시켰다. 비잔티움이 남긴 문화유산은 예술과 교회 건축 분야에서 두드러지게 나타난다. 예술과 교회 건축물은 분리될 수 없었다. 예술은 한마디로 종교예술이었다. 기독교 신학이 교회 건축물에서 예술적 형태로 표현되었기 때문이다. 비잔틴 예술은 여러 문화의 영향을 받았다. 넓게 보면 고대 그리스 · 로마 문화의 영향을 받았다. 그러나 좀 더 들어가보면 그리스 고전 문화와 오리엔트 문화가 융합된 헬레니즘 문화와 이집트 콥트(Copt) 미술 양식의 영향을 받았고, 그 위에 기독교적 요소가 결합되어 독특한 동방정교 예술이 탄생했다.

비잔틴 예술은 교회의 벽과 돔을 모자이크로 장식하는 것으로 시작되었으며, 종교적 색채가 강한 이콘(icon, 성상화)과 모자이크가 대표적이다. 이콘과 모자이크는 비잔틴 사람들의 초월자에 대한 경외심과 종교적 사색을 아름다운 시각언어 형태로 표현한 예술품이다. 성모 마리아의 이콘은 비잔틴 예술의 규범이 되었고, 비잔틴 교회에는 성모 마리아와 성인들이 모자이크로 화려하게 장식되었다. 튀르키예의 이스탄불, 이탈리아의 로마와 라벤나에 있는 교회 모자이크는 중세 교회 미술의 극치를 보여주었다. 비잔틴 예술은 발칸의 슬라브족과 러시아에 큰 영향을 주었다.

대형 돔으로 상징되는 비잔틴 건축은 교회 건축물이 대표적이다. 비잔틴 건축은 그리스와 로마 건축 공법을 융합하여 콘스탄티노플에 건축된 교회 건물로 시작되었다. 이스탄불의 성 소피아 교회는 비잔티움의 대표적 걸작으로 꼽힌다. 비잔틴 건축은 르네상스 시대 건축의 원조가 되었고, 그 공법은 오스만제국에도 계승되었다. 비잔티움이 중세 문화대국으로 발전하는 데는 예술과 건축의 풍요로움이 한몫을 했다.

오스만제국, 1299~1922

한편 오스만제국은 1299년 콘스탄티노플에서 아주 가까운 비잔티움의 변경인 아나톨리아반도 서부에서 작은 토후국으로 출발했다. 1453년 술탄 메흐메드 2세가 콘스탄티노플을 정복한 후, 콘스탄티노플은 오스만제국의 수도가 되었다. 오스만제국은 동부 지중해 지역에서 최강의 제국이었던 비잔티움을 몰락시키고 스스로 그 지위에 올랐다. 조선의 왕들이 전주이씨 가문에서만 나온 것처럼, 오스만제국은 '오스만(Osman)' 가문에서만 술탄을 배출했다. 16세기 쉴레이만 1세 시대에 오스만제국은 세계제국이라 일컬을 정도로 가장 강력한 제국으로 성장했다. 동쪽으로는 페르시아만, 서쪽으로는 알제리, 남쪽으로는 예멘, 북쪽으로는 오스트리아 빈까지 세 대륙에 걸쳐 영토를 확장했고, 인구는 1500만 명에 달했다. "네 시작은 미약했으나 네 나중은 심히 창대하리라"는 성경 욥기의 글귀는 오스만제국에 딱 맞는 말이었다.

무엇보다도 오스만제국은 기독교의 비잔티움과 라틴제국의 영토를 기반으로 출발했다. 그리고 아랍의 이슬람 정신과 그들의 거침없는 확장 정책을 유산으로 물려받았다. 태생적으로 충격과 변화에 대응하는 회복력과 유연성이 강할 수밖에 없었다. 오스만제국은 이슬람 수니파의 종주국으로 국가의 정치적 기반은 이슬람이었다. 동시대의 이슬람제국으로는 오스만제국 외에도 이란의 사파비 왕조와 인도의 무굴제국이 있었다. 서로 유사한 정치, 경제, 군사 제도를 가진 이들 세 이슬람제국은 모두 혁신적이고 다문화적이었다. 오스만제국은 이란의 시아파 사파비 왕조와는 상황에 따라 협력 관계를 갖다가도 불신과 대립 관계를 갖는 일이 다반사였다. 그러나 오스만제국은 문화적으로 이란 사파비 왕조에 진 빚이 많았다. 오스만제국에서 종교적인 언어는 아랍어였지만, 시, 역사, 지리, 철학, 과학 등 인문 분야에서는 페르시아어를 사용했다. 페르시아 문화가 없었다면 오스만제국의 문화가 크게 도약하지 못했을지도 모른다. 1517년, 오스만제국이 이집트 맘루크 왕조를 정복하고 메카와 메디나, 이스라엘까지 이슬람 성지 모두를 제국의 영역에 두자 이슬람 세계에서 술탄의 권위는 하늘을 찌르게 되었다.

오스만제국은 무슬림(이슬람을 믿는 사람)이든 비무슬림이든 차별 없

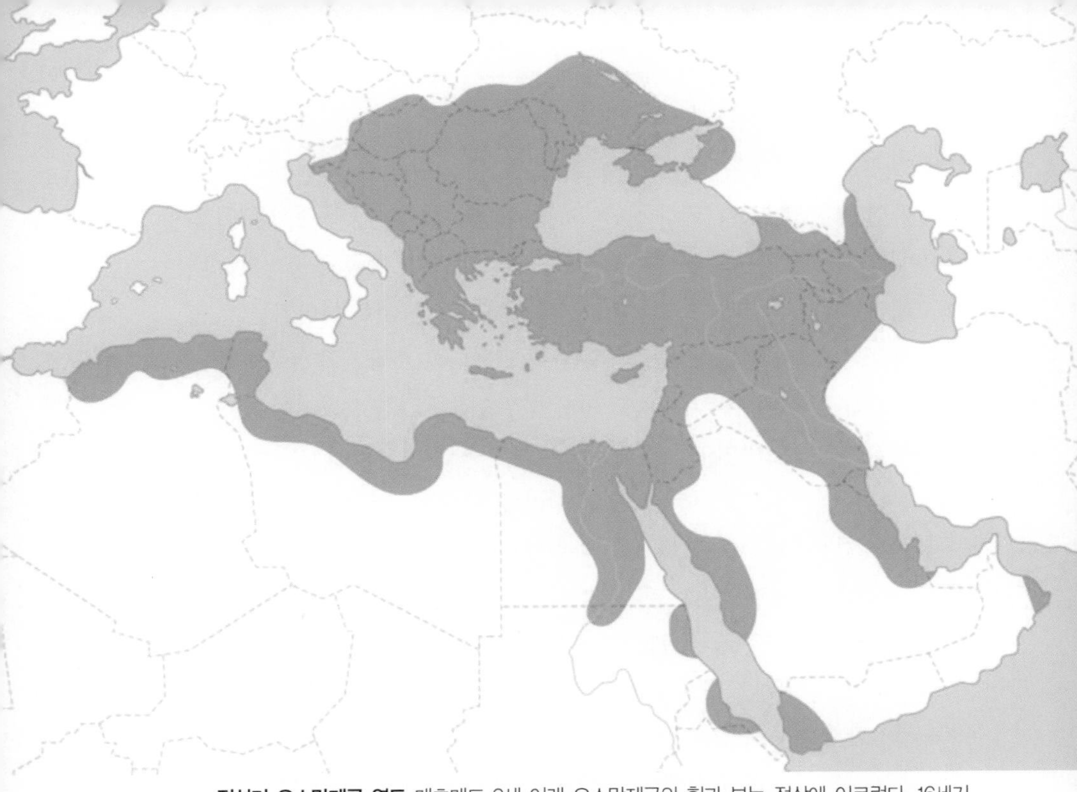

전성기 오스만제국 영토 메흐메드 2세 이래 오스만제국의 힘과 부는 정상에 이르렀다. 16세기 쉴레이만 1세(재위 1520~1566년) 시대에 최전성기에 이른 오스만제국은 아라비아반도와 중동, 북아프리카와 발칸 지역 등 아시아 · 유럽 · 아프리카 세 대륙에 걸친 광대한 영토를 소유했다. 전쟁과 영토 확장이 당연한 역사적, 종교적 사명이었던 오스만제국은 16세기에 건축과 예술도 최전성기를 이뤘다.

이 평화적으로 공존할 수 있는 다문화 사회였다. 이슬람 율법은 비무슬림에 대한 종교적 자유를 보장해주어야 한다고 명시했고, 이슬람 경전 쿠란에는 오늘날 우리가 라틴어 원전으로 알고 있는 "협정은 준수되어야 한다(pacta sunt servanda)"는 국제법의 원칙을 의미하는 내용이 여러 차례 언급되어 있다. 오스만제국은 제국의 영토에 사는 무슬림이 아닌 국민을 '딤미(Dhimmi)'라 하고 생명, 재산, 종교의 자유를 약속해주었다. 그 약속과 원칙은 비무슬림 종교사회 공동체인 밀레트(millet) 제도로 구현되었다.

제국을 구성하는 다양한 신민 중 동방정교인, 아르메니아인, 유대인 등 3대 공동체는 각각의 지도자 책임 아래 그들의 문화관습, 언어, 종교 예배의 자유를 가졌다. 이 외에도 시리아 가톨릭, 시리아 자코바이트, 프로테스탄트, 칼데아 가톨릭, 마로니트 가톨릭 등 10여 개가 넘는 종교 공동체가 있었다. 오스만제국의 신민이라면 이 중 어느 한 공동체에 속해 있어야 했다. 종교가 없는 사람은 존재할 수가 없었다. 제국의 구성원들이 모래알처럼 쉽게 흩어지거나 지리멸렬하지 않고 뭉쳐서 나아가는 모습을 만들어내고자 했던 밀레트 제도는 종교가 다른 사람들이 공존하는 다문화 사회를 위한 혁신적인 제도였다. 비무슬림에 대한 차별적인 요소가 전혀 없을 수는 없었지만, 밀레트 제도는 비무슬림 사회에 대한 개방적이고 관용적인 태도로 제국을 오래 살아남게 한 기반이 되었다. 오스만제국은 국가의 원동력이 된 문화적 다양성을 장려함으로써 세계제국으로 발전했다.

오스만제국은 성전(holy war, jihad)을 기치로 유럽과 전쟁을 했지만, 그렇다고 늘 적대감만 가지고 있지는 않았다. 유럽과는 전쟁과 평화가 반복되는 관계를 유지했다. 1453년, 오스만제국이 천년 제국 비잔티움을 멸망시킨 것은 작은 토후국을 지역 세력에서 글로벌 세력으로 키워준 황금 같은 역사적 기회가 되었다. 이때부터 유럽과의 관계가 본격화되었다. 오스만제국은 17세기까지는 유럽 중심부로의 진출과 팽창정책을 추진했지만, 18세기 들어 유럽과 새로운 관계를 모색해나갔다. 계몽의 시대, 이성의 시대에 유럽의 외교사절, 선교사, 상인 들이 오스만제국을 방문하는 사례가 부쩍 늘어났고, 오스만제국도 유럽의 변화를 알기 위해 외교사절을 파견하기 시작했다. 18세기 이래 오스만제국은 190여 차례 각기 다른 목적으로 사절단을 유럽에 파견했다. 18세기는 오스만제국과 유럽 간 문화교류가 절정을 이룬 시기였다. 튀르키예의 역사학자 할릴 이날즉(Halil İnalcık, 1916~2016) 교수가 지적한 것처럼 유럽은 오스만제국과의 오랜 전쟁, 십자군전쟁 등의 영향으로 오스만제국을 기본적으로 적으로 인식해왔지만, 두 세계 간의 문화적 교류는 전쟁과 투쟁의 역사보다 더 의미 있는 것이었다.

오스만제국은 600년이나 계속된 군사 제국이었지만 문학, 예술, 건축 분야에서도 오스만만의 독특한 문화를 발전시켰다. 오스만제국이 유럽과 문화적인 교류를 시작한 것은 15세기 중반 메흐메드 2세가 이탈리아 예술가를 초청하여 자신의 초상화를 그리도록 주문한 때부터였다. 18세기 오스만제국의 술탄은 유럽문화 수용에 관심을 보였고, 19세기에는 제국을 유럽식으로 혁신하기 위해 법 제도, 군사기술, 의복 분야 등에 유럽의 제도를 도입했다. 이 때문에 오스만제국의 역사는 유럽과의 정치, 역사 관계를 빼놓는다면 퍼즐이 맞춰지지 않는다. 오스만제국은 군사 강국이었으므로 광대한 영토를 운영하기 위한 행정 제도와 군사 제도는 제국의 중핵 제도였다. 오스만제국이 시행한 토지, 세금 등과 관련한 행정 제도, 상비군 등 군사 제도는 멀리는 로마제국에서, 가깝게는 비잔티움과 페르시아의 제도를 모방해 만들어졌다. 오스만제국의 문화에서 종교적 연계가 있는 페르시아의 영향은 결코 무시될 수 없다. 18세기 이후 서구 문화의 영향으로 이슬람 문화가 뒷전으로 밀리긴 했지만, 역사적으로 오스만 문화는 페르시아 문화의 영향을 피할 수 없었다. 페르시아와의 문화교류로 음악, 회화, 서예, 제책 등의 분야에서 오스만제국의 문화는 더 풍부하고 다채로워졌다.

이 책은 비잔티움, 비잔티움과 오스만제국 사이, 오스만제국 등 크게 3부로 구성되었다. 각각의 대주제에는 역사, 건축, 예술에 관한 내용이 소주제로 다뤄진다. 제1부 비잔티움에서는 먼저 로마제국의 멸망과 연계된 비잔티움의 탄생 배경과 천년 역사를 다룬다. 이어 중세 기독교 시대에 비잔티움의 대표적인 건축물이자 동방정교회의 본산인 성 소피아 교회를 비롯한 비잔틴 건축의 건축 공법과 특징 등을 살펴본다. 그리고 비잔티움 예술에서는 중세 기독교 교리의 이론적 틀에서 성행하고 건축 양식과 일체를 이룬 이콘과 모자이크를 조명한다.

제2부 비잔티움과 오스만제국 사이에서는 첫째, 아라비아반도에서의 이슬람 발흥과 정통 칼리프 시대–우마이야 왕조–아바스 왕조에 이르는 이슬람제국의 역사를 살펴보고, 이슬람의 지적 성과가 빛을 발한 이슬람 황금시대를 다룬다. 둘째, 비잔티움 말기 이후 신항로 개척, 르네상스,

종교개혁 등 유럽의 획기적 변화를 살펴본다. 셋째, 아랍 이슬람제국의 쇠퇴 이후 역사상 최초의 튀르크-이슬람제국으로 부상한 셀주크제국에 대해 살펴본다.

제3부 오스만제국에서는 튀르크-이슬람제국으로 부상한 오스만제국의 전반에 관해 설명한다. 600년 오스만제국의 역사를 개관한 후, 오스만제국의 거버넌스(통치방식), 사회, 건축, 예술과 18세기 유럽에서 튀르크 문화가 유행한 튀르크리(Turquerie)에 대해 알아보고 대단원의 막을 내린다. 역사와 문화는 서로 충돌하면서 발전의 원동력이 생기고 모방과 발견으로 전해지고 창조된다는 것을 이 책은 말하고자 한다.

이 책이 나오는 데는 여러 도서관의 도움을 받았다. 서울의 국회도서관, 국립중앙도서관을 비롯해서 튀르키예의 중동공과대학교(Middle East Technical University), 에르지예스대학교(Erciyes University)의 도서관, 앙카라의 대통령실 국민도서관(Presidential Library), 이스탄불의 아타튀르크문화센터 도서관(AKM Library), 캐나다의 노스뱅쿠버 공립도서관 등에 소장된 도서와 자료를 보면서 저술에 활용했다. 물론 저술에 참고한 논문 자료도 열거할 수 없을 만큼 많다. 튀르키예 문화관광부가 기획 출간한 문헌들도 소중한 참고자료가 되었다. 문헌에 표기된 아랍어, 페르시아어에 대한 정확한 의미나 문맥 등은 튀르키예 가지국립대학교(Gazi University)의 우르 쾨르올루(Uğur Köroğlu) 박사의 도움을 많이 받았다.

이 책은 필자가 서울디지털대학교에서 교양과목으로 강의한 내용을 기반으로 집필되었다. 책을 집필하도록 필자에게 권유하고 자극을 준 분은 리수출판사의 김현정 대표였다. 나날이 위축되는 출판 환경 속에서 이 책의 출판을 허락해준 출판사의 대표와 원고 정리와 편집을 해준 출판사 관계자의 여러 손길에도 고마운 마음을 전한다.

2024년 2월

입방(立方) 이 희 철

차례

제3화 비잔틴 건축

제4화 비잔틴 예술

제2부 비잔티움과 오스만제국 사이

제5화 이슬람의 팽창

제12화 오스만제국 시대 예술

제13화 튀르크 문화의 유럽 전파

제1부

비잔티움

제1화

비잔티움의 탄생

1. 유럽에 몰아친 폭풍

로마 밖의 바바리안

비잔티움의 탄생은 로마제국의 멸망과 연결되어 있다. 그런데 로마제국의 멸망은 '게르만족(Germanic Tribes)의 대이동'이라는 역사적 대사건과 맞물려 있다. 게르만족이란 스칸디나비아 북부에 살던 원시 유목민 부족들을 말한다. 게르만족은 공동의 조상을 두지 않았고 개별 게르만족은 자신들의 독특한 문화를 가지고 있었지만, 서로 비슷한 언어를 사용하고 서로 유사한 신화를 가지고 있었다. 우리가 게르만족에 일단 주목해야 할 중요한 이유는 5~7세기 중세 서양에 정착하여 단일 국가를 형성하고 서유럽 문명을 만든 이들이 바로 게르만 전사들이기 때문이다.

로마인들은 라인강 동쪽과 도나우강 북쪽에 살던 사람들을 게르마니(Germani)*라고 불렀고, 라인강 · 도나우강 · 스칸디나비아반도와 흑해 사이 지역을 게르마니아라고 불렀다. 글자가 없는 게르만족들이 기록을 남기지 않아 자신들을 게르만이라고 불렀는지는 알 수 없다. 1세기경 도미티아누스 황제(재위 81~96년)는 라인강을 따라 로마 속주를 상(上) 게르마니아와 하(下) 게르마니아로 구분하는 지리적 용어로 사용했다. 또한 로마인들은 게르만족을 바바리안(barbarian)이라고 일컬었다. 지금은 '바바리안'이라는 단어가 야만인이라는 뜻이지만, 로마인들은 로마제국 밖에 있는 사람들을 '로마 밖의 타자(他者)'라는 의미로 바바리안이라고 했다. 로마제국 말기에 출몰한 고트족,** 반달족, 프랑크족, 앵글로색슨족 등이 대표적인 바바리안이다. 고대 로마의 역사학자 타키투스(Tacitus, 56~117년)에 따르면, 게르만족은 농업에 종사하며 짚으로 만든 오두막과 통나무집에 살았고, 보리로 만든 수프를 먹고 주사위 게임을 즐

* 독일인을 뜻하는 로마자 표기 German(저먼)은 '게르만'으로도 읽혀, 게르만족이 독일인을 지칭하는 말로 여겨지는 것도 사실이다. 그러나 독일인도 다른 유럽인들처럼 게르만족의 일부분이다. 15세기에 독일 민족주의자들이 타키투스의 기록에 나오는 게르만족의 영웅을 자신들의 영웅으로 만든 사례가 있다. 타키투스는 게르만족의 한 부족인 체루스키족의 부족장인 아르미니우스가 오늘날 독일 북쪽의 칼크리제에서 로마를 상대로 반란을 일으켜 게르만 부족들에게 승리를 안겨주었다고 기록했다. 게르만족을 통일하고 그들의 영토에서 로마인들을 몰아내고자 한 아르미니우스를 독일인의 영웅으로 만들어, 게르만족과 독일인(Deutsche)을 동일화시키려는 정치적인 의도였다.

** 고트족은 보통 동고트족과 서고트족으로 분리되고 있으나, 잘못 번역되었다는 학계 비판에 따라 최근에는 동고트족을 오스트로고트족, 서고트족을 비시고트족이라고도 부른다.

타키투스(Tacitus, 56~117년) 로마의 역사가이자 정치가로 98년에 『게르마니아』라는 책을 썼다. 그는 이 책에서 로마제국 밖의 바타비족, 카티족, 우시피족, 카우키족 등 다양한 게르만족의 기원과 역사와 취락 · 음식 · 장례 등 풍속을 소개했다. 그에 따르면 라인강과 도나우강 북쪽 수림지역에 살며 붉은 머리와 푸른 눈을 가진 게르만족은 추위나 기아에도 굴하지 않는 강건한 체력을 가진 용맹스러운 야만인들이었다.

겼던 것으로 알려져 있다.

게르만족은 씨족 간의 혈연관계가 유대의 기본이고 정치적인 통합체가 없었기 때문에, 1세기까지만 해도 로마제국에 위협이 되지 않았다. 궁핍한 생활방식에다 무기도 유치했고, 전술이라야 매복이 전부였다. 그래도 용맹성을 최고의 가치로 여겼기 때문에 싸움은 잘하는 전사들이었다. 기원후 100년경, 타키투스는 로마제국 바깥 영역에 사는 게르만 부족의 기원과 풍속을 담은 『게르마니아』를 저술했다. 타키투스의 저서에 나오는 게르만 부족의 이름 중에는 기원후 3~4세기에 '게르만족의 대이동'을 일으킨 게르만족의 이름은 나오지 않는다. 이 대목은 시간이 지나면서 게르만 부족 간에 세력 재편이 이루어진 것으로 해석되고 있다. 게르만족의 정체는 그들이 로마제국을 침략하기 시작하면서 로마인들의 기록으로 점차 알려지게 되었다. 로마인들이 게르만 부족을 구체적으로 처음 알게 된 것은 로마공화정 말기의 위인 율리우스 카이사르가 기원전 58년부터 기원전 51년까지 갈리아(현 프랑스 지역) 전쟁을 치르면서였다. 게르만족이 현재 독일의 남부 지역까지 내려와 로마에 대한 위협 수위가 한층 높아진 때였다. 카이사르가 남긴 『갈리아 전기』에는 헬베티족, 벨가이족, 네르비족, 에브로네스족, 하이두이족 등 다양한 게르만족과의 전투 장면이 자세히 기록되었다.

게르만족의 대이동

* 오늘날의 노르웨이, 스웨덴, 덴마크 북부의 유틀란트반도를 말한다.

2천 년 동안 스칸디나비아반도 지역*에 살던 게르만족은 기원전 10세기경 동시에 두 방향으로 이동하기 시작했다. 오데르강과 엘베강 사이에 거주하던 한 무리의 게르만족이 더 살기 좋은 환경을 찾아 서쪽으로 이동했고, 또 다른 무리가 발트해를 건너 북유럽 해안지대로 이동했다. 전자의 무리를 서게르만족이라 하고 후자의 무리를 동게르만족이라 한다. 서게르만족은 마르코만니, 알라마니, 프랑크, 앵글로, 색슨, 랑고바르드 등이었고, 동게르만족은 반달, 게피드, 고트, 알란, 부르군트, 롬바르드 등이 대표적인 부족이었다.

발트해 남부의 삼림 지역과 동유럽의 평원과 강 연안에 살던 게르만족 무리가 라인강과 도나우강 연안에 진입했다. 기원후 100년경이었다. 로마제국의 자연경계인 라인강과 도나우강 연안에 당도한 게르만족은 드디어 로마와 변경을 같이하는 이웃이 되었다. 또 다른 무리가 발트해를 건너 다키아(현 루마니아)와 헝가리를 통해 로마 영토로 들어왔다. 로마제국은 게르만족의 위협을 막기 위해 라인강 중류에서 도나우강 상류를 연결하는 600km의 방벽인 리메스(Limes)를 구축했다. 리메스를 통해 로마제국과 게르만 부족 간에는 인적·물적 교류가 이루어졌고, 이를 통해 게르만족은 한동안 평화롭게 로마제국 영내로 이동했다.

그러나 기원후 3세기에 이르러 변경 지역에서 게르만족의 총공세가 시작되면서 로마는 위기를 맞았다. 247년경부터 고트족이 로마제국을 공격하기 시작했는데, 260년에는 알라마니와 프랑크족이 리메스를 부수고 이탈리아로 진군했다. 갈리에누스 황제(재위 253~268년)가 밀라노 전투에서 게르만 세력을 저지하긴 했지만, 게르만족은 그들이 연합만 한다면 로마의 지배력에서 벗어날 수 있다는 것을 깨닫게 되었다. 고트족은 로마제국의 도시들을 약탈하고 파괴하는 것을 멈추지 않았고, 300년경에 이르러 로마제국 변경 요새는 바바리안의 침략에 잠식되고 있었다.

375년, 중앙아시아에서 출현한 튀르크계 유목민 훈족이 고트족을 침략한 사건은 게르만족을 서쪽으로 이동하게 했다. 훈족은 게르만족 이동의 촉매 역할을 했고, 게르만족의 대이동은 고트족에서 시작되었다. 훈족이 동고트족 지역에 나타나자 동고트족은 켈트족이 살던 서쪽으로 밀렸다. 그러자 게르만족의 한 부족이 또 다른 부족을 밀어내는 연쇄작용이 일어났다. 406년 말에는 훈족의 압박에 견디지 못한 반달족, 알란족, 쿠아디족이 광대한 삶의 터전인 판노니아 평원을 떠나 라인강을 넘어야 했다. 로마제국 말기에 제국의 북부에 살던 고트족과 반달족은 게르만족 대이동의 주된 역할자가 되었다.

4~5세기에 아직도 부유한 로마제국에게 호전적인 게르만족은 가장 위협적인 존재였다. 게르만족의 대이동으로 생긴 무질서와 혼란으로 문명화된 로마제국은 급격하게 와해되었고, 바바리안 게르만족이 로마제국의 정치 · 군사 전면에 개입하게 되었다.

2. 로마제국 쇠락의 주역들

로마 멸망의 서곡을 알린 고트족

이처럼 로마제국의 재앙은 고트족의 침입으로 시작되었다. 훈족이 고트족의 뒤통수를 쳤기 때문이다. 훈족의 침입과 정복 과정은 후에 이야기하기로 하고 여기서는 고트족(Goths)에 집중해보자. 동고트족은 에르마나리크(Ermanaric, 재위 350~376년) 왕 지휘 아래 도나우강에서 발트해에 이르는 거대한 왕국을 이루었다. 376년 에르마나리크 왕이 훈족과의 전투에서 사망한 이후부터 훈족의 지도자 아틸라가 사망할 때까지인 100여 년간의 동고트족 역사는 알려진 것이 거의 없으나, 대부분의 부족 무리는 잠시 훈족에 복속되었다.*

* 훈족의 지도자 아틸라 사망 이후 동로마제국의 황제 마르키아누스(재위 450~457년)가 동고트족을 제국의 영내인 판노니아 지역에 살도록 허락해줌에 따라 동고트족은 로마제국 영내로 진입했다. 동고트왕국은 서로마제국을 멸망시킨 오도아케르를 살해하고 이탈리아의 왕이 된 테오도리쿠스 대왕(재위 475~526년) 지휘 아래 이탈리아반도의 지배자가 되었다.

서고트족은 비잔티움 황제 발렌스(재위 364~378년)에게 로마제국 영지에 이주할 수 있도록 허가해달라고 청원했다. 동쪽 변경에서 페르시아와 전쟁 중이던 발렌스 황제는 서고트족의 로마 영지 입국을 허락했다. 그러나 때마침 닥친 기근에다 부패한 장군들의 비인간적이고 야만적인 행동으로 서고트족이 기대한 합리적 처우는 물거품이 되고 말았다. 서고트족이 반기를 들자 로마제국은 376~382년 그들과 전쟁을 치러야 했지만, 378년 아드리아노플(현 튀르키예의 에디르네) 전투 참패로 서고트족과의 대결에 사실상 마침표를 찍게 되었다. 이 전투에서 발렌스 군대는 3분의 2가 몰살되었고 황제 자신도 목숨을 잃었다. 이 같은 참혹한 패배는 로마제국의 위상과 권위를 추락시켰다. 서고트족은 로마제국 황제의 허락을 받아 불가리아와 트라키아 지역에 거주하게 되었다. 그러나 동고트족은 로마제국 영역에 들어가 사는 것을 거절했다.

발렌스에 이어 황제가 된 테오도시우스 1세(재위 379~395년)는 고트족과 좋은 관계를 유지했지만, 힘이 막강해진 고트족은 황제를 협상 테이블에 끌어냈다. 382년, 고트족은 로마 영지에 거주할 권리를 얻는 한편 자신들의 법과 자치권도 인정받았다. 테오도시우스 1세가 395년 어린 두 아들(8세와 12세)을 남기고 죽자, 알라리크(Alaric) 왕이 고트족의 최고 지도자로 급부상했다. 알라리크는 바로 이탈리아에 눈을 돌리고 5세기가 개막되는 401년, 이탈리아 공격을 시도했다. 408년 로마를 포위한 고트족은 2년 후인 410년 8월 24일 영원의 도시 로마를 약탈하고 로마 세계를 분노와 경악으로 몰아넣었다. 고트족은 갈리아 남서쪽으로 이동했고, 418년에 툴루즈를 서고트왕국의 수도로 선포했다. 로마가 외세의 침탈을 받은 것은 800년 만의 일이었다. 장엄했던 로마의 몰락이 시작되었다. 고트족은 후에 스페인으로 넘어가 534년에 톨레도를 왕국의 수도로 정했다. 5세기 말에 이르러 서고트족과 동고트족 왕국의 영토는 서로마제국의 영토 대부분을 차지했다.

로마의 영광을 비참하게 만든 반달족

고트족이 이탈리아를 포위 공격하자 로마제국은 라인강 방어를 포기해야만 했다. 라인강 방어가 풀리자 406년, 반달족(Vandals)은 알란족, 수에비족과 함께 라인강을 건넜다. 이들 연합세력은 갈리아 북쪽에 머물렀다. 갈리아는 프랑크족이 차지한 상황에서 반달족 연합세력은 서쪽으로 이동하여 피레네산맥을 넘어 이베리아반도로 진입했다. 409년이었다. 연합세력을 이끈 지도자는 겐세리크(Genseric, 재위 428~477년)였다. 겐세리크는 제국이 혼란한 틈을 타 북부 아프리카로 들어가 439년에 북아프리카의 중심지이자 부유한 거대도시인 카르타고(현 튀니지)를 정복했다. 겐세리크의 반달족 군대는 카르타고 전역에서 무차별 파괴와 살육을 강행하며 로마 귀족을 몰아냈고, 지중해 연안의 무역기지이자 로마제국의 3대 도시 중 하나인 카르타고를 반달왕국의 수도로 정했다. 이어서 겐세리크는 마우레타니아(현 모로코와 알제리 일부 지역)를 로마제국에 돌려주는 대신, 오늘날의 튀니지를 포함한 로마제국의 속주 프로콘술라리스(Proconsularis)가 반달왕국의 소유라는 평화조약을 발렌티니아누스 3세(재위 425~455년)와 체결했다. 442년이었다. 로마제국은 겐세리크의 질주를 꺾을 능력이 없었고, 겐세리크는 원하는 대로 거침없이 행동했다.

전략적 요충지인 카르타고를 수도로 정한 반달왕국은 해상강국이 되었고, 서서히 로마제국의 영토도 침략하기 시작했다. 발렌티니아누스 3세 때 서부 제국 내에서 권력투쟁은 끊이지 않았고, 훈족도 로마제국 침략을 계속했다. 제국 내의 권력투쟁 속에서 455년에 발렌티니아누스 3세가 살해되고, 페트로니우스 막시무스가 황제 자리에 올랐다. 로마제국이 붕괴해가는 것을 목격한 겐세리크는 발렌티니아누스와 맺은 평화조약을 파기하고 로마로 진군했다. 455년 6월, 로마 성문에 도착한 겐세리크는 교황 레오 1세와 한 협상 때문에 로마를 방화하지는 않았지만, 로마에는 반달족의 2주간에 걸친 약탈과 살상 행위를 막을 아무런 힘도 남아 있지 않았다. 고트족에 이어 45년 만에 로마 도시가 다시 파괴되고 유린되었다. 반달족은 로마 황궁의 모든 재물과 보물을 약탈하고 돌아갔다. 로마의 힘과 영광은 더는 지탱할 수 없게 되었다. 후세 역사가들은 반달족이 로마를 약탈할 때 고트족과는 달리 도시를 불태우지는 않았지만 로마 황궁의 유물을 무자비하게 약탈하고, 카르타고를 비롯하여 두가, 엘젬 같은 북아프리카 지역의 대표적 로마풍 도시들을 완전히 파괴한 것을 들어 '반달리즘' 이란 말을 탄생시켰다.

발렌티니아누스 황제가 사망하자 455년, 겐세리크는 마우레타니아를 되찾아왔다. 이렇게 해서 아프리카에서 반달왕국 건설이 마무리되었다. 북아프리카 반달왕국은 후에 이탈리아의 동고트왕국과 견줄 만한 것이었다. 군사력과 외교술에 능한 겐세리크는 거의 50년을 통치하고 80대 고령에 사망했다. 북아프리카 반달왕국은 534년까지 계속되었다.

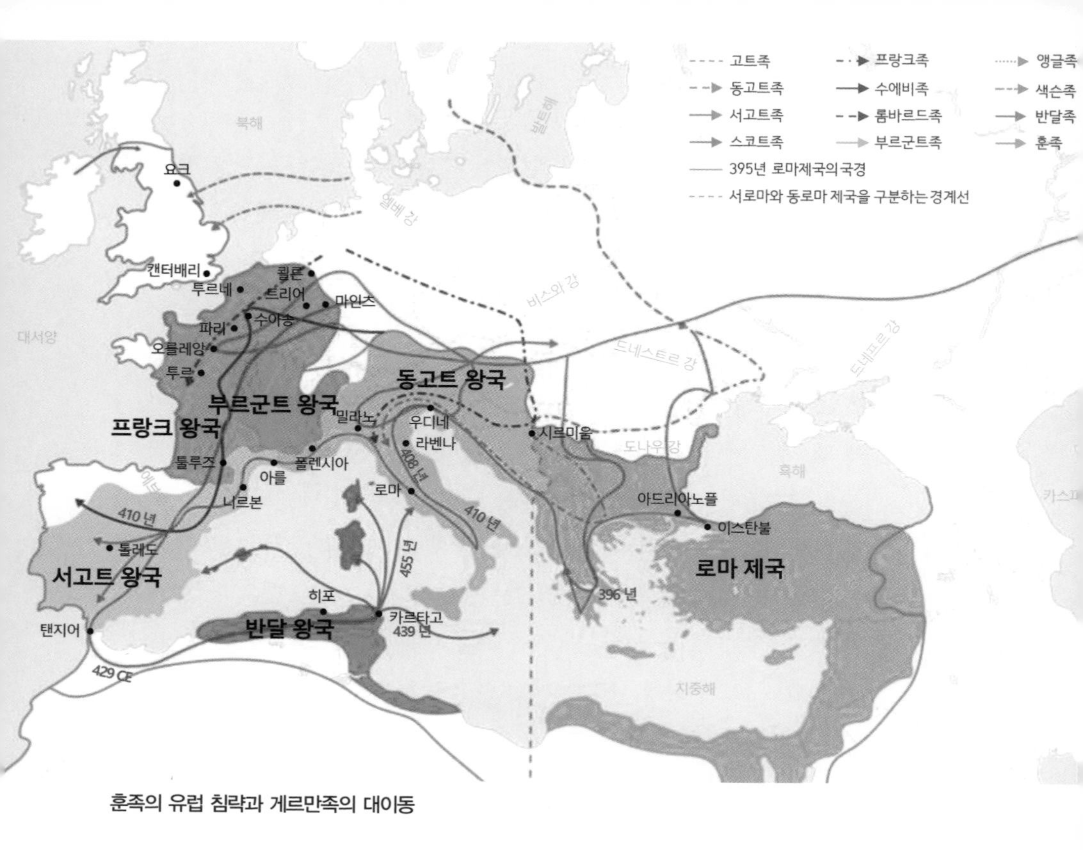

훈족의 유럽 침략과 게르만족의 대이동

단명한 유럽의 정복자 훈족

훈족(Huns)은 라인강 북부의 게르만족과는 종족이 다른 유목민이었다. 4세기경 카스피해 연안에 머물던 아시아 튀르크계 훈족은 370년경 서쪽의 이웃 부족인 알란족을 치기 위해 볼가강에 모습을 드러냈다. 훈족은 서쪽으로 전진하여 375년에 서고트족을 뒤에서 맹렬히 공격해 들어갔다. 378년에는 아드리아노플에서 고트족을 도와 고트족이 로마 군대와 싸워 이기게 하여 존재감을 드러냈다. 6세기 고트인 출신 역사가 요르다네스(Jordanes)에 따르면, 훈족은 378~379년경 트라키아를 넘어 로마제국의 속주인 중부 유럽의 판노니아에 정착했다. 훈족은 고트족과 다른 게르만족을 압박하여 게르만족들이 라인강을 넘어 로마제국 영토로 강제로 이동하는 상황을 만들어 현상유지를 하려던 로마제국 사회를 더욱 어렵게 만들었다.

395년, 로마제국의 테오도시우스 1세가 사망하면서 로마제국은 동로마와 서로마로 분리되었다. 이것을 기회로 훈족은 돈강을 넘어 캅카스 지역을 통해 아나톨리아의 비잔티움과 페르시아 영역으로 진입했다. 훈족이 카파도키아, 킬리키아, 시리아, 크테시폰 등을 침략해 들어오자 서로마는 큰 위기를 맞는다. 400년경 훈족의 움직임은 새로운 국면으로 발전하였다. 훈족은 게르만족과 비잔티움제국을 압박하는 동시에 그들과 좋은 관계를 유지하는 이중의 외교전략을 구사했다. 동·서로 나눠진 로마제국의 내정 상황을 최대한 이용한 것이다. 다른 한편으로 여러 소집단으로 행동하던 훈족은 도나우강 하류에서 훈족 최초의 왕으로 기록된 울딘(Uldin)의 지도로 통합되어 조직적 보완이 이루어졌다. 413년 비잔티움의 황제 테오도시우스 2세(재위 408~450년)는 콘스탄티노플에 훈족 등 바바리안의 침략을 막기 위해 성벽을 구축했다.

훈족의 강력한 군사력은 아틸라(Attila, 재위 434~453년) 때 구현되었다. 훈족은 430년대에 중앙아시아, 캅카스, 동유럽을 연결하는 거대한 제국을 이루었다. 453년, 아틸라가 갑자기 사망하자 훈족에 복속했던 부족들이 이탈하여 훈족의 공격적인 로마 침략은 끝나게 되었다. 아틸라에 이어 그의 장남 일레크가 454년 판노니아의 네다오(Nedao) 전투에서 게피드 족장 아르다리크(Ardaric)가 이끄는 게르만족 연합군대에 패배하고 전사했다. 네다오 전투 패배는 훈제국의 분열에 결정적 계기가 되었다.

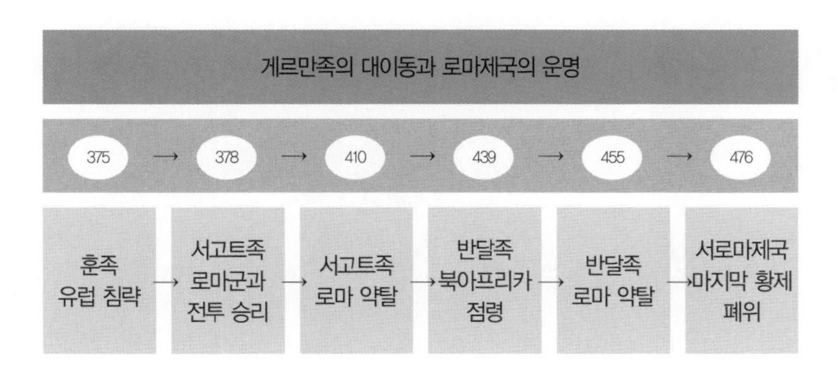

이 전쟁 후에 카르파티아 평원지대는 게피드족이 차지했고, 게피드족은 비잔티움(동로마)과 이웃이 되었다. 뒤를 이은 아틸라의 차남 덴기지크도 469년에 동로마 군대에 패하자 훈제국은 결국 몰락했다. 살아남은 훈족은 다시 아시아 스텝으로 돌아갔다.

훈족이 유럽에 갑자기 진입한 것도 괴기스러운 일이지만, 훈족의 종말도 전광석화처럼 갑자기 이루어졌다. 유럽의 훈제국(375~469년)은 단명했지만, 잔인한 공격성은 유럽 전역을 공포의 도가니로 몰아넣었다. 훈족의 침입으로 인한 게르만족의 대이동은 로마 사회의 현상(status quo)을 뒤죽박죽으로 흔들어놓았고, 로마제국을 몰락으로 치닫게 했다. 훈족의 시대가 마무리되자 유럽의 중앙과 서부 유럽 그리고 이탈리아는 게르만족의 수중으로 돌아갔다.

3. 로마제국의 분열

오도아케르와 서로마제국 멸망

5세기 들어 로마제국의 운명은 수도 로마가 두 차례(410, 455년)나 게르만족의 침략을 받으면서 파국으로 치달았다. 발렌티니아누스 3세(재위 425~455년) 때 서로마제국의 붕괴는 가시화되었다. 로마가 약탈 되던 455년, 서로마제국의 마지막 황제인 발렌티니아누스 3세가 페트로니우스 막시무스(재위 455년 3~5월)에게 암살되었다. 발렌티니아누스 황제 살해 이후 리키메르(Ricimer) 같은 정치력이 있는 게르만족 출신 로마 장군들이 황제를 꼭두각시로 만들었다. 455년 이래 서로마제국이 멸망한 476년까지 21년 동안 9명의 황제가 있었으나, 대부분 게르만족 출신 로마 장군들에 의해 즉위하거나 폐위되었다. 로마제국이 동·서로 분리된 이후, 로마제국의 황제는 두 명이었다. 한 명의 황제는 동쪽인 콘스탄티노플(비잔티움의 수도)에 있었고, 다른 한 명의 황제는 로마에 있었다. 서로마제국은 402년에 수도를 라벤나(Ravenna)로 옮겼기 때문에 서방의 최후의 황제 로물루스 아우구스툴루스(재위 475~476년)는 라벤나의 황궁에서 지냈다.

로물루스 아우구스툴루스가 황제로 즉위하자 로마제국의 용병대장 오도아케르(Odoacer)가 수도 라벤나에 들어가 16세의 어린 황제를 폐위시켰다. 로물루스 아우구스툴루스 재위 10개월 만인 476년 9월 4일, 서로마제국은 마지막 날을 맞이했다. 오도아케르는 영주권을 인정받은 게르만족 출신 로마 장군이었다. 오도아케르는 동로마제국 황제 제노(Zeno, 재위 474~475년)에게 자신은 황제의 지위를 원하지 않는다는 의지를 천명하고, 서로마제국(서방) 황제의 제의와 왕관을 동로마제국(동방) 황제

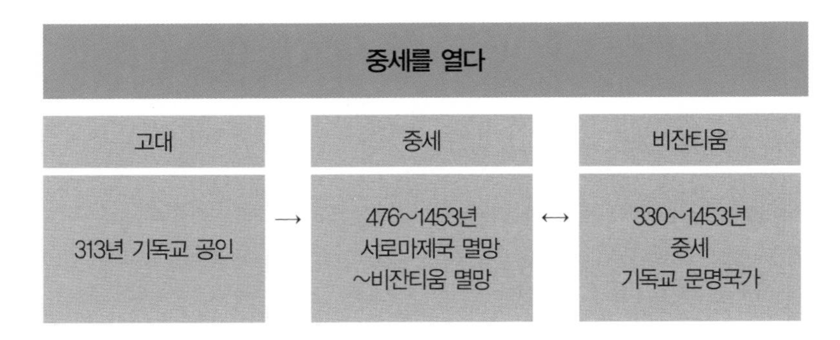

에게 보냈다. 서로마제국의 영토를 동로마제국의 황제에게 바친다는 의미였다. 동로마제국의 황제는 오도아케르를 서쪽 영역의 왕(Rex, 렉스)으로 임명했다. 476년의 무혈혁명은 서로마제국의 멸망이자 중세의 시작으로 받아들여지고 있다. 이로써 로마제국의 반쪽인 서쪽은 몰락했다. 이제 동쪽의 비잔티움이 로마제국의 정통성을 계승하게 되었다.

프랑크왕국의 등장

서로마제국이 몰락하자 그 영토에는 게르만족 왕국들이 세워졌다. 동고트왕국, 부르군트왕국, 프랑크왕국, 서고트왕국, 반달왕국, 앵글로-색슨왕국 등이었다. 로마제국의 반쪽, 동쪽의 동로마제국(비잔티움)은 게르만족 왕국들과 이웃이 되었다. 로마가 있던 이탈리아반도는 동고트족이 차지했다. 동고트왕국은 552년 동로마제국의 유스티니아누스 1세가 정복할 때까지 계속되었다.

486년 기독교를 받아들인 클로비스(Clovis)에 의해 세워진 프랑크왕국은 507년 서고트왕국, 534년 부르군트왕국을 정복하며 영토를 확장해나갔다. 클로비스(재위 481~511년)는 탁월한 정복자였을 뿐 아니라 법치에 의한 원칙적인 통치를 시도한 군주였다.* 메로빙거 왕조는 프랑크왕국의 전반기(481~751년) 왕조가 되었고, 카롤링거 왕조는 후반기(751~987년) 왕조가 되었다.

* 클로비스 통치기에 보통 살리카법(Pactus Legis Salicae)이라 불리는 성문법이 제정되었다. 게르만족의 관습법을 로마법 및 왕실 칙령 등과 결합하여 성문화한 살리카법은 프랑크왕국 메로빙거 왕조의 법령이 되었다. '살리'는 프랑크족 중에서 주도적 부족인 살리족에서 나왔다. 살리카법은 여성의 왕위 계승을 인정하지 않는 것으로 유명하다.

프랑크왕국은 게르만왕국 중 로마의 주교와 교황으로부터 정통성을 부여받고 서유럽 역사에서 가장 강하고 중요한 왕국이 되었다. 서고트족, 동고트족, 반달족은 얼마 안 가 멸망했지만, 프랑크왕국과 앵글로-색슨왕국은 오래 계속되었다. 게르만족 왕국들이 성립된 후 600년까지 작은 왕국들의 국경은 서로 싸움을 하면서 수시로 변경되었다. 로마제국은 붕괴됐지만, 그리스와 로마의 지식을 보존한 로마 교회는 살아남아 게르만족들을 문명화하기 위한 교육과 사회봉사의 중요한 원천이 되었다.

제2화

비잔티움의 역사

1. 제국의 탄생과 전성기, 4~6세기

고대도시 비잔티움

'비잔티움' 은 기원전 657년경 세워진 고대 그리스의 도시 이름이었다. 보스포루스해협의 유럽 쪽에 있는 도시였다. 비잔티움은 라틴어 표기이고, 그리스어로는 비잔티온(Byzantion)이다. '비잔티움' 이라는 도시 이름이 나라 이름이 된 것이다. '비잔티움' 이란 말은 독일 사학자 히에로니무스 볼프(Hieronymus Wolf)가 비잔티움의 사료를 모은 『비잔티움 역사 대전집』에서 처음으로 사용했다. 비잔티움이 멸망하고 103년이 지난 1557년이었다. 비잔티움은 흔치 않은 지리적인 위치 때문에 고대 그리스인들과 페르시아인들의 전쟁 무대가 되었다.

비잔티움제국을 흔히 동로마제국이라고도 한다. 동로마제국이 로마적 성격을 강조한다면, 비잔티움제국은 그리스적 성격을 강조하는 표현이라고 할 수 있다. 비잔티움은 로마법과 정치 제도로 통치되었고, 공식 행정 언어는 라틴어였으나 일반 백성들은 라틴어보다는 그리스어를 사용했다. 국립학교인 콘스탄티노플대학에서는 그리스의 역사, 문학, 문화 등을 가르치며 고대의 학문적 업적이 전승되도록 했다. 비잔티움제국의 시작으로 고대와 중세가 연결되었고, 그 종말로는 중세와 근대가 연결되었다. 또한 비잔티움은 그리스 · 로마, 페르시아, 이슬람 문화 등과 접하면서 동서양의 혼합된 문명을 후세에 남겼다.

종교의 자유를 선포한 콘스탄티누스 1세

콘스탄티누스 1세(재위 306~337년)는 324년에 로마제국의 수도를 비

콘스탄티누스 1세 313년 밀라노 칙령으로 기독교를 인정한 최초의 로마 황제다. 그는 자신의 치세 동안 많은 교회를 세우고 교회에 대한 재정 지원을 함으로써 로마제국을 기독교 국가로 만들려는 혁명적인 기독교 진흥정책을 추진했다. 그의 기독교에 대한 관용정책은 비잔티움과 유럽 전역에서 중세 기독교 문화가 형성되는 데 지대한 영향을 끼쳤다.

잔티움(이스탄불의 원래 이름)으로 옮긴다고 천명했다. 그는 옛 수도 로마를 버리고 비잔티움을 제국의 정치 · 문화적 중심지로 택했다. 콘스탄티누스 1세는 과거 로마제국의 영광이 그대로 비잔티움에 재현되도록 도시 정비사업에 전념했다. 그는 황제의 사저로 대궁전을 짓고, 시민들에게 볼거리를 제공할 대경기장 히포드롬과 성 사도들의 교회(Church of the Holy Apostles), 콘스탄티누스 광장(Forum of Constantine) 등 기념비적인 건축물들을 건설했다. 4만여 명의 고트족 노동력을 동원한 도시 건설 6년 만에 비잔티움은 제국의 수도로 변모했고, 콘스탄티누스가 축성한 성벽은 비잔티움이라는 도시 규모를 세 배로 불려놓았다.

고대도시 비잔티움을 '로마'처럼 새롭게 정비한 콘스탄티누스 대제*는 도시 이름을 콘스탄티노플**로 개명했다. '콘스탄티누스의 도시'라는 의미이다. 330년 5월 11일, 콘스탄티노플에서는 '새로운 로마' 콘스탄티노플의 축성과 헌당을 축하하는 행사가 열렸다. 도시 축성을 기념하는 동전도 주조되었다. 콘스탄티누스 시대에 히포드롬은 수도의 상징 건축물이 되었다. 히포드롬에서는 연중행사가 열렸고, 콘스탄티누스 대제는

* 비잔티움제국에서 대제 칭호를 받은 황제는 기독교를 로마제국의 공식적인 국교로 만든 테오도시우스 1세, 기독교에 대한 관용을 베풀고 새로운 로마를 건설한 콘스탄티누스 1세, 로마제국의 고토 회복과 로마법대전을 완성한 유스티니아누스 1세 등 세 명이다.

** 콘스탄티노플(Constantinople)은 영어 이름이고, 라틴어 이름은 콘스탄티노폴리스(Constantinopolis)였다. 이 책에서는 콘스탄티노플로 표기한다.

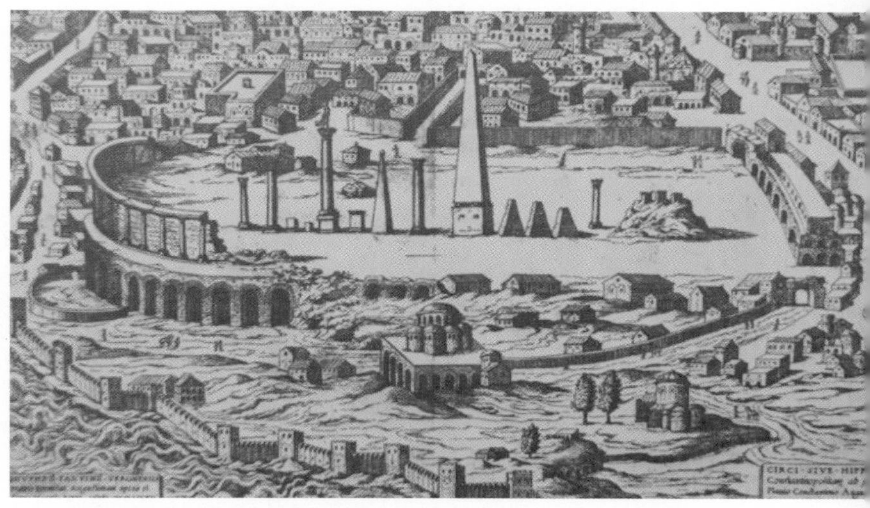

콘스탄티노플 히포드롬 조감도 콘스탄티노플 최초의 히포드롬은 203년 로마 황제 셉티미우스 세베루스에 의해 세워졌고, 4세기경 콘스탄티누스 1세가 도시의 대표적인 오락시설로 히포드롬을 증축했다. 콘스탄티노플의 히포드롬은 거대한 말발굽(U자)형의 전차경기장으로 황제의 대궁전과 연결되었다. 오스만제국은 히포드롬을 '말의 광장'이라는 뜻으로 아트메이다느(Atmeydanı)로 개명하고 이곳에서 할례 행사 등 궁전의 축제 행사를 열었다. 콘스탄티노플 히포드롬의 잔해를 묘사한 오노프리오 판비니오(Onofrio Panvinio)의 1600년 판화 작품. 귈 풀한 편저, 튀르키예의 세계유산, 튀르키예문화관광부 출판부, 2009, p.25.

머리에 자주색 황제의 관을 쓰고 마차경기를 관람했다. 세속적 여흥 거리인 마차경기 관람을 위해 황제의 궁전에서 히포드롬으로 가는 도보 길도 냈다. 과거 한때 페르시아의 다리우스 1세, 마케도니아의 알렉산드로스 대왕이 지배했던 콘스탄티노플은 이제 콘스탄티누스 대제가 지배하는 지중해 지역 최강의 세계 도시가 되었다.

콘스탄티누스 1세가 새로운 로마로 콘스탄티노플 도시를 건설하여 로마제국의 새로운 시대를 연 것은 비잔티움제국의 시작으로 볼 수 있다. 로마제국의 연장선에서 새로운 시대를 개막한 장본인들은 디오클레티아누스(재위 284~305년), 콘스탄티누스 1세, 유스티니아누스 1세(재위 527~565년) 등 세 명의 황제였다. 디오클레티아누스 황제가 여러 가지 개혁으로 위기에 빠진 3세기의 로마제국 혼란을 수습하지 않았다면 콘스탄티누스 1세나 유스티아누스 1세도 없었을 것이다.

3세기 로마제국은 군대에 의해 황제들이 옹립되고 폐위되는 50년간(235~284년)의 군인황제 시대를 맞았다. 이 시기에 제국은 군인들의 권력투쟁에 의한 내전, 외부의 침략(게르만족과 사산조 페르시아), 제국을

밀비우스 다리 전투 312년 로마제국은 네 명의 황제가 통치했다. 야심적인 콘스탄티누스 1세는 먼저 제국의 심장인 로마를 지배하는 막센티우스를 제거하기로 하고 312년 10월 28일 막센티우스와 로마 근교의 밀비우스 다리에서 전투를 했다. 밀비우스 다리 전투에서 압도적인 승리를 거둔 콘스탄티누스 1세는 이후 사두정치체제를 끝내고 로마제국의 단독 황제로 등극했다. 로마의 화가이자 건축가인 줄리오 로마노(Giulio Romano, 1499~1546년) 작품.

휩쓴 역병, 경제 사정 악화 등으로 극도로 혼란했다. 디오클레티아누스 황제는 무정부, 무질서 상태의 위기를 극복하기 위해 네 명의 황제가 지역을 나누어 통치하는 사두정치체제를 창안해냈다.* 그러나 디오클레티아누스가 퇴위하자 황제 간의 싸움으로 로마제국은 다시 내전의 소용돌이에 빠졌다. 로마제국의 공동 황제인 콘스탄티누스 1세와 경쟁자 막센티우스가 312년 로마 근교 밀비우스 다리에서 전투를 벌였다. 콘스탄티누스는 이 전투에서 승리하여 사두정치체제를 종식하고 단독 황제로 등극했다. 막센티우스는 전투 중에 테베레강에 빠져 익사했고 강에서 건져진 그의 시신은 참수되었다. 밀비우스 다리 전투는 콘스탄티누스 대제가 어떻게 기독교를 받아들이게 되었는지를 설명해주는 역사적 사건이다.

* 디오클레티아누스 황제는 난국을 수습하는 방안의 하나로 사두정치체제를 창안하고 제국의 쇠퇴를 막아보려 시도했다. 사두정치체제는 제국을 동·서로 양분하여 두 명의 정제(Augustus)가 맡고, 각각의 정제는 부제(Caesar)를 두어 통치하는 방식이었다.

콘스탄티누스 대제를 칭송하고 『교회사』라는 저술로 명성을 얻은 유세비우스(Eusebius, 260~340년)에 따르면, 콘스탄티누스 대제는 밀비우스 다리 전투(312년 10월 28일) 며칠 전인 어느 날 밤 꿈에 나타난 '라바룸'을 보고 전투에서 승리했다고 한다. 313년, 전쟁 이듬해에 콘스탄티누스는 공동 황제 리키니우스와 함께 밀라노 칙령을 공표하여 로마제국에 종교의 자유를 허용하고 기독교를 인정했다. 그날 밤 꿈에 나타난 그리스도를 의미하는 그리스 문자의 처음 두 글자 카이(X)와 로(P)를 십자가

라바룸 그리스어 크리스토스(구세주라는 뜻)의 처음 두 글자 카이(X)와 로(P)를 겹친 모양의 십자가 표식의 라바룸으로 주로 가톨릭에서 많이 사용한다.

처럼 겹쳐놓은 라바룸(labarum) 때문이었는지, 그의 신실한 믿음 때문이었는지, 아니면 정치적 목적으로 기독교를 인정했는지는 아직도 학계의 논쟁거리다. 어쨌든 콘스탄티누스 대제가 로마제국에서 기독교인들에 대한 박해를 종식한 것은 초기 기독교 역사의 전환점이 되었다.

콘스탄티누스 대제는 교회를 짓고 고위직에 기독교를 수용한 사람들을 임명했다. 그는 칙령으로 레바논에 있는 아프로디테 신전 등 이교도 신전을 파괴하도록 했다. 또한 아타나시우스파와 아리우스파 사이의 교리 논쟁*이 벌어지자, 교리를 통일할 목적으로 니케아(Nicaea)에 주교들을 소집했다. 최초의 공의회가 그의 재위기인 325년 니케아에서 열렸다. 330년에는 콘스탄티누스 광장 한가운데에 자신의 믿음을 알리는 탑을 세웠다.** 콘스탄티누스 대제가 기독교를 받아들이고 수도를 콘스탄티노플로 옮긴 것은 고대와 중세 유럽 역사에서 중요한 분수령이 되었다.

* 아타나시우스파와 아리우스파의 논쟁은 성부, 성자, 성령이 한 몸이라는 뜻의 삼위일체 중 예수의 정체에 관한 논쟁이다. 아타나시우스파는 성부와 성자가 같은 본질이며 동격인 존재라고 하지만, 아리우스파는 성자는 성부 하느님의 최초이자 최고의 피조물이라고 한다.

** 콘스탄티누스 탑은 현재 이스탄불 쳄베를리타쉬에 초라하게 남아 있다. 콘스탄티누스 대제는 탑신 위에 태양을 상징한 왕관을 쓴 자신의 동상을 올려놓았다. 자신을 태양신 아폴로에 비유한 것으로 기독교 교리와는 어긋나는 기념물이었다. 후에 마누일 1세 콤니노스(재위 1143~1180년)는 탑의 동상이 너무 이교도적이라 하여 동상 대신에 십자가를 놓도록 했다.

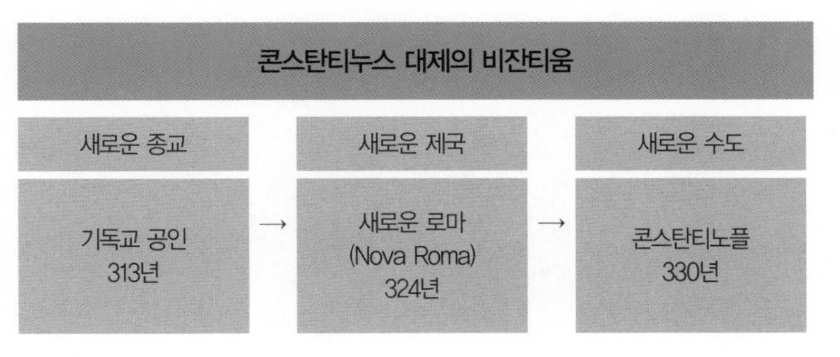

황금기를 마련한 유스티니아누스 1세

콘스탄티누스 1세와 유스티니아누스 1세까지 180여 년 동안 13명의 황제가 집권했다. 콘스탄티누스 1세 사망 이후 벌어진 권력 다툼의 내전은 새로운 혼란 시대의 시작을 예고했다. 발렌스, 테오도시우스 1세, 그의 아들 아르카디우스(재위 395~408년), 아르카디우스의 아들이자 테오도시우스 1세의 손자인 테오도시우스 2세 등이 이 시대의 대표적 황제였다. 특히 이 시기에 외부적으로는 게르만족의 대이동과 판도를 넓히는 사산조 페르시아의 위협으로 제국은 외부 위협에 일상적으로 노출되었다. 내부적으로는 니케아 공의회 이후에도 예수를 둘러싼 기독교 교리 논쟁(삼위일체)으로 제국은 분열되었다. 테오도시우스 1세 이후에 비잔티움을 중심으로 한 로마 세계는 '한 국가 두 체제' 로 굳어져갔다. 테오도시우스 1세는 제국의 동쪽을 아들 아르카디우스, 서쪽은 작은아들 호노리우스에게 맡겼다. 두 개의 거버넌스 체제에서 정치적 무게중심은 동쪽에 있었다. 한 국가 두 체제 형태는 서로마제국의 멸망까지 100여 년 동안 계속되었다.

476년 서로마제국 멸망 후에 동방의 로마인 비잔티움은 로마제국의 유일한 승계국이 되었다. 5세기 말과 6세기 초에 비잔티움은 이전보다 훨씬 정치적으로 안정을 찾았다. 서로마제국은 게르만족의 손에 들어갔지만, 비잔티움은 로마제국의 보편적 정신을 이어받고 비잔티움의 황제는 기독교 세계의 수장이 되었다. 서로마제국 멸망 반세기 만에 비잔티움에서 유스티니아누스 1세라는 황제가 등장했다. 유스티니아누스 1세는 이전의 5세기에 통치한 어떤 황제와도 비견할 수 없는 유별난 인물이었다. 우연한 계기에 황제가 된 유스티니아누스 1세는 강인한 성격의 소유자로 로마제국의 부활 같은 정치적 대의를 품은 정치가였다. 유스티니아누스 1세는 60대 고령인 데다 문맹이어서 통치할 능력이 부족한 유스티누스 1세(재위 518~527년)의 조카였다. 유스티누스 1세가 재위하는 동안 통치를 도와준 사람이 유스티니아누스 1세였다. 그의 원래 이름은 플라비우스 페트루스 사바티우스(Flavius Petrus Sabbatius)였으나, 유스티누스 1세에게 능력을 인정받고 양자가 된 플라비우스는 '유스티누스에 귀속된 사람' 이라는 뜻으로 '유스티니아누스' 라는 이름을 얻었다.

유스티니아누스 1세는 즉위 이전부터 유스티누스 1세를 도와 국정 경험을 한 터라 527년 황제로 등극하자마자 '로마제국 부활의 꿈' 을 실현하기 위한 국정 운영을 시작했다. 그의 통치는 565년까지 38년간 계속되었고, 천년 비잔티움 역사에 길이 남을 그의 치적은 6세기를 유스티니아누스 시대라고 할 만했다. 유스티니아누스 시대에 비잔티움은 서방과는 다른 동방의 제국이 되었고, 그의 눈은 서방 그리고 로마제국의 영광에 맞추고 있었다. 유스티니아누스는 벨리사리우스, 나르세스 같은 유능한 장군을 곁에 두고 로마와 라벤나를 탈환할 꿈을 키웠다. 그는 라틴 문화의 서방과 그리스 문화의 동방 간 차이를 역전시키고 로마제국의 영광을 재현하려 했다. 유스티니아누스 1세는 콘스탄티노플에 로마의 정신과 문화를 부활시키기 위해 공용어로 라틴어를 사용했고, 아테네의 법률학교도 폐지했다. 독실한 기독교 신자였던 유스티니아누스 1세는 예수 그리스도의 신성만을 강조하는 단성론에 반대하고, 예수 그리스도의 인격 안에는 신성과 인성이 연합되어 있다고 믿었다. 그의 꿈은 고대 로마제국의 영토를 회복하고, 기독교를 토대로 한 신정 정치체제의 정통 기독교 국가를 만드는 것이었다.

533년부터 554년까지 비잔티움은 이탈리아반도의 동고트왕국, 북부 아프리카의 반달왕국과 긴 전쟁을 했다. 유스티니아누스 1세는 로마와 이탈리아반도를 되찾기 위해 535년에 복심인 장군 벨리사리우스에게 시칠리아 원정을 명령했다. 벨리사리우스는 빠르게 시칠리아를 정복하고 이탈리아반도로 진격하여 5년 만에 동고트왕국의 밀라노와 수도 라벤나를 정복했다. 553년에는 나르세스 장군을 보내 마침내 동고트왕국을 멸망시켰다. 유스티니아누스 1세 치하에서 비잔티움은 이전 로마제국의 곡창지대인 북부 아프리카와 이탈리아반도 대부분을 회복했다. 그의 재위 말기인 565년에 이르러 비잔티움은 지중해 연안 대부분을 회복하여 과거

유스티니아누스 1세 동전 유스티니아누스 1세는 비잔티움제국 황제 중 가장 위대한 황제 중 한 사람으로 여겨진다. 그의 재위기에 발행된 동전의 앞면에 유스티니아누스 1세는 깃털 장식의 헬멧과 장신구가 달린 왕관을 쓰고 있고 네 개의 핀이 박힌 갑옷을 입고 있다. 그는 오른손에 세상을 상징하는 구(球) 위에 십자가를 얹은 구체(보좌)를 쥐고 있다. 이는 황제가 지상의 지배권을 가진 자이며, 세상의 기독교의 지배권을 가진 자임을 상징했다. 오른쪽의 큰 글자 M은 40눔니(numni)의 동전임을 나타내며, CON은 동전이 콘스탄티노플(Constantinople)에서 주조되었음을, 그리고 ANNO XIII은 재위 13년을 의미한다. 이스탄불고고학박물관, 이스탄불의 황제들: 히타이트부터 오스만제국까지, 이스탄불고고학박물관 출판부, 2011, p.181.

로마제국의 영토와 근접하게 되었다. 비잔티움에 대적할 적수는 없는 것 같았다. 오래가진 않았지만 지중해가 다시 로마의 호수가 되었다.

유스티니아누스 1세의 최대 치적은 로마제국의 고토 회복 외에도 로마법의 제정과 비잔틴 건축의 최고 걸작으로 꼽히는 성 소피아 교회의 건축이다. 유스티니아누스 1세는 황제의 법무관인 트리보니아누스와 함께 천년에 걸친 전 로마법을 집대성한 『로마법대전(Corpus Iuris Civilis)』을 편찬했다. '유스티니아누스 법전' 이라고도 하는 이 법전은 황제의 절대 권력을 옹호하고 절대주의적인 중앙지배 통치체제를 받쳐주는 근거가 되었다. 그러나 유스티니아누스 법전은 '눈에는 눈, 귀에는 귀' 같은 형벌로 유명한 함무라비 법전이나 죄를 지은 자는 타르페이아의 바위에서 던져 죽이는 12표법 등 이전의 법전들과는 격이 달랐다. 유스티니아누스 법전은 형벌보다는 결혼, 입양, 상속과 유언, 상업 등과 관련된 복잡한 민간 법률문제를 다루었다. 도덕적이고 윤리적이라는 제국의 기독교적 성격 때문에 이런 민사문제 해결은 꼼꼼하게 다루어야 할 중요한 일이었다. 유스티니아누스 법전은 개인의 자유로운 활동도 보장해주지만, 공동체에서 살아가는 백성들이 공공에 대한 책임을 다하도록 하는 보편적 가치와 이상도 아울러 담았다. 『로마법대전』에 나타난 원칙들은 오늘날 서구 법률에도 적용될 만큼 유스티니아누스의 로마법 제정의 업적과 성과는 놀라운 것이었다.

그러나 계속되는 군사 원정으로 인한 재정 고갈과 중과세 압력은 백성들의 불만을 초래할 수밖에 없었다. 532년, 히포드롬에서 청파(靑派)와 녹파(綠派) 간에 일어난 싸움이 대정부 반란으로 확대되었다. 이른바 니카(Nica) 반란이었다. 청파와 녹파가 합세한 격렬한 대규모 시위로 도시 전체가 불태워지고 황제 폐위를 요구하고 나서자 유스티니아누스는 도망가려 했다. 정치 감각이 뛰어난 황후 테오도라의 권유로 유스티니아누스는 황제의 직분으로 돌아와 성난 시위대를 진압하는 데는 성공했지만, 콘스탄티노플에 있던 교회는 화마로 사라졌다. 537년, 유스티니아누스는 그 자리에 성 소피아 교회를 건축했다. 1453년 오스만제국이 정복하여 이슬람 사원으로 개조되긴 했지만, 성 소피아 교회는 비잔틴 건축의 대표작으로 세계적인 건축물이 되었다.

유스티니아누스 1세가 고토 회복과 성 소피아 교회 완공으로 동로마제국의 위엄을 과시할 무렵, 541~543년에 뜻하지 않은 역병이 콘스탄티노플과 유럽을 휩쓸어 많은 사람의 생명을 앗아갔다. 황제도 역병에 쓰러졌으나 다행히 회복되었다. 역병의 원인이 무엇인지를 몰라 '유스티니아누스 역병' 이라고 불렀다. 그리고 유스티니아누스 1세가 로마제국의 고토를 회복하는 데 집중하는 사이 페르시아가 비잔티움 영토를 침입하기 시작했다. 540년에 페르시아 사산 왕조의 호스로 1세가 시리아를 침략하고 파괴한 이후 562년에 5년 유효의 평화조약을 맺을 때까지 비잔티움은 페르시아와 지루한 전쟁을 치러야만 했다. 이 때문에 비잔티움은 군사적 · 경제적으로 탈진하게 되었다. 유스티니아누스 1세는 제국의 전성기를 만들었지만, 그의 말기엔 역병으로 인한 성장 동력 상실과 페르시아와의 긴 전쟁으로 인한 재정 고갈로 제국의 황금기도 끝나게 되었다.

하지만 페르시아와 긴 전쟁을 벌이는 동안 비잔티움의 콘스탄티노플과 테살로니키(오스만제국 시대 지명 셀라니크)는 동방 세계와의 무역으로 매우 활기를 띠었다. 인도와 중국에서 생산된 비단, 향신료 등이 페르시아를 통해 제국으로 유입되었다. 비잔티움은 페르시아 사산 왕조(이란)와 전쟁을 하면서, 울며 겨자 먹기 식으로 사산 왕조로부터 비단 제품을 비싼 가격에 수입하고 있었다. 견직물의 고운 광택과 우아한 멋 때문에 콘스탄티노플과 지중해 연안의 왕실과 귀족들로부터 그 수요는 크게 성장하고 있었다. 돈 벌리는 비단 무역 때문에 비잔티움, 돌궐, 사산 왕조, 이 세 나라는 치열한 경쟁을 하게 되었다. 유스티니아누스 1세의 후임 황제인 유스티누스 2세(재위 565~578년) 시대에 돌궐제국은 비잔티움 황실에 마니아크(Maniakh)를 단장으로 하는 사절단을 파견하기도 했다.

유스티니아누스 1세는 페르시아가 비단 무역을 독점하고 있는 구조를 깨뜨리려고 했다. 552년, 중국에서 오래 거주한 두 명의 네스토리우스교 수도사를 통해 양잠에 관해 알게 된 황제는 그들에게 누에고치를 가져온다면 톡톡히 보상해주겠다고 했다. 다행히 수도사들은 중국에서 대나무 줄기에 누에고치를 숨겨 가져오는 데 성공했다. 비잔티움 사람들은 수도사들에게 양잠업을 배웠고, 그 결과 콘스탄티노플에서 비단 산업이 태동하게 되었다. 콘스탄티노플, 베이루트, 안티오크, 티레, 테베 등지에 비단 생산공장이 생겼고, 양잠과 비단 산업은 비잔티움 황실의 독점사업이 되었다. 비잔티움은 유럽 최초로 비단을 생산하게 되었다. 유스티니아누스 1세 이후부터 12세기 말까지 비단 산업은 비잔티움 재정의 근간이 되었다.

2. 위기와 생존 투쟁, 7세기

폭군 포카스

비잔티움을 로마제국답게 위대하게 만든 유스티니아누스 1세는 565년 3월, 82세의 고령에 눈을 감았다. 유스티누스 1세로 시작하는 유스티니아누스 왕조 시대는 마우리키우스 황제(재위 582~602년)를 마지막으로 다섯 명의 황제 84년 통치로 막을 내렸다. 유스티니아누스 1세가 사망한 후 제국의 재정과 군사 상황은 쇠할 대로 쇠한 상태가 되었다. 고토 회복이라는 황제의 대의명분으로 오랜 기간 전쟁을 치르느라 국고가 거덜 났고, 전 지역에 빈곤의 그림자가 드리워졌다. 게다가 제국의 사방은 적들의 전방위적 공격 위험에 처하게 되었다. 3세기 로마의 위기 같은 상황의 심각성이 사회 전 분야에서 인식되었다.

유스티니아누스 1세의 후계 황제들은 이 같은 문제를 해결해야만 했다. 유스티니아누스 1세의 뒤를 이은 황제 중 능력 있는 황제는 마우리키우스였다. 카파도키아 출신의 명장 마우리키우스는 페르시아와의 전쟁을 승리로 이끈 업적으로 티베리우스 2세에게 발탁되어 동부 군사령관에 임명되었고, 황제의 후계자가 되었다. 마우리키우스는 롬바르드족의 침략을 막기 위해 라벤나에, 북아프리카 베르베르족의 침략을 막기 위해 카르타고에 각각 총독(exarchate)을 임명했다. 민정과 군정을 동시에 맡아 책임지는 총독에게 북아프리카와 이탈리아의 방위를 맡겼다. 이들 두 지역의 총독 임명은 후에 지방 행정구역 제도인 테마 제도를 탄생시키는 기반이 되었다. 마우리키우스는 유스티니아누스 1세처럼 서쪽 영토를 회복하려 했지만, 전성기 이후 누적된 내부의 모순과 갈등, 지나친 긴축정책에 반발하는 내전으로 그 시도는 좌절되었다. 청파와 녹파 간의 무력 폭동이 계속되자 발칸 군대의 지휘관이었던 포카스가 반기를 들고 일어나 제위를 찬탈했다. 포카스는 마우리키우스를 잡아 그의 아들과 함께 잔혹하게 살해했다. 쿠데타로 마우리키우스를 폐위한 일개 장교 포카스의 등장은 비잔티움의 위기를 예고하는 듯했다.

포카스의 8년 재위(602~610년)는 이전 황제들이 이루어놓은 성과를 한순간에 파탄으로 몰아넣었다. 그는 반란과 음모 행위를 진압하는 데 거의 모든 시간을 소비했고, 관직은 혈연으로 채워 넣었다. 그 때문에 제국의 변방에서 오는 실제 위협에는 눈을 감았다. 제국은 사느냐 죽느냐 하는 생사의 갈림길에 서게 되었다. 유스티니아누스 1세가 제국을 찬란하게 만들어놓은 것에 비하면 너무 급작스레 찾아온 변화였다. 비잔티움 역사상 최고의 명군이라 할 수 있는 유스티니아누스 대제 이후 빠르게 망국의 어두운 그림자가 다가섰다. 포카스는 비잔티움 역사상 최악의 폭군이었다. 그는 폭정과 공포정치로 경쟁자와 자신을 반대하는 관료들을 무자비하게 처형했다. 폭군의 말로는 비극으로 끝났다. 포카스의 폭정에 못 이긴 콘스탄티노플 시민들이 카르타고의 총독인 헤라클리우스에게 제국을 구해달라고 호소하자, 헤라클리우스는 콘스탄티노플로 들어가는 곡물 보급을 차단하고 원정군을 준비했다. 폭군 포카스는 총독의 아들 헤라클리우스(Heraclius the younger)에게 폐위되고 참수되었다.

헤라클리우스는 아르메니아계 출신으로 카르타고의 총독인 아버지와 같은 이름을 가졌다. 포카스의 뒤를 이어 헤라클리우스(재위 610~641년)* 가 황제로 즉위했다. 흔들리던 비잔티움 황실이 가까스로 위기를 넘기게 되었다. 헤라클리우스는 헤라클리우스 왕조를 창업한 군주가 되었고, 그 가문은 유스티니아노스 2세가 살해된 711년까지 이어졌다. 헤라클리우스 등장 직전인 6세기 말부터 셀주크제국이 만지케르트 전투에서 비잔티움에 승리한 11세기 말까지, 기독교 국가인 아르메니아 본토에서 이주한 아르메니아인들은 비잔티움 내 권력 엘리트 집단을 형성한 영향력 있는 소수민족이었고, 바실리오스 1세 같은 걸출한 황제를 배출했다.

* 헤라클리우스는 라틴어 이름이며, 그리스어 이름은 이라클리오스이다.

위기일발의 제국을 구한 헤라클리우스

헤라클리우스 재위기는 비잔티움에 대재앙의 시기였다. 비잔티움의 최대 적인 페르시아 사산 왕조는 안티오크(611년)와 다마스쿠스(613년) 점령에 이어 614년에는 예루살렘을 정복하고, 제국의 성유물인 '참십자가(True Cross)'의 일부를 약탈해갔다. 페르시아는 2년 후에는 이집트(616년)를 정복했고, 617년에는 콘스탄티노플의 보스포루스해협 바로 건너편의 칼케돈(현 카드쾨이)마저 정복했다. 619년에 전염병에 의한 재앙에 이어 622년에는 로도스섬마저 함락당하자 비잔티움은 초유의 위기 상황이 되었다. 4년 후 위험한 상황이 다시 일어났다. 626년, 페르시아 사산 왕조와 아바르족의 연합군이 대규모 슬라브족의 지원을 받아 콘스탄티노플을 포위했다. 다행히 콘스탄티노플 포위 작전이 실패함으로써 비잔티움은 숨을 고르게 되었다. 하지만 슬라브족도 가만히 있지 않았다. 100여 년 전부터 비잔티움 영지에 진입하기 시작한 슬라브족은 발칸반도 북동쪽에 정착하고는 일리리아(Illyria, 현 발칸반도 서부)를 침략했다. 도나우강 남동쪽에서는 또 다른 슬라브족 무리가 트라키아, 마케도니아 방향으로 내려왔다. 617~619년에 슬라브족은 테살로니키를 포위하기도 했다. 이처럼 헤라클리우스 시대에 제국은 외세의 압박으로 풍전등화의 국가비상사태를 맞았다.

폭군 다음에는 명군이 등장하는 것이 역사의 순리이던가? 헤라클리우스는 위기의 시대에 새로운 변화를 시도하고 수렁에 빠진 제국의 운명을 바꾸어놓은 명군이 되었다. 페르시아에 빼앗긴 '참십자가'를 되찾아 콘스탄티노플로 개선한 것은 그를 영웅으로 만들었다. 헤라클리우스는 로마 문화와 언어의 관습을 버리고 모든 것을 그리스어로 바꾸는 파격적인 결정을 했다. 황제 자신도 그리스어를 사용했고, 그리스어를 공용어로 지정했다. 귀족의 관직도 그리스어로 개명했다. 황제의 공식 직함은 '임페라토르 카이사르 아우구스투스(Imperator Caesar Augustus)'였으나, 그리스어로 제왕을 뜻하는 '바실레우스(Βασιλεύς)'로 바꾸었다.

헤라클리우스는 행정개혁으로 비잔티움의 지방 행정구역 제도인 '테마(Θέματα)' 제도를 만들었다. 슬라브족이 발칸 지역으로 내려오고 이슬람 세력이 비잔티움 영토를 침략해 들어오자 지방에서 외침을 효율적으로 막아보자는 생각으로 창안된 것이었다. 이는 전국을 행정구역 단위인 테마로 나누고, 해당 지역 군사령관이 행정관을 겸임하는 행정과 군사의 통합 제도였다. 초기 테마 제도는 아나톨리아 지역에서 시행되었다. 테마 제도 아래 각 테마는 약 1만 명의 병력을 제공할 수 있었다. 테마에 속한 군대는 지방군대였고, 중앙 상비군대로는 '타그마'가 있었다. 헤라클리우스의 테마 제도는 지방에서 군사를 양성하고 군사력을 배양하는 원천이 되었다. 토지를 가진 지역 사령관은 적의 공격으로부터 자신의 땅을 방어하기 위해 최선을 다하는 장점이 있었다. 테마 제도로 지방군대는 강한 투쟁력으로 무장하게 되었고, 중앙정부는 용병들에게 지급할 급여문제를 해결할 수 있었다. 테마 제도는 9~10세기에 제국 전역에서 둔전병 제도로 유용하게 작동되었다. 그러나 수도에서 멀리 떨어진 지방에서 지역 사령관이 병력과 부를 갖게 되면서, 이들이 중앙정부에 저항하는 세력으로 크게 되는 부작용도 낳았다.

페르시아와의 오랜 전쟁

헤라클리우스의 가장 큰 군사적 업적은 페르시아 사산 왕조와의 전투에서 승리한 것이다. 페르시아 사산 왕조가 콘스탄티노플을 포위했지만, 콘스탄티노플의 난공불락 삼중 성벽을 넘을 수 없었다. 헤라클리우스는 사산 왕조에게 빼앗긴 '참십자가'를 탈환하기 위해 622년 함대를 이끌고 페르시아 원정에 나섰다. 627년, 페르시아군과 격돌해 승리한 헤라클리우스는 628년 9월 14일 '참십자가'를 앞세우고 당당히 콘스탄티노플에 입성했다. 400년에 걸친 오랜 숙적인 페르시아와는 강화조약을 맺어 더는 비잔티움을 침략하지 못하게 했다.

그러나 두 나라는 오랜 전쟁으로 지친 상태였다. 상황이 그럴 즈음 아라비아반도에서 이슬람 종교가 창시되더니, 놀라울 정도로 빠른 속도로 비잔티움의 예루살렘, 시리아, 이집트, 북부 아프리카 등 많은 영토가 이슬람제국에 차례차례 넘어갔다. 651년, 이슬람제국은 급기야 세계를 정복하려 했던 페르시아 사산 왕조를 무너뜨렸다. 페르시아 사산 왕조가 무너지자 비잔티움이 이슬람제국을 상대해야 했지만, 페르시아와의 오랜 전쟁으로 기력이 쇠한 비잔티움은 이슬람 세력을 방어할 힘이 없었다. 마침내 이슬람군이 콘스탄티노플 성벽 앞까지 들어왔으나, 다행히 비잔티움의 필살 무기인 '그리스의 불(Greek fire)'*로 이슬람 군대를 격멸할 수 있었다. 헤라클리우스 재위기에 영토는 상실되고 있었으나, 이슬람에 정복당할 위험으로부터 콘스탄티노플을 방어하는 데는 힘겹게 성공했다.

* '그리스의 불'은 건축가이자 수학자인 그리스인 칼리니쿠스(Callinikus)가 고안한 무기이다. 적의 배나 군대에 불이 붙은 액체를 분사하는 화공(火攻) 무기를 말한다. 간단한 화공 무기였지만 공격을 받은 쪽은 불을 끄기가 불가능했다. 비잔티움의 전략 자산인 '그리스의 불'의 제조 방법은 황제와 칼리니쿠스 가족만 아는 국가 기밀이었다.

이슬람제국의 정복사업

비잔티움과 페르시아 사산 왕조가 오랜 전쟁으로 경제적 · 군사적으로 피폐해져 있던 622년, 아라비아반도에서 예언자 무함마드에 의해 이슬람교가 등장했다. 629년, 무함마드는 페르시아 사산 왕조의 왕과 비잔티움의 황제 헤라클리우스에게 이슬람을 받아들일 것을 요구하는 서찰을 보냈다. 무함마드는 이슬람을 받아들인다면 신은 두 배로 보상해줄 것이지만, 받아들이지 않는다면 백성을 잘못 이끄는 죄를 범하게 될 것이라고 경고했다. 사실상 최후통첩이었다. 이슬람 신봉자들은 군사적 · 문화적 강국인 비잔티움에 대한 공격을 감행했다. 636년, 비잔티움 군대는 야르무크강 연안에서 정통 칼리프 아랍 이슬람 군대와 벌인 대전에서 크게 패했다. 야르무크 전투 참패로 비잔티움은 시리아를 아랍인들에게 내주게 되었다. 그뿐만이 아니었다. 637년에는 예루살렘, 638년에는 팔레스타인도 아랍인들에게 넘어갔다.

640년대, 비잔티움의 영토인 이집트, 시리아, 메소포타미아가 잘 알려지지도 않은 아랍 이슬람 군대에 정복되었다. 이슬람제국은 다마스쿠스에 수도를 세우고 비잔티움 기독교의 성지 예루살렘에 황금빛 사원을 세웠다. 예언자 무함마드를 계승한 '정통 칼리프(또는 칼리파)' 시대의 이슬람제국이 651년 페르시아 사산 왕조를 멸망시키자, 페르시아 영토는 이제 이슬람제국의 영토가 되고 말았다. 이슬람제국은 전함까지 구축하더니 655년 킬리키아(아나톨리아반도의 남동쪽 해안) 해안에서 비잔티움 전함을 격파할 수 있는 능력을 갖추게 되었다. 콘스탄티노플에서는 불안과 위험의 수위가 높아졌다. 동쪽에서 오는 적들에 속수무책으로 당하는 콘스탄스 2세(재위 641~668년)는 동쪽 변경을 포기한 듯 재위 말기인 663~668년을 아테네와 이탈리아 도시 등 서방에서 보냈다. 그는 663년에 로마를 방문해 로마 멸망 이후 최초로 로마를 방문한 비잔티움 황제가 되었다.

헤라클리우스 황실 가문의 끝은 비극적이었다. 유스티니아누스 대제의 이름을 이어받은 유스티니아노스 2세(재위 685~695년, 705~711년)는 헬라스 테마의 사령관이 반란을 일으켜 폐위되었고, 코가 잘린 채 크림반도의 케르손에 유배되었다. 이후 717년까지 22년 동안 5명의 황제가 쿠데타로 즉위하고 폐위되는 일이 반복되었다. 비잔티움 내부의 불안정은 새로운 강대국으로 부상한 아랍인들에게 절호의 기회를 만들어주었다. 크림반도에서 탈출한 '코가 베인 황제' 유스티니아노스 2세는 튀르크계 하자르 칸국에 피신하여 704년에 칸의 누이와 결혼했다. 이어 불가리아 왕국으로 건너간 유스티니아노스 2세는 불가르족과 연합하여 콘스탄티노플에 진입하여 705년 복위하는 데 성공했다. 그는 복위 후 6년간 재위했으나 정적의 복수전을 피할 수 없었다. 유스티니아노스 2세가 교살되고 후손들도 처형됨으로써 헤라클리우스 왕조의 혈통은 막을 내렸다. 711년이었다. 헤라클리우스 왕조 시대는 찬탈, 반란, 무질서 상태로 점철된 시대였다. 그러나 얼마 안 가 20여 년간(695~717년)의 무정부 상태를 종식하고 중흥의 발판을 닦은 황제가 등극했다. 테오도시오스 3세로부터 황제직을 양위 받은 레온 3세(재위 717~741년)*였다. 그는 아랍인들의 침공을 성공적으로 막아내기는 했지만, 성상 숭배를 우상 숭배로 간주하고 성상 파괴 운동의 기치를 내걸어 종교 갈등을 초래한 황제였다.

* 레온 3세는 이사우리아 왕조를 개창한 군주였다. 이사우리아 왕조는 레온 3세가 즉위한 717년부터 여제 이리니가 퇴위한 802년까지 존속했다. 이 사우리아 왕조 시기는 성상 파괴 운동으로 일어난 내전으로 정국이 매우 혼란했다.

3. 회생과 재건, 8~11세기

제2 중흥기 마케도니아 왕조, 867~1056

8~9세기에 비잔티움의 교회와 수도원에서는 성상을 두는 것을 금지하는 '성상 파괴 운동'이 일어났다. 이전 4~7세기는 교리와 관련한 신학적 논쟁이 치열하게 일어난 시기이자 성상 제작도 활발한 시기였다. 명목상 우상을 금지하게 한 성상 파괴 운동은 신학적 논쟁의 연장이었다. 726년 레온 3세가 성상 파괴령을 내린 후 성상 찬성파와 반대파 간에 투쟁이 시작되었고, 성상 파괴 운동은 843년 3월에 황후 테오도라가 제7차 보편공의회에서 성상 공경을 공식화하자 끝났다. 성상 파괴 운동 관련해서는 별도의 장에서 언급하기로 한다. 한 세기가 넘게 계속된 동로마 교회와 사회의 혼란 상태가 끝난 직후, 비잔티움에서는 마케도니아 왕조 시대가 개막되었다. 마케도니아 왕조를 연 인물은 바실리오스 1세(재위 867~886년)였다. 바실리오스는 마케도니아 테마의 농부 출신이자 아르메니아 혈통의 문맹이었다.

그러나 그가 창건한 마케도니아 왕조는 예술, 문학, 건축, 군사 면에서 훌륭한 업적을 남겨 제국이 두 번째 중흥기를 맞게 했다. 문학과 예술 분야에서의 이 새로운 중흥기를 '비잔틴 르네상스' 또는 '마케도니아 르네상스'라고도 한다. 16대 189년간 지속한 마케도니아 왕조는 로마 · 그리스 혈통으로 이어졌던 이전 전통에서 벗어나 아르메니아 혈통의 농촌 출신 바실리오스 가문에서 황위가 계승되었다. 마케도니아 왕조는 바실리오스 1세가 '마케도니아 테마' 출신이어서 붙여진 이름으로, 그리스 마케도니아와는 아무런 관계가 없다. 바실리오스 1세가 사냥터에서 사고로 사망하자, 레온 6세(재위 886~912년)가 20세로 즉위하여 26년간 통치했다. 통치 기간이 한 자릿수에 그친 단명한 황제들에 비해, 통치 기간이 긴 황제로는 46년간 집권한 콘스탄티노스 7세(레온 6세의 아들)와 49년간 집권한 바실리오스 2세가 있다.

학문을 사랑한 개혁 황제들

마케도니아 왕조 시기, 특히 880년부터 바실리오스 2세가 즉위하기 전인 960년까지는 외세의 침략이 비교적 적었던 기간이다. 동쪽의 아바스 왕조 이슬람제국과 서쪽의 프랑크왕국이 분열되고 있었고, 북쪽의 불가리아도 864년 기독교를 수용하고 비잔틴 문화에 적응하고 있었다. 북쪽의 러시아는 비잔티움에 아직은 위협하지 않았다. 호전적인 통치자라면 잃어버린 영토를 회복하기 위해 전쟁을 벌일 수도 있었지만, 레온 6세와 콘스탄티노스 7세(재위 913~959년)는 야전보다는 궁전에서 독서를 하거나 그림을 그리며 지내기를 좋아하는 조용한 군주였다.

학문적 소양이 뛰어난 레온 6세는 현제(賢宰, the Wise) 또는 철학가라는 별칭이 있으나, 출생의 비밀과 함께 세 명의 황후가 잇달아 죽는 등 개인적인 삶은 매우 기구했다. 레온 6세의 뛰어난 업적은 법령 개정이었다. 그는 로마법 개정사업을 추진하여 유스티니아누스의 법전을 대체하는 그리스어로 된 『바실리카 법전』을 내놓았고, 시대 상황에 맞지 않는 법을 개정하거나 폐지한 『신법령』도 제정했다. 그의 『전술론(Tactica, manual on the Art of War)』은 동로마 시대의 군사조직과 전술을 완벽하게 정리한 주요한 군사 교본이 되었다. 콘스탄티노플의 상업과 상업기관의 규칙과 규정을 기술한 『총독의 책(Book of the Eparch)』도 대표적인 저술에 속한다.

레온 6세의 아들인 콘스탄티노스 7세는 7세의 나이로 즉위했다. 7년의 섭정 기간을 지나 920년부터 로마노스 1세와 공동 황제로 통치했다. 뛰어난 예술적 재능과 학자의 면모를 가진 콘스탄티노스 7세는 제국을 위태롭게 하는 이민족들(슬라브족, 튀르크족, 페체네그족 등)의 상황과

제국의 외교정책 등을 정리한 『제국의 행정에 관하여』, 제국 내 각 테마에 관한 정보를 기록한 『테마 제도에 관하여』, 비잔티움 궁전 의례 등을 설명한 책 등을 저술했으며, 그의 저서는 비잔티움을 연구하는 현대 역사가들에게 귀중한 사료로 인정되고 있다. 레온 6세와 그의 아들 콘스탄티노스 7세는 '비잔틴 르네상스' 를 이끈 황제가 되었다.

군사적 중흥을 이룬 바실리오스 2세

레온 6세와 콘스탄티노스 7세가 문화적 · 경제적으로 제국의 중흥을 일구어냈다면, 바실리오스 2세(재위 976~1025년)는 군사적으로 중흥을 이룬 황제였다. 바실리오스 2세는 로마노스 2세의 아들이자 콘스탄티노스 7세의 손자이다. 즉위 초기는 내부 반란으로 점철되었다. 마케도니아 왕족 내에서 바실리오스 2세에 대한 반란이 일어났다. 외부 간섭 없는 철권통치를 하려는 황제에게 반란의 깃발을 든 사람은 군인 가문의 바르다스 포카스와 바르다스 스클리로스였다. 바실리오스 2세가 갓 스무 살을 넘긴 해에 제국을 혼란에 빠뜨렸던 내전이 어렵게 종식되었지만, 다시 내전이 일어났다. 986년, 바실리오스 2세가 '트라야누스 관문 전투' 에서 불가리아 군대에 패배한 것이 빌미가 되었다. 987년에 바르다스 포카스가 자신이 황제라며 반란을 일으켜 내전이 재현되었다. 반란군이 수도를 포위하자 최대 위기를 맞은 바실리오스 2세는 키예프 공국(러시아)의 블라디미르 1세에게 지원을 요청했다. 그 대가로 동생인 안나를 블라디미르와 결혼시켜야만 했으나, 그것을 계기로 블라디미르 1세는 동방정교를 받아들였다. 포카스 반란은 키예프 공국의 지원을 받아 989년에 완전히 진압되었다. 이 두 명의 아나톨리아 군인 가문이 일으킨 반란은 당대 비잔티움 귀족들의 권력욕과 탐욕, 정치 개입, 군인 귀족의 횡포를 그대로 보여주었다.

바실리오스 2세에게 '트라야누스 관문 전투' 패배는 참을 수 없는 치욕이었다. 불가리아에 대한 복수를 맹세한 그는 1014년 클레이디온 전투

바실리오스 2세 49년간 재위한 바실리오스 2세는 집권 초반에는 내전과 반란의 혼돈에 있었고, 반란을 진압한 중반 이후에는 동쪽에서는 아랍, 서쪽에서는 불가리아와 전쟁을 치렀다. 불가르인을 완전히 제압하여 '불가르인의 학살자'라는 별명을 얻었다. 불굴의 단호한 성격, 기민한 정치력으로 4세기 만에 영토를 최대로 회복했고, 국고도 충분히 확충해놓았다. 그는 비잔티움제국의 황제로는 눈부신 군사적 성공을 기록한 마지막 황제였다. 작품에서 바실리오스 2세가 자신에게 항복하고 굴종하는 적진의 사람들을 바라보고 있다.

를 치르고 불가리아를 비잔티움에 편입시켰다. 비잔티움은 불가리아를 정복함으로써 7세기 이래 처음으로 도나우강을 국경으로 했다. 평생을 독신으로 산 바실리오스 2세의 최대 업적은 길고 긴 피나는 투쟁으로 불가리아제국을 병합시킨 것이었다. 그는 불가리아 사람들을 잔인하게 학살해, 150년이 지나 '불가르인의 학살자(Bulgar-slayer)'라는 별명을 얻었다. 바실리오스 2세 즉위 후 10세기에 비잔티움제국의 팽창사업은 절정에 달해 제국의 판도를 최대로 넓혔으나, 그의 사후 무능한 통치자들의 출현으로 마케도니아 왕조의 비잔티움 중흥기는 짧게 끝났다.

튀르크계 셀주크제국의 등장

강력한 통치자의 사망은 역사의 방향을 종종 바꿔왔다. 1025년 바실리오스 2세 사망 이후부터 1081년까지 황실 내 권력투쟁과 무능한 황제들로 제국의 중흥기는 반세기를 채 넘기지 못하고 쇠퇴 일로를 걸었다. 내부가 크게 흔들리기 시작한 비잔티움은 동쪽 변경에서 새로운 위협 세력과 만나게 되었다. 튀르크계 '셀주크제국' 이었다. 비잔티움제국 멸망의 역사가 구체적으로 가시화되는 시점이 오고 말았다. 1071년 8월 26일, 비잔티움의 로마노스 4세는 만지케르트(바스프라카니아 테마, 현 튀르키예 동부 말라즈기르트)에서 셀주크제국의 알프 아르슬란이 지휘하는 군대와 대전을 치렀으나 참패했다. 이 전투에서 로마노스 4세는 셀주크 군대에 포로로 잡혔다. 만지케르트 전투 이후에 튀르크인들이 비잔티움의 영토인 아나톨리아 깊숙이 들어오게 된 것은 비잔티움의 미래를 험난하게 만들었다.

11세기 후반에는 셀주크제국의 등장 이외에도 1054년에는 서로마 교회와 동로마 교회가 서로 파문하여 기독교 세계가 두 쪽 나는 '동 · 서 교회의 분열' 이 있었고, 1095년에는 예루살렘으로 십자군이 출병했다. 서방이 동방에서 일어나는 상황에 반응하기 시작했다. 제1차 십자군 원정이었다.

제1차 십자군 원정

1071년 만지케르트 전투 승리 이후 셀주크 튀르크인들은 아나톨리아(소아시아)의 비잔티움 영토를 속속 정복하기 시작했다. 비잔티움 내부의 상황은 셀주크가 아나톨리아로 들어오는 문을 쉽게 열어주었다. 비잔티움을 위협하고 있는 세력은 셀주크뿐만이 아니라 같은 튀르크계인 유목민 페체네그족, 쿠만족 등도 있었다. 알렉시오스 1세 콤니노스(재위 1081~1118년)는 비잔티움 영토를 잠식하고 있는 이슬람의 셀주크제국을 막기 위해 서방에 도움을 요청했다. 이에 교황 우르바노 2세가 프랑스 남부 클레르몽에서 십자군 원정을 호소했다. 교황의 계획에 따라 젖과 꿀이 흐르는 땅에 가서 이교도 적을 쳐부수고 성지를 회복한다는 명목을 내세워 제1차 십자군이 조직되었다.

1097년 6월 26일 제1차 십자군은 셀주크 왕조(1040~1307년)의 수도 니케아(현 튀르키예의 이즈니크)를 탈환해 비잔티움에 돌려주었다. 7월 1일 니케아에서 가까운 도릴레움에서 벌어진 전투에서 셀주크 왕조의 클르치 아르슬란은 십자군에 패했다. 제1차 십자군 원정 연대기인 작자 미상의 『게스타 프랑코룸(Gesta Francorum)』은 튀르크인들이 매우 용감하게 싸운 것을 칭송했지만, 도릴레움 전투 패배는 셀주크제국에 매우 심각한 결과를 초래했다. 십자군은 무더운 여름에 남쪽으로 진군하여 10월에 안티오크를, 1099년에는 예루살렘을 정복했다. 제1차 십자군 원정은 매우 성공적이었고, 십자군은 셀주크제국이 점령한 아나톨리아 영토를 되찾아 비잔티움에 넘겨주었다. 알렉시오스 1세가 서방에 도움을 요청한 목적은 일단 달성되어 비잔티움에 잠시 유리한 상황이 전개되었다.

4. 최후의 세기, 12세기~1453

중앙정부 통치력의 약화

11세기 내내 아나톨리아는 셀주크 튀르크의 위협 아래 놓였고, 유럽의 남동부 지역은 페체네그족과 노르만족의 위협을 받고 있었다. 안에서는 내전으로 정국은 불안한 상태의 연속이었다. 다행히 군사적·외교적으로 능력을 보인 알렉시오스 1세의 치세로 비잔티움제국은 안정을 찾았다. 알렉시오스 1세는 콤니노스 왕조(1081~1185년)를 연 인물이다. 알렉시오스 1세는 베네치아의 지원을 받아 노르만족을 격퇴했고, 제1차 십자군 덕분에 비옥한 아나톨리아 서부 지역 대부분을 되찾았다.

알렉시오스 1세에 이어 요안니스 2세(재위 1118~1143년), 마누일 1세(재위 1143~1180년) 시대에 비잔티움은 아나톨리아 서부와 지중해 연안의 기름진 지역과 남동부 유럽을 대부분 차지하고 동부 지중해에서 강력한 국가로 남아 있었다. 이전 두카스 왕조(1059~1081년) 네 명의 황제가 짧게는 3년, 길게는 7년 정도 통치했지만, 알렉시오스 1세, 요안니스 2세, 마누일 1세는 각각 37년, 24년, 37년이라는 비교적 긴 기간 통치를 한 것은 국정이 비교적 안정되었다는 의미다. 그러나 경제력을 가진 지방의 부유한 상인들이나 거물들이 세력을 형성하여, 1180년 비잔티움제국의 마지막 중흥기를 이끈 마누일 1세 사망 이후에는 지방의 강한 지배자들이 중앙정부에 저항하기 시작했다. 중앙정부는 통치력이 약화했고 12세기 후반에 비잔티움의 몰락을 알리는 불길한 사건이 연이어 일어났다.

비잔티움 속국들의 반란

1183년에 안드로니코스 1세 콤니노스(재위 1183~1185년)가 즉위했다. 대담한 염문과 권력에 대한 야심으로 소문이 난 안드로니코스가 정권을 탈취하여 즉위하고 무자비한 폭정을 하는 과정은 '비잔틴(byzantine)' 이라는 형용사가 갖는 부정적 의미를 모두 보여주었다. 그는 모든 부패와의 전쟁을 선포했지만, 그의 투쟁방식이 너무 폭력적이어서 민심은 격렬히 저항했다. 그의 재위 말기인 1185년, 비잔티움의 제2 도시 테살로니키가 시칠리아왕국의 노르만족에게 함락당하고 많은 인명이 살해되었다. 안드로니코스 1세는 테살로니키를 구하려고 몇 차례 군대를 파병했지만 모두 실패했고, 분노한 반란군과 시민들에 의해 폐위되고 한쪽 눈알이 뽑히면서 살해되는 비참한 최후를 맞았다. 안드로니코스 1세는 100여 년 계속된 콤니노스 왕조의 마지막 황제였다.

그를 이어 이사키오스 2세(재위 1185~1195년, 1203~1204년)가 즉위한 후, 비잔티움의 속국인 불가리아제국에서 토도르 페테르와 아센 형제가 비잔티움의 지배에 항거하는 봉기를 일으켰다. 1186년에는 불가리아 북부가 비잔티움에서 해방되었고, 다음 해인 1187년에는 바실리오스 2세에 의해 복속되었던 불가리아의 독립이 인정되었다. 비잔티움의 지배에서 벗어난 불가리아는 '불가리아 제2제국' (1185~1396년)으로 부활했다. 이로써 발칸에서 비잔티움의 영향력은 사라졌다.

비잔티움의 분열은 1185년 키프로스가 비잔티움에서 떨어져나가면서 시작되었다. 비잔티움의 키프로스 총독인 이사키오스 콤니노스(마누일 1세의 증손자)가 자신이 황제임을 선포하고 안드로니코스 1세와 이사키오스 2세 정부에 항거했다. 황실 가문들이 영토가 있는 곳이라면 자신이 황제라고 선포하는 것이 일상화되었다. 에게해상의 전략적 섬인 키프로스는 제3차 십자군 원정 때 잉글랜드 손에 넘어갔다. 이렇게 하여 1200년경에 비잔티움의 내부적인 몰락은 분명하게 드러났다. 그런데 이즈음 비잔티움의 상황을 더 어렵게 만든 것은 바로 십자군 원정이었다. 1054년 동 · 서 교회의 분열 이래, 십자군 원정으로 서방(라틴)과 동방(비잔티움) 간의 관계는 더욱 복잡해졌다. 서방은 동방정교(그리스정교)에 대한 의구심을 버리지 않았고, 동방(비잔티움) 역시 서방 라틴교회(로마가톨릭)들에 대한 거부감을 감추지 않았다.

제4차 십자군과 라틴제국

서방과 동방 간의 불신이 현실로 나타난 사건이 제4차 십자군 원정이었다. 이슬람 아이유브 왕조의 살라딘이 1187년에 예루살렘을 점령하자 1189년에 제3차 십자군이 결성되었다. 이때도 양측은 상대방을 의심했다. 동방의 이사키오스 2세는 서방의 프리드리히 1세 바르바로사 신성로마제국 황제가 비잔티움을 정복할지도 모른다는 의구심에 휩싸였고, 프리드리히 1세는 이사키오스 2세가 살라딘과 공모하여 십자군을 파괴할지도 모른다고 의심의 눈으로 바라보았다. 13세기 들어 유럽 전역이 혼란에 빠지자 제3차 원정이 끝난 지 6년 만인 1198년 젊은 나이의 교황 인노첸시오 3세는 성지 회복을 주장하더니, 1201년에는 십자군 소집을 명령했다. 유럽의 군주들이 참가한 제3차 십자군과는 달리 제4차 십자군은 영주와 기사가 주축이 되었다.

제4차 십자군의 공격 목표지는 아이유브 왕조의 근거지인 이집트가 되었고, 이동 경로로는 해로가 채택되었다. 해상강국이자 수송 선박을 제공할 수 있는 베네치아의 도제(Doge, 베네치아 지도자의 칭호) 엔리코 단돌로와 협상을 마친 십자군은 베네치아에 집결했다. 그러나 십자군은 베네치아와 약속한 이집트까지의 수송비와 식량 보급 대금을 지급할 능력이 없었다. 그러자 십자군은 1202년 11월 10일, 헝가리 항구도시 자라를 약탈하고 다시 콘스탄티노플로 향했다. 제4차 십자군이 진로를 갑자기 바꾼 데는 비잔티움에서 반란으로 폐위(1195년)되고 눈알이 뽑혀 눈이 멀게 된 이사키오스 2세의 아들인 알렉시오스가 황위를 노리고 한 거래가 작용했다. 알렉시오스는 자신과 아버지를 황제로 만들어준다면 필

십자군의 침략으로 세워진 라틴제국과 비잔티움 망명 국가들 제4차 십자군은 이슬람교의 본거지인 이집트 공략을 목표로 하였으나, 콘스탄티노플을 함락하고 같은 기독교 국가인 비잔티움을 몰아내고 라틴제국을 세웠다. 비잔티움제국 황족들은 니케아제국, 트레비존드제국, 에페이로스 전제공국을 세웠다. 십자군 원정 역사상 제4차 십자군 원정은 가장 타락한 원정이 되었다. 콘스탄티노플 도시와 성 소피아 교회는 십자군에 의해 무참히 약탈되고 파괴되었다.

요한 모든 재정지원을 하겠다고 제안했다. 1203년 7월 18일, 십자군은 콘스탄티노플 입성에 성공했다. 십자군의 도움으로 이사키오스 2세는 복위되었고, 그의 아들인 알렉시오스 4세(재위 1203~1204년)는 아버지와 함께 공동 황제가 되었다. 십자군이 황제 자리를 만들어주었으니 이번에는 약속을 지킬 차례였다. 그러나 지난 50여 년간 국고가 이미 바닥이 나 있어 베네치아와 십자군에 대한 채무를 해결할 방법이 없었다.

십자군과 베네치아인들이 약속한 채무를 이행하라고 독촉하자, 알렉시오스 4세는 세금을 거두고 재산을 몰수하는 등 재원을 마련하려고 시도했다. 그러는 사이 점령군처럼 행동하는 십자군과 콘스탄티노플 시민 간에 적대감이 커졌다. 1203년 12월에 십자군과 시민들 간 폭력 사태가 일어났고, 십자군도 알렉시오스 4세의 무능함을 알게 되었다. 반란 시위대는 친라틴 노선의 알렉시오스 4세를 폐위하고 반라틴 노선의 알렉시오스 5세 두카스 무르주플로스*를 황제로 추대했다. 그러는 사이 1204년 4월 13일, 십자군과 베네치아인들은 콘스탄티노플을 아예 정복하고 콘스

* 비잔티움 황제의 이름은 인물에 따라 긴 것이 특징이다. 출신 가문이 있으면 이름 뒤에 가문을 명시한다. 예를 들어 '알렉시오스 5세 두카스'는 두카스 가문의 알렉시오스 5세를 의미한다. 무르주플로스는 양 눈썹이 짙고 서로 붙어 있다는 뜻으로 붙여진 알렉시오스의 별명이다.

탄티노플에 라틴제국(1204~1261년)을 세웠다. 비잔티움에서 빠져나온 귀족들은 비잔티움을 승계하는 세 개의 망명 국가를 세웠다. 팔레올로고스 가문이 니케아에 세운 니케아제국, 콤니노스 가문이 흑해 트라브존에 세운 트레비존드제국, 두카스 가문이 그리스반도 서부에 세운 에페이로스 전제공국 등이었다. 이들 중 가장 강력한 국가는 니케아제국이었다. 1261년, 니케아제국은 라틴제국을 멸망시키고 비잔티움을 회생시켰다.* 비잔티움은 팔레올로고스 가문 미하일 8세에 의해 반세기 만에 다시 살아났다.

* 니케아제국의 미하일 8세가 콘스탄티노플을 되찾은 역사적 전개는 우연의 결과였다. 미하일 8세는 콘스탄티노플의 방어 상황을 정찰하기 위해 군사와 함께 사령관을 파견했는데, 콘스탄티노플 가까운 곳에서 농부로부터 십자군이 다른 곳으로 원정을 가서 콘스탄티노플에 수비 군사 병력이 없다는 것을 알게 되었다. 이것을 황금 기회로 판단한 사령관이 야간에 콘스탄티노플 전격 입성에 성공하여 어렵지 않게 콘스탄티노플을 탈환했다.

회생과 쇠락

미하일 8세 팔레올로고스(재위 1259~1282년)가 1282년에 사망할 때만 해도 비잔티움의 상황은 그런대로 괜찮았다. 미하일 8세는 제국의 정치 군사적 수준을 이전 수준으로 회복시키기 위해 국정의 거의 모든 에너지를 사용했다. 대외관계도 이전 수준으로 회복되었지만, 과도한 복구, 정복사업, 군비 확장 등으로 인한 재정악화로 경제가 크게 위축되고 민심도 나빠졌다. 미하일 8세의 비잔티움은 발칸 지역의 불가리아, 세르비아뿐만 아니라 지중해의 시칠리아, 아카이아 공국, 에게해의 베네치아와 제노바 등 상대해야 할 적이 너무 많았다. 미하일 8세는 이 같은 서방 세계의 계속되는 위협에 대응하기 위해 1274년, 교회 통일을 내세우는 교황 그레고리오 10세와 협상하여 동·서방 양 교회의 통일을 선포했다. 로마 교회의 전체 가톨릭교회 수위권을 인정한 미하일 8세의 신앙선서는 비잔티움 사람들의 전통적인 종교적 신앙심에 상처를 주었고, 극심한 종교적 갈등을 불러일으켰다. 미하일 8세는 58세를 일기로 사망했지만, 분노한 시민들 때문에 교회에서 장례를 제대로 치르지 못했다.

그의 아들 안드로니코스 2세(재위 1282~1328년)가 황제에 올랐다. 그는 즉위 후 미하일 8세의 종교정책을 폐지했다. 그리고 악화한 재정문제를 해결한다며 증세 조치와 함께 상비군을 감축하고, 해상강국 제노바와의 연합을 기대하며 해군을 해체했다. 아나톨리아에서 오스만이라는 전사가 이끄는 신생 튀르크의 오스만 토후국의 공격이 늘어나자 1302~1304년 카탈루냐인 용병대*를 고용해 튀르크인들의 공격을 막는 데 일부 성공했지만, 카탈루냐인 용병대는 용병 대가가 적다는 이유로 비잔티움 관료와 교회 등을 약탈했다.

안드로니코스 2세의 아들인 미하일 9세는 연분 관계로 아들(안드로니코스 3세)에 의해 1320년 43세로 살해되었다. 이에 분노한 할아버지 안드로니코스 2세는 자신과 이름이 같은 손자 안드로니코스 3세의 황위 계승권을 박탈했다. 그러나 안드로니코스 3세가 반란을 일으키자 이들 사이에 내전이 일어났다. 1321년 양측의 평화조약으로 안드로니코스 3세는 안드로니코스 2세와 공동 황제에 올랐다. 할아버지와 손자 사이인 그들은 1321년, 1327년 두 차례 내전을 겪었다. 1328년 젊은 안드로니코스가 콘스탄티노플에 입성하여 단독 황제로 즉위하는 데 성공했으나, 이미 기울어진 제국은 회복할 수 없는 단계에 들어갔다.

내전은 요안니스 5세(재위 1341~1376년) 재위기에도 수차례나 격렬하게 일어났다. 요안니스 5세는 요안니스 6세, 마누일 2세, 안드로니코스 4세 등과 내전을 치렀다. 6년간 지속한 내전에 외국의 동맹국들과 용병들을 끌어들이면서 제국은 거의 붕괴 수준으로 들어갔다. 비잔티움 황실 내전의 최대 수혜자는 세르비아의 스테판 두샨이었다. 스테판 두샨은 1346년 세르비아인과 로마인의 황제를 자칭하며 발칸반도에 세르비아제국(1346~1371년)을 세웠다. 비잔티움 황실에서 내전이 계속되면서 튀르크인들은 내전 상황에서 일어나는 세력균형을 이용하여 전략적 입지와 역할을 확장해나갔다. 비잔티움은 요안니스 5세의 복위를 도운 대가로 오스만제국의 조공국가로 전락했다.

비잔티움이 팔레올로고스 가문의 내부 권력투쟁으로 기력이 쇠한 가운데, 동쪽 변방의 오스만제국은 무라드 1세가 등장하면서 기세가 날로 거세졌다. 1389년, 오스만 군대는 발칸반도의 전략 요충지인 코소보에서 세르비아-보스니아 연합군에 맞서 튀르크인들의 무서운 전투력을 보여

* 위대한 카탈루냐인 용병대(Great Catalan Company)는 14세기 초 로제르 데 플로르(Roger de Flor)가 이끌던 자유 용병대였다. 비잔티움의 황제 안드로니코스 2세에게 고용되어 2년간 아나톨리아를 휩쓸며 이슬람의 튀르크족을 쳐부쉈다. 카탈루냐인 용병대는 1281년 '시칠리아의 만종' 전쟁이라 불리는 시칠리아의 왕위 계승 반란이자 전쟁에 동원된 용병대였다. 그로부터 20년 후 성전 기사단의 소속이었던 로제르 데 플로르가 용병대 대장이 되었다.

주었다. 코소보 전투 이후 비잔티움의 수도 콘스탄티노플은 오스만제국에 포위된 상태가 되었고, 비잔티움 황실은 오스만제국의 술탄 바예지드 1세의 영향력 아래 놓였다. 두려움과 거침이 없는 성격의 바예지드 1세가 콘스탄티노플을 포위하며 압박을 가하자, 마누일 2세(재위 1391~1425년)는 교황, 베네치아, 프랑스, 영국, 아라곤 등 서방에 지원을 요청했다. 이 중 프랑스가 1399년 6월 부시코(Boucicaut)를 단장으로 하는 1200명의 군대를 파견해주었다. 부시코 군대는 3년여 콘스탄티노플에 머물렀고, 그사이 비잔티움은 잠시나마 안도의 숨을 쉴 수 있었다. 부시코는 마누일 2세에게 비잔티움의 군대 보강이 필요하고 그러기 위해서는 서방에 지원 요청을 해야 한다고 했다. 마누일 2세는 1400년 이탈리아, 파리, 런던 등으로 1년여에 걸친 서방 방문을 했지만 아무런 성과 없이 수도로 돌아왔다.

그런데 비잔티움에 대한 오스만제국의 압박이 최고조에 달할 즈음, 동방에서 티무르가 아나톨리아로 침략해 들어왔다. 오스만제국은 1402년 티무르와의 앙카라 전투에서 크게 패하고 술탄 바예지드 1세가 생포되는 수모를 겪었다. 이로 인해 오스만제국은 공격의 기세가 한순간에 꺾였지만, 비잔티움에는 돌풍을 막는 계기가 되었다. 오스만제국에서 바예지드 아들 간에 10여 년 가까이 내전이 계속되는 동안 비잔티움은 전세를 회복할 수 있는 시간을 갖게 되었다.

오스만제국에서 메흐메드 1세(재위 1413~1421년)가 내전을 평정하고 술탄으로 즉위한 후 마누일 2세와는 좋은 관계를 유지했다. 1421년은 비잔티움과 오스만제국에 큰 변화가 있는 해였다. 우선 비잔티움에서는 70대 고령이 된 마누일 2세가 아들 요안니스 8세(재위 1425~1448년)를 공동 황제이자 차기 황제로 임명했다. 그리고 오스만제국에서는 메흐메드 1세가 사고로 갑자기 사망하자 그의 아들 무라드 2세(재위 1421~1451년)가 즉위했다. 마누일 2세는 무라드 2세가 즉위하자 그를 견제하기 위해 그간 황실이 보호하고 있던 무스타파(티무르의 앙카라 원정 시 잡혀갔던 무라드의 형제)를 석방했다. 이에 분노한 무라드 2세는 콘스탄티노플을 공격했으나, 마누일 2세의 노련한 외교력으로 1424년 양측은 평화조약을 체결했다. 비잔티움은 오스만제국의 속국이며 황제는 술탄에게 세금을 바치도록 하여 이전의 양국 관계가 가까스로 다시 정리되었다.

1425년, 마누일 2세가 75세로 영면했다. 콘스탄티노플 백성들은 서방과 로마 교황에 굽히지 않았던 황제의 죽음을 슬퍼했다. 그의 아들 요안니스 8세가 즉위했지만 해결해야 할 일이 산적했다. 1430년 무라드 2세가 테살로니키를 정복하려 성곽에 들어가자 대부분의 주민은 오스만 군대에 투항했다. 1423년 이래 테살로니키를 차지하고 있는 베네치아인들과 무력 충돌은 있었지만, 오스만 군대는 어렵지 않게 테살로니키를 접수했다. 비잔티움의 제2 도시가 튀르크인들의 손에 들어갔다.

요안니스 8세는 아들이 없었다. 그래서 마누일 2세의 아들이자 모레아 공국의 군주인 콘스탄티노스 11세(재위 1449~1453년)가 황제가 되었다. 비잔티움제국은 오스만제국에 거의 장악되어 사실상 콘스탄티노플 도시국가로 전락한 상태였다. 콘스탄티노스 11세는 즉위한 후 무라드 2세에게 황제 책봉을 승인해달라고 요청했고, 무라드는 이를 승인했다. 비잔티움 황실은 이미 두 명의 배우자를 잃은 황제에게 새로운 황후를 들이기 위한 모든 외교력을 동원했다. 그러는 사이 1451년 2월 무라드 2세가 사망하고 19세인 그의 아들 메흐메드 2세(재위 1451~1481년)가 술탄이 되었다. 서방 기독교 세계는 경험이 없는 어린 술탄이기 때문에 오스만제국으로부터 위협도 줄어들 것으로 판단했다. 비잔티움 황실도 같은 생각을 하고 있었다. 그러나 오스만제국의 상황은 그들의 생각과는 정반대였다.

메흐메드 2세는 즉위하자마자 콘스탄티노플을 정복하려는 의지를 갖고 있었다. 모든 준비를 마친 메흐메드 2세는 1453년 5월 29일 콘스탄티노플 성벽에 최후의 대포 공격을 감행했다. 성곽이 무너지자 병사들이 성안으로 들어갔다. 성곽 꼭대기에 오스만 기가 꽂히면서 콘스탄티노플과 비잔티움은 역사의 뒤안길로 사라졌다. 비잔티움 팔레올로고스 가문의 콘스탄티노스 11세는 끝까지 오스만군에 저항했지만, 그 후 그를 본 사람은 아무도 없었다. 콘스탄티노플이 정복된 지 500여 년이 훨씬 지난 1998년, 콘스탄티노스 11세가 부활하여 돌아올 것을 기리는 그리스어 노래 '당신은 번개처럼 오시리라' 가 나왔다. 하기아 소피아(성 소피아 교회)에서 그리스인들이 다시 만난다는 기약을 담은 노래다.

제3화

비잔틴 건축

1. 고대 그리스 · 로마 시대 건축

고전주의 건축

고전(古典)을 클래식(classic)이라 한다. 클래식은 오래되고 고풍스럽다는 의미도 있지만, 최고 수준이 되어 모든 것의 전범(典範)이 된다는 뜻이 있다. 첨단과학 시대를 사는 현대인들이 2500년 전의 소크라테스와 플라톤 같은 철학자를 스승으로 여기는 것도 그들의 사유방법이 이성적으로 사유하는 방식의 전범이 되기 때문일 것이다. 고대 그리스와 로마 문명의 유산은 오늘날 현대인들의 지적 · 예술적 영감의 원천이 되고 있다. 고대 그리스 문명은 로마 시대로 이어져 내려왔다. 특히 고대 그리스 문명은 인간 사유의 세계와 철학적 지혜의 틀을 만든 최고 수준의 문화적 업적을 남겼다. 서구인들은 자신들의 문명의 정체성이 고대 그리스 문명에 뿌리를 두고 형성된 것으로 믿고 있다. 로마제국도 학문과 예술에서 보여준 그리스의 수준 높은 문화적 업적을 이어받았다. 고대 그리스 · 로마의 언어 · 문화 · 종교 · 지리적 영향 때문에 고전 시대를 그리스 · 로마(Greco-Roman) 시대로 묶어서 부르기도 한다.

비잔티움은 수준 높은 문화의식으로 특히 건축 분야에서 미적 감성이 풍부한 종교적 건축물을 많이 남겼다. 비잔티움의 성 소피아 교회는 비잔틴인들이 당대 최고 기술과 공법으로 만든 최고의 클래식 건축물이었다. 역사적 건축물은 당대의 문화와 역사를 그대로 반영하고 있어 그 문화적 가치가 매우 크다. 비잔틴 건축물을 통해 비잔티움 역사와 문화를 엿보는 것이 가능한 이유이다. 문명과 문화란 흐르는 물과 같아서 발원지가 있게 마련이다. 비잔틴 건축도 고대 로마 건축의 영향을 받았고, 더 올라가면 고대 그리스 건축의 영향을 받았다. 비잔틴 건축을 설명하기

고대 문명 발달 과정			
메소포타미아 이집트 문명	그리스 문명	헬레니즘 문명	로마 문명
기원전 3000~ 기원후 300	기원전 1000~ 기원전 330	기원전 330~ 기원전 30	기원전 30~ 기원후 400

전에 고대 그리스·로마 시대 건축부터 짚어보려는 이유이다.

고대 그리스 문명

고대 그리스 세계에서 가장 오래된 문명은 청동기 시대인 기원전 2500년 동지중해의 크레타라는 작은 섬에서 일어난 '미노아 문명'이다. '미노아'는 크레타의 전설적인 왕 미노스의 이름에서 유래한 말이다. 또 크레타섬에서 발원했다 하여 '크레타 문명'이라고도 한다. 미노아 문명은 영국 고고학자 아서 에번스가 크레타섬에서 크노소스 궁전을 발굴하면서 세상에 알려졌다. 크노소스 궁전의 벽화(프레스코화)와 이집트의 그림문자를 음절문자로 개량한 선형 A문자(Linear A)의 점토판 등이 미노아 문명의 유산으로 남아 있다. 크레타섬은 지중해 세계를 사방으로 잇는 교차로에 있어, 앞서 있던 오리엔트 문명(메소포타미아와 이집트 문명)을 받아들이기가 쉬웠다. 고대 그리스 문명이 섬에서 출발한 이유다. 미노아인은 해상민족으로 도자기 제조와 청동 제작 기술이 뛰어나 풍요로운 청동기 시대 문명을 일구었다. 미노아 문명은 기원전 15세기경 미케네 사람들에게 정복될 때까지 존속했다.

기원전 1700년경에는 그리스 남부 펠로폰네소스반도의 고대 성채도시 미케네에서 문명이 성장했다. 미케네 문명을 그리스 문명의 시작으로 보기도 한다. 미케네 문명을 세상에 알린 사람은 하인리히 슐리만이다. 기원전 1600년경, 군사력과 경제력이 급속히 증가한 미케네의 왕국들은 남쪽 크레타섬을 정복했다. 미케네 문명은 후기 청동기 시대에 그리스 본토에서 발달하여 기원전 1250년경까지 번영을 누렸다. 에게해의 맹주인 미케네왕국의 강력한 경쟁 상대는 아나톨리아의 트로이왕국이었다. 미케네 문명은 트로이 지역을 점령한 이후 영향력이 더 커졌지만, 기원전 1100년경 발칸반도에서 내려온 도리아인들의 침략으로 몰락했다. 그 이후 그리스는 기원전 8세기까지 암흑시대로 접어들었다. 미케네 문명의 거대한 궁전과 도시 문명이 거의 파괴되고 아무런 역사 기록도 남지 않았다. 그리스 암흑시대에 유일하게 문자 기록을 남긴 인물이 호메로스다. 유랑시인 호메로스의 서사시 『일리아스』와 『오디세이아』는 고대 그리스어로 기록된 가장 오래된 작품이다. 고대 그리스의 문학과 신화도 이즈음 탄생했다.

기원전 8세기가 지나 그리스는 암흑시대에서 벗어나기 시작했다. 암흑시대를 벗어난 기원전 8세기부터 그리스-페르시아 간 테르모필레 전투가 있었던 기원전 480년까지가 그리스 부흥시대였다. 이 시기에 그리스 각지에서 인구가 늘고 촌락이 늘어나면서 성벽을 중심으로 형성된 작은 도시국가(폴리스)들이 성장했다. 그리스는 지형적으로 구릉지와 산지, 강이 많아 대제국은 만들지 못하고 각기 다른 지역에 도시국가가 생기게 되었다. 기원전 800~기원전 600년에 그리스 본토에만 200여 개의 폴리스가 있었다. 그 가운데서 가장 찬란한 문명의 꽃을 피운 도시는 아테네였다. 신흥도시 아테네는 기원전 490~기원전 480년에 벌어진 페르시아와의 전쟁에서 승리하고 그리스 세계의 패권국 지위에 올랐다. 거대 제국 페르시아를 성공적으로 막아낸 그리스인들의 이야기를 기록한 것이 헤로도토스(기원전 484~기원전 425년경)의 『역사』다. 그리스는 기원전 461년에 즉위한 페리클레스 시대에 아테네 문명의 황금기를 이루었다.

기원전 5세기~기원전 4세기에 그리스 민주주의와 경제가 융성하면서 파르테논 신전이 건설되고, 소크라테스와 플라톤 같은 철학자들이 활동했다. 아테네의 황금기는 기원전 4세기 중반에 그리스의 변방 국가인 마케도니아왕국이 그리스를 지배하는 강력한 국가로 등장하면서 퇴조했다. 기원전 336년에 왕위에 오른 알렉산드로스(기원전 336~기원전 323년)는 페르시아, 이집트, 인도에 이르는 광대한 지역에 대제국을 건설했다. 알렉산드로스의 대제국 건설로 동서양의 활발한 문물교류가 이루어졌고, 고대 그리스 문화와 페르시아, 중동, 서남아시아 등 동방 문화가 혼합된 헬레니즘 문화가 로마제국 건설까지의 300년 동안 절정을 이루었다. 알렉산드로스의 헬레니즘 문명은 로마제국과 비잔티움에도 영감을 주었다.

스파르타, 코린트, 테베, 델포이, 아테네 같은 도시국가 중 가장 세력이 강한 도시국가는 스파르타와 아테네였다. 그리스 도시국가들은 예술과 건축, 정부 구조, 민주주의, 철학, 자연과학, 이성 등의 분야에서 오늘날에도 세계의 모델이 되고 있다. 그리스 본토에 도시국가를 건설한 그리스인들은 본토를 벗어나 지중해, 북부 아프리카, 흑해 연안 등에 식민지를 건설했다. 도시국가 폴리스와 해외의 식민도시는 상업과 교역의 네트워크로 연결되었다. 문명의 요람인 아나톨리아반도의 에게해와 흑해 연안에는 밀레투스, 시노프, 트라브존 같은 그리스 식민도시가 세워졌다.

고대 그리스 건축

고대 그리스인들은 다신교를 믿었다. 그리스인들에게 신은 인격, 덕성과 감수성을 갖춘 사람과 같아 남신과 여신이 있었다. 자신들이 숭배하는 신이 기쁘면 좋은 일이 올 것이고, 신이 화가 나면 나쁜 일이 올 것이라고 믿었다. 신은 만능의 힘이 있어 인간의 모든 삶을 통제한다고 믿었다. 신에게 기도하면 경쟁에서 이길 수 있고 무서운 파도에도 살아남을 수 있다고 믿었다. 그래서 그리스인들은 신을 기쁘게 해드리기 위한 신전(temple)을 지었다. 신전은 신을 모시고 봉헌하는 장소였다. 그리스 신전은 건축 양식과 장식 방법이 정형화된 독특한 특징을 가지고 있다. 기둥과 지붕을 기본 단위로 한 형식을 오더(order)라 하는데, 오더에는 미학적인 체계를 가진 도리스식, 이오니아식, 코린트식 등 세 가지 표준 양

그리스 건축 양식 오더 왼쪽부터 도리스식, 이오니아식, 코린트식.

식이 있다.

도리스식은 장중하고 남성적인 양식으로 여성적인 이오니아식, 코린트식과 대비된다. 도리스식은 그리스 본토와 이탈리아반도에서 많이 사용했고, 이오니아식은 아나톨리아의 그리스 식민도시에서 주로 사용했다. 좀 복잡하게 보이는 코린트식은 헬레니즘 문명 시대에 광범위한 지역에서 사용되었는데, 외장보다는 내부 장식에 많이 사용된 오더였다. 이 세 가지 양식은 현대 건축물 장식에도 널리 사용되고 있다. 신탁의 장소로 유명한 델포이의 아폴로 신전과 고대 그리스 민주정치의 상징인 파르테논 신전은 아름답고 웅장한 건축물로 그리스인들의 종교 중심지가 되었다.

고대 그리스인들은 고대 이집트인들처럼 신전 건축과 신상 조각 등에서 가장 이상적인 아름다움을 추구했다. 건축물에서는 기둥(column)을 기본으로 하여 조화와 균형을 바탕으로 한 형태미를 창조했다. 고대 그리스의 대표적 건축물인 신전은 열주(列柱)로 둘러싸인 직사각형 형태로 그 자체로 웅장함을 보여준다. 열주란 줄지어 늘어선 기둥을 말하는데, 열주가 아름답게 보이기 위해서는 기둥의 높이나 간격에서 비례가 필요

그리스의 파르테논 신전 전쟁의 여신 아테나를 기리는 파르테논 신전은 고대 그리스 도시국가의 중심지 언덕(아크로폴리스)에 있는 신전 중 가장 아름답고 웅장한 건축물로 손꼽힌다. 도리스와 이오니아 기둥 양식이 적용된 파르테논 신전은 완벽한 비례와 조화로 아름다움을 자랑한다. 겉보기에 직선 형태로 보이지만 기단, 기둥 전체가 미묘한 곡선으로 이루어졌다.

했다. 비례에 의해 만들어진 조화와 균형은 건축물의 우아함을 드러냈고, 비례 · 조화 · 균형 등 세 가지는 고대 그리스 신전 건축의 중요한 요소가 되었다.

고대 로마 건축

로마는 기원전 753년에 로물루스에 의해 건립되었다고 전해진다. 로물루스는 테베레강 동쪽에 있는 일곱 개 언덕 중 하나인 팔라티노 언덕에 로마를 세웠다고 한다. 흔히 로마를 천년 제국이라 부르는데, 로마 문명은 5세기에 서로마제국이 멸망할 때까지 이어졌다. 고대 로마의 건축은 이전 시대의 건축물과는 확실히 달랐다. 페르시아인, 이집트인, 그리스인, 에트루리아인 등도 기념비적인 건축물을 남겼는데, 이들은 모두 밖에서 보았을 때 건축물이 아름답게 보이도록 했다. 이들 건축물의 특징은 기둥을 사용한 수평의 사각형 덩어리 구조였다. 창이나 문짝의 상부에

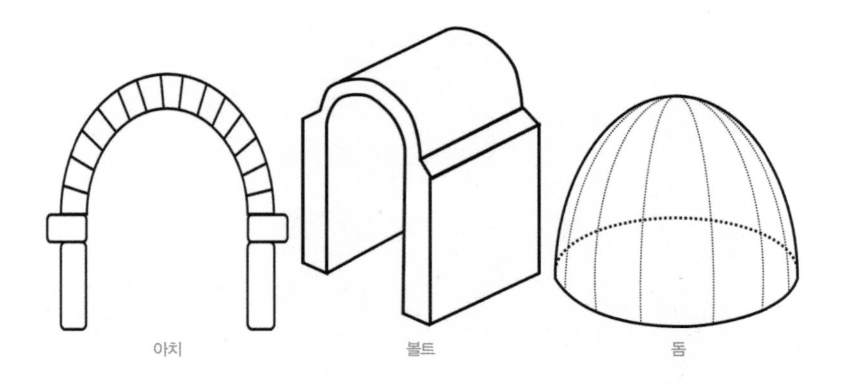

가로지르는 상인방(上引枋, lintel)이 너무 무거워 그 하중을 지지하기 위해 내부에 기둥을 많이 두었기 때문에 내부 공간이 매우 제한적이었다. 로마인들은 내부 공간을 넓게 만들고자 했으므로 이전과는 근본적으로 다른 건축 방식이 필요했다.

로마인들이 창조한 새로운 공법은 아치(arch)였다. 그리스 건축 양식에 오더가 있었다면, 로마에는 아치가 있었다. 그리스식 오더에 로마가 개발한 아치를 결합한 것이 로마 건축 양식이었다. 그리스 오더가 세밀한 비례에 의한 균형적인 외관으로 구조물을 완성한 것이 특징이라면, 로마의 아치는 형태적 가변성이 뛰어난 내부 공간을 만든 것이 특징이다. 아치는 볼트(vault)와 돔(dome)으로 변화하는 것이 가능했다. 아치를 확장하면 터널 모양이 생기고 아치에 중심축을 두고 회전시키면 돔이 되어, 그리스인들은 상상하지 못했던 대공간이 생겼다. 로마는 아치 공법으로 횡으로 넓고 종으로 높은 거대한 건축물을 건조할 수 있게 되었다.

로마는 그리스 건축 양식을 모방하고 발전시켜 아치, 볼트, 돔을 사용하여 새로운 개념의 건축물을 만들었다. 로마인들의 새로운 공법으로 만들어진 판테온 신전은 직경이 43.3m인 거대한 돔으로 내부 공간이 어떻게 생기는지를 잘 보여주는 건축물이다. 로마의 가장 대표적인 건축물로 손꼽히는 콜로세움은 높이 48m로 4층 규모이며, 로마식 구조에 그리스 기둥 양식을 결합했다. 1층은 도리스식, 2층은 이오니아식, 3~4층은 코린

로마의 콜로세움(Colosseum) 로마 팔라티노 언덕 동쪽에 세워진 거대한 원형경기장. 70~72년 베스파시아누스 황제가 착공하여 8년 뒤인 80년에 아들인 티투스 황제가 완공했다. 로마제국의 화려함과 웅장함을 상징하는 콜로세움은 수십 개의 아치와 볼트 구조로 하중을 분산시켜 안정적이며 3개 층의 외벽 기둥은 토스카나(도리스식의 변형, 1층), 이오니아(2층), 코린트(3층) 양식으로 되어 있다. 지상 4층 구조물인 콜로세움은 길이 188m, 폭 156m, 높이 57m, 둘레 545m의 거대한 구조로 수만 명 관중의 동선을 해결한 실용적 건축물의 대표작이다.

트식이 사용되었다. 구조적 아름다움보다는 실용성을 강조한 로마인들은 내구성이 강한 콘크리트를 사용하여 원형경기장, 전차경기장, 바실리카(공회당), 공중목욕탕 같은 대형 석조 건축물을 만들었다. 아치를 이용한 대형 건축물은 최고 권력자의 힘을 과시하기 위한 정치 선전물로도 매우 매력적이었다.

2. 중세 기독교 국가의 건축

기독교의 나라 비잔티움

기원후 30년경 예수의 십자가 처형 이후, 사도들이 회중을 이끌면서 초기 기독교는 고대 그리스·로마 세계에 전파되었다. 기독교는 2세기 초에 이르러 로마제국의 전 지역에 전파되었다. 4세기에 접어들자 로마제국 내 기독교는 무시하지 못할 정도로 성장했다. 당시 기독교인이 어떤 규모였는지는 정확히 알 수 없지만, 다음 두 가지 연구 결과로 미루어 짐작은 가능하다. 우선, 미국 예일대학교 명예교수 램지 맥멀런(Ramsay MacMullen)은 자신의 저서 『로마제국의 기독교화』(1989)에서 기원후 100~400년에 로마제국 전체 인구의 5~8%가 기독교인이었다고 추산했다. 그리고 미국 종교사회학자인 로드니 스타크(Rodney Stark)는 2016년 우리나라에서도 발행된 『기독교의 발흥』에서 기원후 40년 1000명(로마 인구의 0.0017%)이었던 로마제국의 기독교 인구가 250년 117만 명(1.9%)에서 300년 630만 명(10.5%), 350년 3388만 명(56.5%)으로 매 10년간 40%씩 성장했을 것으로 추정했다. 로드니 스타크의 연구 결과로만 보면, 기독교가 공인된 313년에 로마제국 인구의 10%가 기독교인이었다. 이 연구 수치는 추정치라서 완전히 신뢰할 수는 없지만, 그럴 만한 개연성이 있어 보인다. 그러나 초기 기독교가 로마제국에서 순조롭게 전파된 것은 아니었다. 기원후 64년에 로마 대화재로 민심이 악화되자 네로 황제가 기독교인들을 희생양으로 박해하기 시작해, 313년 신앙의 자유가 인정될 때까지 250여 년간 로마제국에서 기독교인에 대한 박해는 계속되었다. 박해 속에서도 기독교는 로마제국 전역으로 활발하게 퍼져나갔다. 4세기 교회 역사가인 유세비우스도 『교회사』에서 콘스탄티누스 대제의 업적을 높이 평가하면서 기독교가 박해받은 사건을 상세히 기록하고, 기독교는 박해 가운데서도 순교자들을 통해 확장되어나갔음을 기술했다.*

* 유세비우스의 『교회사』에 포함된 시기는 기원후 20년부터 콘스탄티누스가 로마의 패권을 놓고 리키니우스와 벌인 아드리아노플 전투에서 승전한 324년까지이다. 유세비우스는 콘스탄티누스의 승리에 대해 로마제국 전역에 임한 축복이라고 하면서 "도시와 마을에서는 찬성과 합창으로 우주의 임금이신 하느님을 찬양했고… 황제는 선하고 참된 신앙을 나타내는 법률을 제정했다"라고 기록했다(유세비우스 팜필루스, 엄성옥 옮김, 『유세비우스의 교회사』, 은성, 2008, p. 561). 콘스탄티누스 대제는 유세비우스에게 황제의 전기와 교회 역사를 쓰도록 했다.

313년에 콘스탄티누스 대제가 기독교를 공인하고 신앙의 자유를 인정하는 밀라노 칙령을 반포했고, 테오도시우스 1세는 기독교를 국교로 삼았다. 초기 기독교인들은 가정 예배소나 지하 교회에서 예배나 공동체 전례를 치렀으나, 종교의 자유를 보장받으면서 지하조직에서 지상으로 나오게 되었다. 기독교 인구가 늘어나면서 4세기에 주교를 중심으로 한 공동체를 의미하는 '교구'라는 용어도 생겼다. 초기 기독교 교회는 알렉산드리아, 예루살렘, 안티오크, 콘스탄티노플, 로마 등 5개 관구를 두었고 각 관구에는 총대주교가 있었다. 콘스탄티노플이 동로마제국의 수도가 되면서 로마제국은 서로마제국과 동로마제국으로 분리되었고, 교회 역시 서방교회와 동방교회로 분리되었다. 기원후 451년 튀르키예의 칼케돈에서 열린 공의회에서 콘스탄티노플 총대주교는 로마 총대주교 다음의 두 번째 지도자로 인정되었다. 1054년에 동서 교회가 분리된 것은 후에 언급하겠지만, 서구나 동로마제국에서 기독교는 국가와 사회에서 분리될 수 없는 한 몸이나 마찬가지였다. 비잔티움에서 기독교는 국가 종교가 되었고, 비잔티움은 국가와 종교가 분리되지 않는 기독교 국가(Christian state)가 되었다.

바실리카 교회 양식

초기 기독교가 인정되자 교세 확대로 교회당의 공간이 필요해졌다. 초기에는 고대 로마인들이 공공건물로 사용하던 바실리카(basilica)를 교회 건물로 사용했다. 그래서 초기 교회 건물은 바실리카 양식으로 지어졌다. 최초의 교회는 콘스탄티누스 대제에 의해 324년에 건축이 시작된 로마의 성 베드로 교회였다. 사도 베드로가 순교한 곳에 지어진 성 베드로 교회는 5세기경 파괴되었고, 현재는 르네상스 양식의 성당이 자리하고 있다. 325년 니케아 공의회 이후 바실리카는 교회 건물의 표준 모델이 되었다.

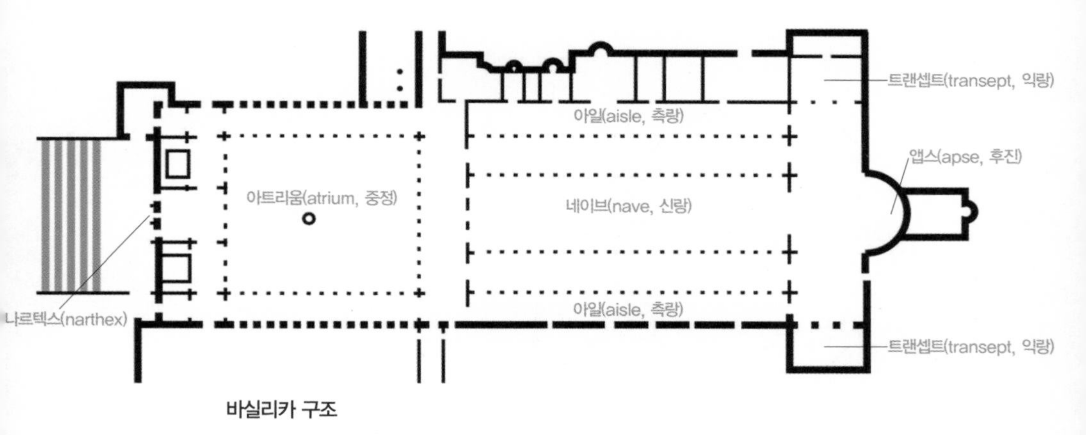

바실리카 구조

바실리카의 기본 형태는 직사각형으로 중앙에 회중석인 네이브(nave, 신랑)와 좌우 양쪽의 통로인 아일(aisle, 측랑)이 열주에 의해 구분된 구조이다. 교회 입구부터 회랑으로 둘러싸인 아트리움(atrium, 중정), 현관인 나르텍스(narthex), 네이브와 아일, 장십자가 형태의 트랜셉트(transept, 익랑), 제단과 반원형의 앱스(apse, 후진)가 차례로 있는 것이 전형적인 바실리카의 모습이다. 벽과 기둥은 석재로, 네이브와 아일의 지붕은 목재로 한 것이 특징이다. 537년에 유스티니아누스 1세가 건축한 성 소피아 교회도 기본적으로 바실리카 양식을 따랐는데, 천장에 둥근 돔을 두어 '돔이 있는 바실리카(domed basilica)' 가 되었다. 원래는 로마 시대의 공공건물을 의미했던 바실리카는 기독교 건축 양식의 새로운 모델이 되면서 '기독교 교회' 라는 의미를 갖게 되었고, 나중에 바실리카 교회 양식은 유럽의 성당 건축에도 모델이 되었다.

펜덴티브 돔 구조

비잔틴 건축은 로마 신전의 건축 양식과 공법을 이어받았다. 기본적으로는 바실리카 양식을 따르고 반구형의 돔을 많이 사용했다. 로마인들은 원형 공간에 올린 돔을 지붕으로 사용했는데, 비잔틴인들은 한발 더 나아가 사각형 평면 위에 반구형 돔을 올릴 방법을 고민했다. 마침내 비

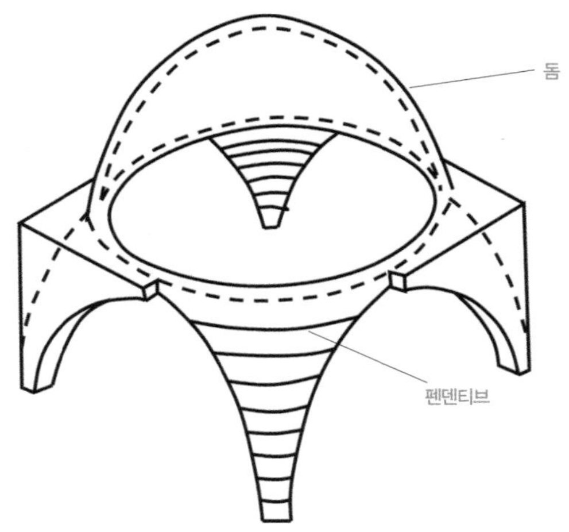

펜덴티브 돔(pendentive dome) 사각형 평면 위에 반구형의 돔을 가설하는 비잔틴 건축 양식의 독특한 기법이다. 사각형 평면 위에 돔을 얹으면 수평면상의 원과 수직면이 교차하는 지점에 4개의 아치가 형성되면서 4개의 삼각형 포물면이 생기는데 이를 펜덴티브라 한다. 반구형 돔은 4개의 펜덴티브에 의해 지지된다.

잔틴인들은 펜덴티브(pendentive) 돔 구조를 찾아냈다. 사각형의 기반 위에 반구형의 돔을 올리면 사각형의 공간과 곡선 형태의 돔 사이에 생기는 공간이 바로 펜덴티브이다. 반구형의 돔과 펜덴티브가 만드는 곡선은 단선 없이 연결된 것처럼 보이며, 돔과 펜덴티브가 만들어낸 구조를 펜덴티브 돔(pendentive dome)이라 한다. 펜덴티브 돔 구조는 장식할 수 있는 내부 공간을 만들어, 인간이 초자연적인 신을 숭배하고 하늘의 신성성을 표현하는 공간으로 이용되었다.

비잔틴 건축에는 석재 대신에 벽돌이 사용되었고, 내부 장식으로는 조각상 대신에 모자이크가 사용되었다. 비잔틴 건축은 외부에서 보면 로마의 '힘' 이 느껴지고, 내부로 들어가면 그리스와 동방 문화 취향의 화려한 내부 장식이 눈에 띈다. 중앙 돔 외에도 여러 개의 돔이 사용되어 기하학적으로 완벽한 조화를 이룬다. 교회의 중앙은 네 팔의 길이가 같은 정사각형의 그릭 크로스(Greek Cross) 구조로 안정감을 준다. 콘스탄티노플의 성 소피아 교회, 베네치아의 산마르코 대성당, 라벤나의 산비탈레 성당 등이 대표적인 비잔틴 교회 건축물로 꼽힌다. 콘스탄티노플에 세워진 기독교 초기 교회 건축물은 사라졌지만, 비잔틴 건축물은 불가리아, 러시아, 아르메니아, 이탈리아 등지에 남아 있다.

성화

비잔틴 건축과 성화(聖畵)는 떼려야 뗄 수 없는 관계에 있다. 비잔틴 건축은 교회가 대표적이고, 교회는 지상에서 천상의 세계를 대표한다. 교회의 성스러움은 교회 내 돔이나 기둥, 벽면에 모자이크나 벽화로 장식된 성화로 높여졌다. 성스러운 건축과 신앙심을 북돋우는 예술은 동방교회의 성찬 전례 의식으로 초월적인 절대자의 신비스러움과 영광스러움을 충만하게 했다. 비잔티움 황궁과 교회의 아름다움은 콘스탄티노플에 주재하는 각국의 외교사절을 감탄의 도가니로 몰아넣었다.

비잔틴 교회에서 성화의 배치가 더욱 중요해진 것은 교회 구조에 중앙집중형인 그릭 크로스 구조를 채택하면서였다. 초기 비잔틴 교회는 세로로 긴 형태의 바실리카 형식이었다. 바실리카 형식도 중앙에 큰 돔을 배치할 수 있지만, 세로로 긴 형태에는 효율적이지 않았다. 시간이 지나면서 비잔틴 교회는 네 팔의 길이가 같은 그릭 크로스 구조로 건축하게 되었고, 가운데 올려진 대형 돔과 돔을 지지하는 벽면 등에 비잔틴 교회 신학의 논리에 따라 성화를 배치했다. 비잔틴 교회 건축물은 누구라도 지상에서 신비스러운 하늘의 세계를 경험할 수 있도록 매우 신중하게 건축되고 장식되었다. 교회 건축은 독특한 비잔틴 예술을 탄생시켰고, 건축과 예술이 융합된 비잔틴 건축예술은 비잔티움이 튀르크인들에게 멸망한 1453년까지 그대로 유지되었다.

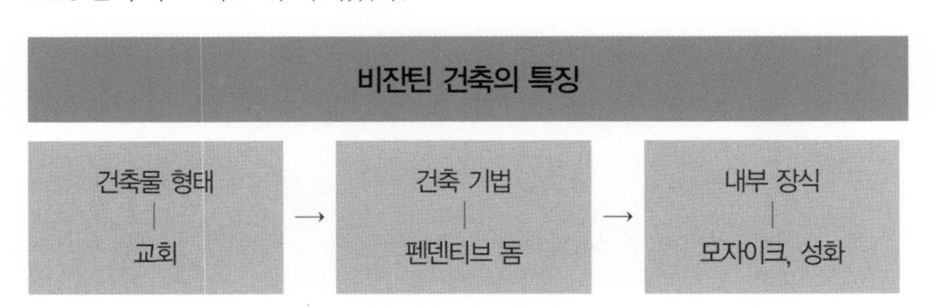

3. 성 소피아 교회

유스티니아누스 1세의 건축사업

튀르키예의 이스탄불에 있는 하기아 소피아(Hagia Sophia)* 교회는 비잔티움 시대 최고 걸작 건축물이다. 하기아 소피아는 '성스러운 지혜' 라는 뜻으로 예수 그리스도를 지칭한다. 이 책에서는 영어식 이름인 '성 소피아 교회' 로 표기한다. 골든 혼이 내려다보이는 곳에 건축된 성 소피아 교회는 유스티니아누스 1세가 537년에 완공했다. 성 소피아 교회는 그 자리에 세워진 세 번째 건축물이었다. 첫 번째 교회는 바실리카 양식으로 콘스탄티우스 2세(콘스탄티누스 대제의 둘째 아들)가 360년에 창건했으나, 404년에 폭동으로 인한 화재로 소실되었다. 두 번째 교회는 415년에 테오도시우스 2세가 완공했으나, 이마저도 532년 1월 니카 반란 때 방화로 사라졌다. 같은 해 2월 23일 유스티니아누스 1세는 이전 것과는 완전히 차별화되고 제국의 위엄을 빛내줄 거대한 성전을 세우기로 했다.

* Hagia Sophia는 그리스어이며 라틴어로는 Sancta Sophia, 영어로는 St. Sophia, 튀르키예어로는 Ayasofya라고 한다.

6세기 동로마제국의 역사가 프로코피우스(Procopius)는 『건축론(Buildings)』이라는 저서에서 유스티니아누스 1세가 성 소피아 교회 건축에 얼마나 남다른 열정을 갖고 추진했는지를 기록해놓았다.** 그에 따르면, 황제는 경비가 얼마 들든 간에 일단 교회 건축을 시작하라고 압력을 가했고, 만방에서 예술가들을 불러 모았다고 했다. 프로코피우스는 특히 당대의 최고 건축가이자 구조학자인 트랄레스의 안테미오스(Anthemius of Tralles)와 기하학자인 밀레투스의 이시도르스(Isidore of Miletus)가 그런 황제를 측근에서 가장 잘 보좌했다고 평가했다. 성 소피아 교회는 황제의 열정과 황제에 충성하는 최고 건축공학자의 헌신으로 건축되었다.

** 『건축론』의 전체 영문 번역본은 미국 시카고대학의 웹페이지 https://bit.1y/ProcopiusB1AE를 참고 바람. http://penelope.uchicago.edu/Thayer/E/Roman/Texts/Procopius/Buildings/home.html

*프로코피우스는 유스티니아누스 황제의 측근이자 황제 휘하의 유능한 장군 벨리사리우스의 비서 겸 공식 역사가였다. 그는 『전쟁사』나 『건축론』에서 유스티니아누스의 치적을 기록으로 남겨놓았지만, 다른 한편으로는 『비사(Secret History)』를 통해 공식 기록으로는 남길 수 없는 유스티니아누스 시대 비잔티움 황실의 은밀한 뒷이야기들을 털어놓았다. 프로코피우스, 곽동훈 옮김, 『프로코피우스의 비잔틴제국 비사』, 들메나무, 2015.

건축 공사에 필요한 석재는 제국 각지를 통해 조달되었다. 에페수스에 있는 아르테미스 신전의 기둥이 콘스탄티노플로 반입되었고, 8개의 코린트식 기둥도 레바논의 바알베크에서 선박 편으로 콘스탄티노플에 수송되었다. 화강반암은 이집트에서, 푸른색 대리석은 그리스 테살리아에서, 석재는 마르마라 지역과 시리아 등지에서 들여왔다. 성 소피아 교회는 5년여의 공사를 거쳐 537년 12월 27일 예수 그리스도에게 봉헌되었다. 앞에서 언급한 프로코피우스*는 『건축론』에서 성 소피아 교회뿐만 아니라 유스티니아누스 1세 치세로 이루어진 주요 건축사업에 대한 업적을 찬양했다. 그에 따르면 유스티니아누스 1세는 잠을 자지 않고 일에 매달리는 꼼꼼한 인물로, 공사 인부를 양편으로 나누어 어느 편이 빨리 끝내는지 경쟁을 시킬 만큼 심혈을 기울이며 교회 건축 공정을 매일 점검했다고 한다.

비잔티움 최대의 성전

봉헌식 날, 교회 건축물의 웅장한 아름다움에 감격한 유스티니아누스 1세는 "솔로몬 왕이여, 내가 당신을 이겼소"라고 외쳤다. 회중석인 네이브(nave)** 위에 얹힌 중앙 돔은 원의 지름이 31.24m, 바닥에서 천장까지의 높이가 55.60m이다. 로마에서 가장 오래된 판테온 신전의 돔 내부 원의 지름은 43.3m로, 성 소피아 교회는 돔의 크기로는 판테온 다음이었다. 그러나 1520년에 스페인 세비야의 가톨릭 대성당이 세워지기 전까지 1000년 동안 성 소피아 교회는 세계 최대의 교회 건축물이었다. 성 소피아 교회는 4개의 오목한 삼각형 곡면, 즉 펜덴티브를 개발해내면서 사각형 평면 위에 반구형을 얹는 문제를 해결했다. 성 소피아 교회의 돔 무게는 펜덴티브를 통해 4개의 기둥으로 분산되어 전달된다. 교회 내부에서 바라본 중앙 돔은 아치형 펜덴티브로 받쳐져 마치 공중에 떠 있는 것처럼 보인다.

**네이브(nave)는 라틴어 navis(배)에서 유래한다. 기독교 교회의 중앙 부분으로 회중석, 신도석을 말한다. 네이브를 신랑(身廊)이라고도 하는데 이는 일본식 용어이다.

중앙 돔 하단부에 있는 40개의 창문을 통해 들어오는 빛으로 건물 상

성 소피아 교회(Hagia Sophia Church) 비잔티움의 황제 유스티니아누스 1세의 명으로 건설된 동방정교회의 총본산. 그리스어 하기아 소피아(Hagia Sophia)는 '성스러운 지혜'라는 뜻이다. 현재까지 남아 있는 비잔티움 건축물 중 가장 대표적인 건축물이다. 1453년 오스만제국이 콘스탄티노플을 정복한 후 성 소피아 교회 외부에 이슬람 사원의 필수 구조물인 4개의 첨탑(미나렛)이 첨가되었다. 사진 게티이미지.

성 소피아 교회 내부. 사진 게티이미지.

판테온의 내부 이탈리아 로마의 원형 건물인 판테온 신전은 '모든(판) 신을 위한 신전(테온)'이라는 뜻으로 신들에게 바쳐진 신전이다. 7세기 이후 현재까지 1400여 년 동안 로마 가톨릭교회의 성당으로 사용하고 있다. 현존하는 가장 오래된 콘크리트 돔 구조의 건축물이다. 사진 김동주.

층부는 밝고 하층부는 상대적으로 어두워, 같은 공간에서 창조되는 밝음과 어둠의 조화와 대비가 교회 내부를 신의 영역으로 변화시킨다. 프로코피우스도 빛의 신비로움에 대해 기록을 남겼다. 그는 교회 내부는 일광이 넘쳐 모든 것이 빛에 반사되는데, 그 안에서 만들어지는 광채와 풍부한 빛은 성전의 곳곳을 감싸는 것 같아, 이 성전은 인간의 힘이나 기술이 아니라 신의 영감으로 만들어진 것으로 착각하게 한다고 했다. 성 소피아 교회는 비잔티움의 상징이자 동방정교(Orthodox Christianity)와 그리스정교회(Greek Orthodox Church)의 상징으로 종교적 문화예술을 창조하고 표현하는 중심이었다.

교회-모스크-박물관-모스크

성 소피아 교회는 이스탄불의 역사를 말없이 목격한 건축물이다. 제4차 십자군이 콘스탄티노플을 정복하고 약탈한 뒤 세워진 라틴제국 당시에 성 소피아 교회는 라틴 가톨릭교회로 사용되었다. 오스만제국이 콘스탄티노플을 정복할 때도 성 소피아 교회에 변화가 있었다. 콘스탄티노플을 정복한 메흐메드 2세는 성 소피아 교회를 파괴하지 않고 이슬람 모스크로 전환했다. 이슬람 율법에 따라 인물화가 있는 내부 모자이크는 회칠로 덮도록 했다. 시간이 흐르면서 외부에는 4개의 첨탑인 미나렛(minaret)이 추가되었고, 외부에는 계단 형식의 설교단인 민바르(minbar), 메카 방향을 표시하는 벽감인 미흐랍(mihrab)*이 추가되었다. 6세기에 비잔티움이 건설한 성 소피아 교회는 15세기부터 이슬람 사원으로 개조되어 사용되었다.

오스만제국을 계승하여 1923년에는 튀르키예공화국이 창건되었다. 튀르키예공화국 정부의 내각 결정으로 성 소피아 사원은 1934년부터 박물관으로 지정되었다. 그로부터 86년이 지난 2020년 7월 10일, 튀르키예 최고행정법원은 무스타파 케말 아타튀르크 대통령의 명령으로 이슬람 사원을 박물관으로 전환한 결정을 불법으로 판결했다. 이어 에르도안 대통령은 법원 결정에 따라 성 소피아 박물관을 모스크(사원)로 전환하라고 명령했다. 에르도안 대통령은 성 소피아 사원은 박물관의 지위가 변경되었기 때문에 입장료는 무료가 될 것이며, 성 소피아 모스크는 무슬림과 비무슬림 모두에게 개방된다고 말했다. 그러자 정교회 국가인 그리스와 러시아, 그리고 교황과 유네스코 등에서는 반발과 우려의 목소리를 냈다. 이렇게 성 소피아 교회의 지위는 시대에 따라 변했다.

* 미흐랍은 아랍어로 메카를 바라보는 벽이라는 의미로, 모스크 내부에 메카 방향(키블라)을 향하여 꾸며진 아치형 벽감(niche, 壁龕)을 말한다. 미흐랍은 우마이야 왕조 시대에 전성기를 구가한 제6대 칼리프 알 왈리드 1세(재위 705~715년) 때 처음 만들게 되었다. 알 왈리드 1세는 이슬람제국의 팽창기에 군사적 영광을 이끈 명장으로 알라의 검(the Sword of God)이라는 별명을 갖고 있다. 그는 영토 확장과 함께 모스크 건설에도 집중하여 메디나, 예루살렘, 다마스쿠스에 모스크를 건립했다. 무슬림들은 이동하면서도 예배를 하기 위해 기도용 매트(prayer rug)를 가지고 다닌다. 매트에는 보통 미흐랍 문양의 도안이 있는데, 기도할 때는 매트를 메카 방향에 놓는다.

제4화

비잔틴 예술

1. 비잔틴 예술의 세계

비잔틴 기독교와 플라톤주의

* 성육신(成肉身, incarnation)은 성자 하느님이 인성을 가진 사람으로 육신을 입고 친히 인간의 세상에 내려와 사역하는 것을 말한다.

로마 세계에 기독교가 퍼지면서 교리에 관한 여러 논쟁이 일어났다. 핵심은 삼위일체(三位一體)와 성육신*을 이해하는 것이었다. 성서는 하느님은 한 분이며, 아버지와 아들과 성령은 모두 하느님이라고 가르쳤다. 또한 성서는 그리스도(예수)가 인간이면서 하느님이라고 가르쳤다. 여기서 인간의 이성적 논리로는 설명할 수 없는 한계가 있어 어떻게 이런 교리가 가능한지는 논리적으로 설명하지 않았다. 삼위일체란 하느님을 지칭할 때 쓰는 성부, 성자, 성령의 세 위격 모두 하느님이며, 모두 같은 신의 성품을 갖는 하나의 몸이라는 뜻이다. 비잔틴 교회에서 성부, 성자, 성령이 한 몸이라는 삼위일체는 모든 종교적 사고와 영적 삶의 근본 개념이 되었다. 비잔틴 정교회는 325년 제1차 니케아 공의회에서 삼위일체를 신학의 기초로 삼았다. 삼위일체는 초대 교회에서 신에 관한 논쟁의 핵심이었는데, 성부인 하느님과 성자인 예수 그리스도와의 관계, 즉 육체를 가진 제2 하느님인 그리스도가 누구인지, 그 정체성에 대한 논리적인 설명이 필요했다. 기독교 신학자들은 삼위일체를 논리적으로 설명하는 데 플라톤의 '이데아'와 신플라톤주의자들의 '초월' 개념을 이용했다. 4세기 비잔티움의 교리와 교회 문제는 성격상 신앙의 문제였지만 본질에서는 정치문제였다.

고대에 다양한 철학 사상들이 있었지만, 기독교 세계가 플라톤에 더 가까워진 것은 플라톤이 눈에 보이는 세계가 아닌 영적인 세계에 관심을 두었기 때문이다. 신플라톤주의의 원조인 플로티노스(204~270년)도 물질 세계보다는 영적 세계의 우월성을 강조했다. 기독교 신학자들은 신플라

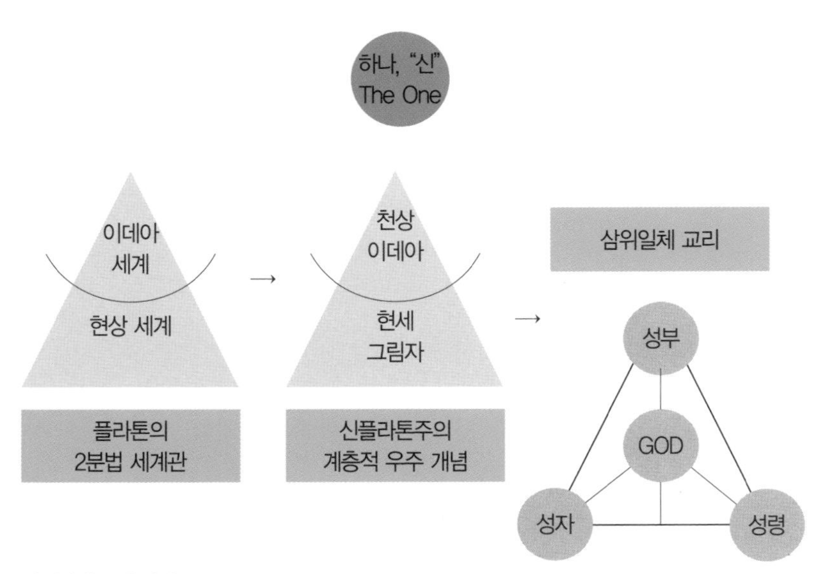

삼위일체 교리 개념도

톤주의자가 말하는 존재의 위계질서가 있다는 것, 각 단계의 존재는 그보다 상위 단계로부터 파생된다는 것에 매력을 느꼈다. 그들은 신플라톤주의를 바탕으로 기독교 교리를 해석하려 했다. 플로티노스는 천상세계에만 관심을 두고 신은 모든 구분을 초월한 '일자(The One)' 라고 했다. 플로티노스의 주장은 성부와 성자와 성령은 존재의 본질에서 같은 하나라는 것을 설명하는 이론적 기초가 되었다. 380년 2월 로마제국의 테오도시우스 1세는 칙령을 통해 기독교를 국교화하고 '성부, 성자, 성령' 의 삼위일체를 믿는 사람들만 보편적 기독교인(가톨릭)으로 인정하도록 했다. 삼위일체에 관한 교리 논쟁은 11세기에 동서 교회가 분열하는 빌미가 되었다.

비잔틴 철학과 학문

비잔틴 문화와 예술의 사상적 기조는 기독교였다. 비잔틴 예술은 전적으로 종교적 표현과 관련이 있다. 특히 제2 하느님인 예수 그리스도와 성모가 다채롭게 표현되었다. 기독교제국이었던 비잔티움에서는 철학과 함께 신의 존재나 우주의 본질 등 존재의 실체와 궁극적인 원리를 탐구하는 형이상학이 발달했다. 425년에 테오도시우스 2세가 설립한 콘스탄티노플대학에서는 법학, 철학, 의학, 기하학, 천문학, 음악, 수사학 등을 가르쳤는데, 국가나 교회에서 고위직으로 출세하기 위해서는 철학과 수사학에서 탁월한 능력을 보여야만 했다. 콘스탄티노플대학의 철학 과목은 플라톤과 아리스토텔레스 사상이 주를 이루었다. 기본적으로 비잔티움 학문의 뿌리는 고대 그리스의 철학적 문화 전통에 있었다. 비잔티움 학자들은 자연과학보다는 문학, 역사, 철학 같은 인문학을 중요하게 생각했다. 그들은 호메로스, 플라톤, 아리스토텔레스의 철학 사상을 분석 · 비판했고, 그리스 철학가의 사상은 교과서에 게재해 가르칠 정도였다. 서방의 지도층 대부분이 14세기까지 문맹이었다는 점을 고려하면, 비잔티움 귀족들이 그리스 고전을 배우며 높은 수준의 지적 능력을 지니게 된 것은 놀라운 일이다. 그리스의 고전 시대 사회가 성취한 문화와 철학은 비잔티움 시대에 콘스탄티노플, 안티오크, 알렉산드리아 같은 교육 도시에서 잘 보존되고 전수되었다.

비잔티움은 수 세기 동안 유럽이나 아시아의 다른 어떤 왕국보다도 경제가 번성하여, 경제적 번영과 안정을 바탕으로 국가가 문화와 예술을 주도적으로 진흥할 수 있었다. 비잔티움에서 예술은 공동체적 유대를 위한 사회적 필수 재화인 공공재였다. 예술은 신성하고 절대적인 신의 섭리와 영적 세계를 표현해주는 한편, 황제의 영적 권위를 표현하는 데에도 사용되었다. 비잔티움은 국가와 교회가 동일체로 황제는 국가와 교회를 지배했다.* 비잔티움 사람들에게 황제는 신의 대리인이었다. 그들은 황제의 권력은 신으로부터 받는 것이라는 왕권신수설을 믿었다. 비잔티움은 유스티니아누스 1세 치세 아래 "하나의 신, 하나의 제국, 하나의 종교"라는 정치적 구호**와 황제의 절대적 지배권으로 통일되었다. 비잔틴 예술은 기독교라는 틀 안에서 건축과 미술 분야를 통해 초자연적인 세계를 현실에 재현했다. 교회 신학을 표현한 정교회(Orthodox Church)의 성상화는 비잔틴 예술의 중심이 되었다. 비잔티움은 일반적으로 종교적이고 신비

* 서방에서는 교회가 도덕적으로나 영적으로 제국으로부터 독립했지만, 동방에서는 제국과 교회가 강하게 연결되어 있었다.

** 유스티니아누스 1세는 교회는 독립된 권위를 갖는 것이 아니라 국가 일부로 보고 서방교회와 동방교회의 분열을 극복하려 했다. 그는 신이 하나이듯 제국, 법, 교회는 각각 하나임을 강조했다.

적 색채가 강하며, 고대 그리스와 로마 문화를 계승하면서 중세 서구와는 차별되는 비잔틴 예술과 문화라는 독특한 장르를 창조해냈다.

동방정교회

동 · 서 교회의 분열은 로마제국이 동 · 서로 분열되지 않았다면 일어날 수 없는 일이었다. 로마제국이 동 · 서로 분열된 지 600여 년이 지나자 서로 인종적 · 문화적 배경이 다르게 되었다. 서방교회는 이탈리아와 게르만족을 중심으로 라틴어를 사용했고, 동방교회는 헬레니즘 문화 속에서 그리스어를 사용했다. 동쪽과 서쪽 교회는 서로 다른 문화와 언어로 조화를 이루지 못했다. 사상적으로도 양쪽은 갈등을 보였다. 동로마제국은 그리스 철학적인 신앙으로 교리 중심의 형이상학적인 신학을 발전시켰고, 서로마제국은 현실을 중시한 제도 중심적 신학으로 발전했다. 동로마제국의 황제는 교회의 통일을 위해 이탈리아반도를 지배하려 했고, 게르만족으로부터 보호해준다는 핑계로 로마 교회에도 간섭했다. 특히 콘스탄티노플의 총대주교는 교회의 수위권(교회의 수장)을 로마의 교황이 아닌 콘스탄티노플의 총대주교가 가져야 한다고 주장했다. 11세기 초에 이르자 동 · 서의 문화적 · 종교적 차이는 해결이 어려울 정도로 커졌다. 무엇보다도 언어가 문제였다. 동방에서는 오랫동안 그리스어를 사용해왔으므로 라틴어를 알지 못했고, 반대로 서방에서는 그리스어를 아는 사람이 거의 없었다.

언어 차이로 두 교회 간의 균열은 깊어갔지만, 무엇보다도 두 교회는 단성론이나 성상 숭배 문제, 신학적 논쟁 등으로 끊임없이 대립해왔다. 이 중에서도 교회분열을 가져오게 한 기폭제는 삼위일체의 필리오케(filioque: and also the Son) 교리 문제였다. 그야말로 짧은 단어에 불과한 '필리오케' 는 삼위일체 교리에 대한 세심한 신학적 해석의 문제로 동 · 서방 교회 간 성령을 둘러싼 격렬한 논쟁의 핵심이었다. 동방교회는 "성령은 성부에게서 발(發)하시고" 라고 했는데, 서방교회는 "성령은 성부와 성자에게서 발하시고"라고 했다. 성령의 발출 방식과 관련하여 성부만이 아니라 성자에게서도 발하신다는 서방교회의 '필리오케'는 동방교회를 자극하는 핵심 문구가 되었다.* 그리하여 1054년 동방교회의 총대주교는 교황 특사 추기경을, 특사는 총대주교를 서로 파문하여 결국 로마와 콘스탄티노플 교회가 각각 갈라섬으로써 기독교 교회는 '동방정교회'와 '라틴교회(로마가톨릭)'로 분열되었다.

*동방교회에서는 성부가 성령의 첫 기원임을 강조하고, 서방의 표현이 만물의 유일한 원천인 성부의 수위성을 침해한다는 이유로 격렬하게 반대했다.

영어권에서는 이를 '거대한 분열(The Great Schism)'이라고도 한다. 11세기 교회분열은 기독교 역사나 세계사에서 손꼽히는 중대한 사건이었다. 주후(主後)** 천 년 동안 하나의 기독교와 하나의 교회에서 어느 쪽이 분열되어 나갔는지에 대해서는 양측이 서로 다른 주장을 한다. 동방정교회는 로마 측이 분열되어 나갔다고 하는가 하면, 로마가톨릭은 콘스탄티노플의 동방교회 측이 먼저 나갔다고 주장한다. 1054년 분열 이후 동·서 교회는 각각 독립의 길을 걷게 되었다.

**기원 원년 이후(AD: Anno Domini, 주의 해)를 말하며 보통 예수가 태어난 해를 원년으로 한다.

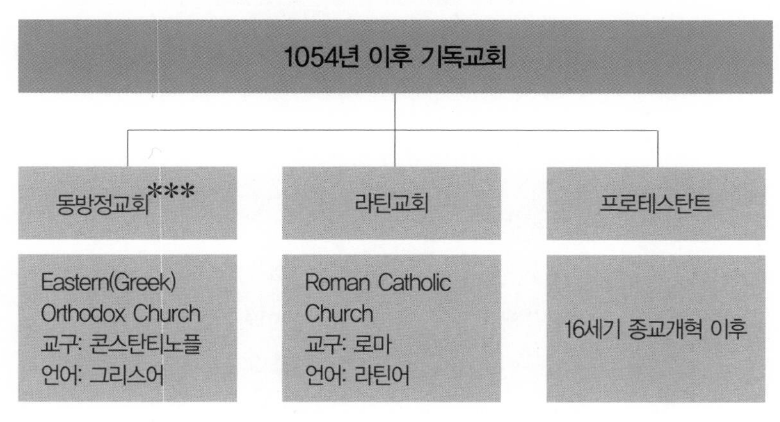

***동방정교회란 명칭의 함의는 비잔티움의 기독교가 에큐메니칼 총대주교(세계총대주교)를 수장으로 할 뿐만 아니라 동유럽 발칸 지역, 러시아 등 캅카스 지역 등으로 퍼져나간 보편적인 종교라는 의미였지만, 서방의 가톨릭 세계는 동방정교회를 단지 그리스 교회라고 낮게 보아 때로 그리스정교회라고 부른다.

비잔틴 예술의 특징

6세기 유스티니아누스 1세 때 번성한 비잔틴 예술은 8~9세기 성상 파괴 운동이 일어났을 때 잠시 중단되기는 했지만, 15세기 중반 오스만제국에 의해 멸망할 때까지 제국 내 전 지역에서 동질성을 보이며 명맥을 유

이탈리아 라벤나의 산비탈레 성당 모자이크 유스티니아누스 1세와 수행원들을 묘사한 모자이크로 황제의 왼쪽에는 막시미아누스 주교, 오른쪽에는 벨리사리우스 장군이 서 있다. 황제는 대관식에 감사하며 교회에 봉헌물을 바치고 있다. 유스티니아누스 1세는 라벤나를 가지는 않았지만, 모자이크에는 황제가 성당 전례식을 주관한 것으로 묘사되었다. 이스탄불고고학박물관, 이스탄불의 황제들: 히타이트부터 오스만제국까지, 이스탄불고고학박물관 출판부, 2011, p.152.

지했다. 비잔틴 예술의 발전 단계는 세 단계로 진행되었다. 첫 번째 단계는 6~7세기로 유스티니아누스 1세 시대에 전성기를 누렸고, 건축 예술이 발달한 시기였다. 두 번째 단계는 9~12세기로 이콘(성상화)의 전성시대였다. 세 번째 단계는 라틴제국에 빼앗긴 콘스탄티노플을 탈환하고 즉위한 미하일 8세가 비잔티움의 마지막 왕조 팔레올로고스 왕조를 수립한 13세기부터 멸망할 때까지의 시기로, 비잔티움과 이탈리아 간 예술가의 교류를 통해 새로운 문화부흥을 시도한 시기였다.

비잔틴 예술의 특징은 그림과 건축에서 드러나는데, 가장 두드러진 면은 사실적인 묘사보다는 종교적 색채가 강한 상징적인 이미지에 있었다. 비잔틴 예술은 교회 건축을 통해 발전되었다. 교회는 신성으로 가득 찬 작은 우주였으므로 하늘을 상징하는 황금색을 사용하고, 빛의 효과로 신비로움이 표현되었다.

고대 그리스가 인간 중심의 인본주의를 강조했다면, 비잔티움은 기독교 윤리(Christian ethic)를 강조했다. 고대 그리스 고전 예술이 인간을 찬미했다면, 비잔틴 예술은 성부 하느님, 성자인 예수 그리스도, 성모 마리아와 성인들을 숭배했다. 비잔틴 예술의 강한 특징은 예술가 개인의 성향이 드러날 수 없게 했으며, 예술은 교회 신학의 철저한 통제 아래 획일적인 형태를 보이게 되었다. 그 형태란 모자이크, 프레스코화, 이콘 등으로, 여기에는 성모 마리아, 예수, 성인들이 그려졌다.

비잔티움에서 예술은 신의 메시지나 기독교의 교리를 전하는 수단이었다. 따라서 서구 예술과는 달리 사실적 묘사보다는 보이지 않는 세계의 영적 신비와 영성 표현에 관심을 두었다. 성화나 이콘 등 인물화는 강한 선과 광채 나는 색상으로 그렸고, 인간적인 감정 표현은 그리지 않았다. 초월적 절대자를 상징하는 종교 예술은 표현 방식이 양식화되고 표준화되었다. 이런 까닭에 13세기 전까지 예술가들은 자신의 작품에 서명을 거의 하지 않았다. 종교적이고 특수한 목적의 작품을 인격화하는 것은 가치를 깎아내리는 것으로 여겼기 때문이다. 비잔틴 예술의 보고는 콘스탄티노플(이스탄불)과 이탈리아의 라벤나이다. 그 외에 비잔틴 문화의 유산이 남아 있는 곳으로는 동방정교와 비잔틴 문화를 수용한 우크라이나의 키예프('키이우' 의 러시아어 이름), 러시아의 노브고로드와 모스크바 등이 있다.

2. 기독교 예술의 상징, 성상

비잔틴 이콘과 성모자상

이콘(icon)은 예수 그리스도, 성모 마리아, 그리스도, 성인과 천사를 그린 그림이나 조각을 말한다. 이콘의 어원은 그리스어 에이콘(eikon)으로 이미지, 닮음, 재현이라는 의미가 있다. 이집트의 미라 목관 위에 그려진 장례 초상화를 이콘의 기원으로 보고 있다. 그림으로 표현된 이콘을 성화(聖畵), 조각을 성상(聖像)이라 하므로 이콘은 비잔티움 시대의 성상화를 말한다. 이콘은 대리석, 상아, 도자기, 보석, 금속, 에나멜, 천 등 다양한 재료로 만들었으며, 프레스코나 모자이크 등 그 기법도 다양했다. 그러나 일반적으로 이콘이라 할 때는 목판에 채색한 것을 말한다. 성화인 이콘은 교회에서 기도 목적으로 또는 전례에 사용되었고, 일상의 영역에 깊숙이 파고들어 가정에서도 묵상과 기도용으로 사용되었다. 종교 회화에 대해 관대한 입장인 비잔틴 신학에서는 기독교 신자가 이콘에 재현된 성인을 응시하며 직접 대화하는 것을 허용했다. 기도하는 사람은 이콘에 자신이 바라는 것을 간청했다. 그들은 기적적인 힘을 가진 이콘이 병을 치료하거나 보호하는 등 기도자의 간구를 들어준다고 믿었다. 비잔틴인들에게 이콘은 종교이면서 주술적인 숭배물이었다.

비잔틴 교회의 신자들은 성모 마리아에 대한 열정이 대단했다. 성모에게 봉헌된 교회 수도 무수히 많았다. 비잔틴 이콘에서 자주 그려진 성인은 성모 마리아로, 동방정교회에서 성모 마리아 이콘은 전례에 사용되었다. 성모 마리아는 단독으로 그려지지 않고 아기 예수와 함께 그려졌다. 성모 마리아는 어머니의 온화한 자태를 보이며 아기 예수를 안고 있다. 아기 예수를 안고 있는 성모 마리아의 이콘도 일정한 형식이 있다. 옥

성 소피아 교회 봉헌 모자이크 유스티니아누스 1세(왼쪽)가 성 소피아 교회를, 콘스탄티누스 1세(오른쪽)가 콘스탄티노플 성채를 아기 예수를 안고 있는 성모에게 봉헌하는 모습이다. 성모 좌우에 있는 'MP'와 'ΘY'는 '하느님의 어머니'라는 그리스어 모노그램이다. 콘스탄티누스 1세의 등뒤에는 '성인 콘스탄티누스 대제'라고 새겨져 있다.

좌의 성모, 기도의 성모, 인도자 성모, 자비의 성모, 수난의 동정녀 등 다양한 이름의 성모자 이콘이 전해 내려온다. 로마 교회에 그려진 성모자상은 시대에 따라 변화했지만, 비잔틴 교회의 성모자상은 엄격하게 전통과 규범을 따라 거의 변하지 않았다. 431년, 현재 튀르키예의 에페수스에서 열린 공의회에서 성모 마리아는 하느님의 어머니라고 공식적으로 선포되었다. 에페수스에는 성모 마리아가 살다가 돌아가셨다는 '성모 마리아의 집'이 있다.*

성상 옹호자와 파괴자

313년 기독교 공인 이후 성상은 비잔틴 교회에서 글을 모르는 신자들에게 교리의 이해를 돕기 위한 교육수단으로 사용되었다. 초기 교회에서

* 성모 마리아의 집은 튀르키예 셀추크에서 7km 떨어진 뷜뷜산(Bulbuldağı, 나이팅게일산)에 있다. 가톨릭 교회의 성지인 성모 마리아의 집이 발견되기까지는 기적 같은 이야기가 전해온다. 19세기 독일 농촌 마을에 사는 안네 카터리네 에메리히(Anne Catherine Emmerich)라는 수녀가 꿈속에서 성모 마리아의 계시를 받고 마리아가 승천한 곳의 위치와 교회 모양을 보았다. 수녀가 병상에 누워 있을 때 독일의 시인이자 작가인 클레멘스 브레타노(Clemens Bretano)가 수녀를 찾아가 그녀의 증언을 기록하여 1852년에 『성모 마리아의 생애』라는 책을 출간했다. 이 책을 근거로 프랑스 사

는 교회 건물 안에 어떤 조각상도 두지 않았지만, 글을 읽고 쓸 수 있는 사람이 많지 않아 교리를 전달하는 수단으로 종교미술을 사용하기 시작했다. 원래 성화와 성상은 교회나 수도원을 장식하기 위해 사용되었으나, 시간이 지날수록 공경의 대상을 넘어 숭배의 대상이 되었다. 한편 성상 파괴는 우상 숭배를 금지한 십계명의 해석에 기인하여 그림이나 조각에 대한 적대감을 의미했다. 성상이 우상이냐 아니냐, 또는 어떻게 저급한 물질로 신성을 표현할 수 있느냐는 문제와 질문으로 비잔틴 사회는 성상 옹호자(Iconophiles)와 성상 파괴자(Iconoclasts)로 양분되었다.

제가 1881년과 1891년 두 번에 걸친 현지답사 끝에 폐허가 된 돌집을 발견했다. 가톨릭교회는 과학적인 증거 부족으로 에페수스의 돌집이 성모 마리아의 집이라는 선언을 즉각 내리지는 않았으나, 1896년 교황 레오 13세가 이곳을 성지로 선언한 후 가톨릭교회의 입장도 긍정적으로 변화했다.

성상 옹호자들은 영원하신 하느님을 형상화하는 것이 아니라 인간의 본성을 지닌 그리스도를 형상화한 것이기 때문에 우상 숭배가 아니라고 주장했다. 문맹자들을 위한 책이라고도 했다. 교황 그레고리오 1세(재위 590~604년)는 "그림은 글자를 모르는 사람에게 책의 역할을 할 수 있다"고 말해 성상 옹호자들의 손을 들어주었다. 성상 파괴자들은 십계명에서 우상 숭배를 금지했고, 현실 속에 초월적인 존재를 이미지로 현존케 하는 것은 불가능하다고 주장했다. 성상 파괴자들은 플라톤과 신플라톤주의의 주장을 인용하여 신의 모습을 묘사한 성상은 진리가 아니며 사람의 정신도 흐리게 한다며 맞섰다.

성상 파괴 운동

성상 파괴 운동(Iconoclasm)은 726~787년과 814~842년에 두 차례 일어났는데, 대략 100년의 기간이었다. 성상 파괴 운동이 일어난 배경에 대해 영국의 역사가 아널드 토인비는 7세기 이슬람제국의 군사적 성공에 영향을 받은 비잔티움이 우상 숭배를 금지하는 이슬람 교리를 '교훈'으로 받아들인 것 때문이라고 했다. 성상 파괴 운동은 비잔티움이 처한 정치, 사회, 대외적 환경이 복합되어 일어난 것으로, 그 설명이 간단하지는 않다.

성상에 대한 논쟁이 가열되는 가운데, 726년 시리아 출신 황제 레온 3

세(재위 717~741년)는 성화 사용을 우상 숭배라 하여 금지하는 법령을 공포했다. 그는 근위대를 시켜 황궁 정문에 걸려 있던 그리스도 성화를 철거하라는 명령을 내렸다. 황제가 성상 파괴에 대한 시범을 보여준 것이다. 레온 3세는 726년 에게해의 산토리니섬에서 거대한 화산 폭발이 일어나자, 이를 이콘 숭배에 대한 신의 분노로 해석했다. 황제의 공개적 입장 발표는 그때까지의 사회 관습에 반하는 매우 파격적인 것이었다. 730년에 레온 3세는 구약의 모세 십계명에 있는 "우상을 만들지 말라"는 구절을 원용하여 교회에 설치된 성상화를 제거하고 파괴하라는 칙령을 다시 내렸다. 성상 파괴가 비잔티움 황실의 공식 정책이 되었다. 레온 3세는 칙령에 반대하는 게르마누스 1세 콘스탄티노플 총대주교를 해임하고, 반대자들에 대한 각종 탄압을 단행했다.

레온 3세의 아들 콘스탄티노스 5세(재위 741~775년)도 열렬한 성상 파괴주의자로 성상 숭배를 우상 숭배로 규정하는 법령까지 공포했다. 그는 금욕적인 삶의 수도원 제도(Monasticism)에도 반대하고 성상화 공경을 실천하는 수도원을 박해했다. 성상 파괴에 대한 황제의 칙령은 제국의 소아시아 지역과 일부 성직자의 지지를 받았으나 콘스탄티노플과 서방교회의 엄청난 반발*에 직면했다. 레온 3세 때 시작된 성상화 논쟁은 787년 제7차 보편공의회에서 '성상화 공경'을 결정함으로써 일단락되었다. 어린 콘스탄티노스 6세 시대에 섭정을 한 황후 이레네(레온 4세의 미망인)는 공의회 결의사항을 낭독하고 성상 사용을 허용했다. 이레네는 아테네 출신으로 평소에 성상 사용을 옹호했다. 27년간 평화의 시간을 보낸 후, 아르메니아 출신 레온 5세(재위 813~820년)의 등극으로 이콘 파괴는 814년에 다시 점화되었다. 성상 파괴는 843년, 황제 테오필로스(재위 829~842년)의 미망인 테오도라 황후가 이콘 공경을 선포하여 대단원의 막을 내렸다.

* 게르만족에 대한 포교로 성상을 사용한 서방교회는 강력하게 반발했다. 로마를 게르만족으로부터 보호해준다는 명목으로 지속해서 비잔티움 동방교회의 간섭을 받아온 서방교회는 비잔티움의 성상 파괴 운동을 저항의 빌미로 삼았다.

성상 파괴 운동으로 비잔틴 예술작품들은 많이 파괴되었으나, 성상 파괴 종식으로 교회와 수도원의 이콘과 모자이크는 복원되었다. 동로마에서 성상 파괴가 한창일 때에도 서로마 교회에서는 게르만족의 교화를 위해 성화 사용을 계속했다. 게르만족 대부분이 문맹이었기 때문이다. 성상화 공경을 지지했던 서방교회와 성상화 파괴의 중심이 되었던 동방교회는 서로 갈등을 표출했고, 이는 교회분열을 가속했다.* 성상 파괴 운동이 종식된 후 비잔티움은 슬라브족에 대한 선교활동을 개시했다. 슬라브족에 대한 비잔티움의 선교사업은 정치적인 목적에서 가동되었다. 862년, 모라비아인들을 개종시키기 위해 키릴로스와 메토디우스 형제가 선교사로 파견되었다. 비잔티움제국의 활발한 선교활동으로 동유럽권에 기독교 문화가 형성되었고, 비잔티움은 정교회의 본산지 역할을 했다.

* 로마가톨릭(서방교회)과 동방정교회(동방교회)는 교황과 황제의 지위에 관해서 상반되는 태도를 견지했다. 서방교회는 교회의 우두머리인 교황이 세속 권력의 우위를 지니는 교황지상주의를 제창했지만, 동방정교회는 황제가 교회의 우두머리 역할을 겸하는 황제교황주의를 채택했다. 서방의 로마 교회에는 교황(Pope)이, 동방의 콘스탄티노플 교회에는 대주교(Patriarch)가 각각 교회의 우두머리(수장)였다.

3. 비잔틴 예술의 정수 모자이크

비잔틴 모자이크

비잔틴 예술을 대표하는 것은 교회 내부에 장식된 모자이크와 프레스코 벽화다. 그중에서도 비잔틴 모자이크는 그리스 · 로마 시대보다 기법이 정교하고 교회 내부 장식용으로 활용했다는 것이 특징이다. 모자이크란 여러 가지 색깔의 돌, 대리석, 유리, 조가비 등을 조각조각 붙여서 무늬나 회화를 만드는 기법이다. 비잔티움 시대에는 색깔이 나는 돌이나 내구성이 강한 대리석과 화강암 조각, 모난 유리 조각 등을 많이 사용했다. 신성한 빛을 발산하는 효과를 주는 재료로는 금 조각 외에도 유리 조각이나 은백색의 광택을 내는 진주조개 껍데기가 사용되었다. 조각의 크기는 8mm 정도로 두 개의 조각 사이에는 샌드위치처럼 금박의 조각을 끼워 넣어 화려한 금빛을 발산하는 효과를 냈다.

모자이크는 기독교적, 신앙적 신비성을 표현하기에 안성맞춤이었다. 창문을 통해 들어오는 빛이나 촛불이 반사되면 아롱거리는 광휘로 천상의 효과를 만들어내고, 떨어져서 보았을 때 작은 조각들을 모은 그림이 아니라 하나로 된 일체감을 주는 작품처럼 보이기 때문이다. 비잔틴 교회나 수도원의 벽과 곡면(볼트)에는 금박의 후광에 유리와 대리석 조각으로 만든 성상의 모자이크가 설치되어 있다. 튀르키예 이스탄불의 성 소피아 교회, 그리스 아테네의 다프니 수도원, 이탈리아 라벤나의 산비탈레 성당은 비잔틴 시대의 모자이크가 있는 대표적인 건축물이다.

비잔티움의 수도 콘스탄티노플에서는 모자이크가 광범위하게 사용되었지만, 유감스럽게도 비잔틴 모자이크는 많이 남아 있지 않다. 수차례 치른 전쟁과 십자군의 약탈 등으로 대부분 없어졌거나 훼손되었기 때문이다. 다행히 이스탄불의 성 소피아 교회(현재는 튀르키예 이슬람 사원)와 코라 교회(튀르키예어 카리예 모스크)에는 비잔틴 모자이크 성화가 남아 있다. 비잔티움의 황궁인 대궁전(Great Palace of Constantinople)이 있던 자리에도 5~6세기의 모자이크 작품이 남아 있다. 황궁 모자이크는 사람이 다니는 도보에 장식용으로 만든 것으로, 주제도 종교적 내용이 아닌 고대인들의 일상, 자연, 전설 등으로 다양하다. 현재는 이스탄불 모자이크박물관(Great Palace Mosaics Museum)에 전시되어 있다.

판토크라토르

성상 논쟁이 종식되고 20여 년이 지나 비잔티움의 제2 중흥기를 연 마케도니아 왕조가 바실리오스 1세에 의해 시작되었다. 한 세기에 걸친 성상 논쟁이 종식되자 교회에도 큰 변화가 생겼다. 교회 내 성상의 배치가 정해지고 예전(Divine Liturgy)도 더욱 거룩하고 성스럽게 진행되었다. 우선 돔의 중앙에 '만물의 통치자(ruler of all)' 라는 뜻의 판토크라토르(pantocrator, 예수의 반좌상)를 배치해 강조했다. 바실리오스 1세는 전임 황제를 살해하고 즉위했기 때문에 스스로 황제의 정당성 문제를 해결하기 위해 금화를 발행하고, 금화의 앞면에 황제의 예복인 로로스(loros)를 걸치고 십자가 형태를 쥐고 있는 모습을 새겼다. 로로스는 원래 몸에 딱 맞게 입는 의복이었지만, 황제는 십자형으로 예복을 펼친 모습으로 새겨졌다.

바실리오스 1세의 뒤를 이어 아들인 레온 6세가 황제가 되었다. 레온 6세는 최고의 현인이자 철학자라는 별칭이 있는 황제로, 이스라엘 왕국의 전성기를 이끌고 거대한 성전을 건축한 솔로몬 같은 왕이 되고자 했다. 그는 성 소피아 교회를 성전으로 만들고자 했다. 레온 6세는 황제의 권위를 드높이기 위해서 위엄과 권위의 인물인 예수 그리스도의 도상에 관심을 가졌다. 레온 6세는 교회 내 중앙 돔 천장에 그리스도 판토크라토르(전능하신 주 그리스도)를 배치하도록 했다.* 판토크라토르 성상화는

* 판토크라토르는 비잔틴 교회(동방정교회)에만 있는 성상이다. 서방교회에서 이와 비슷한 것으로는 전신이 표현되고 보좌에 앉으신 예수의 모습인 '영광의 그리스도(Christ in Majesty)' 가 있다.

성 소피아 교회의 판토크라토르(Pantocrator) 판토크라토르는 만물의 주관자, 모든 것의 통치자인 예수 그리스도를 의미한다. 긴 머리와 수염이 있는 예수는 정면을 바라보고 근엄한 모습으로 왼손에 복음서를 잡고 오른손을 들어 축복하는 모습이다. 이는 판토크라토르의 전형적인 모습이다. 황금색 배경은 초월적 세계관을 상징한다.

6세기 이후부터 교회에 배치되었으나, 성상 논쟁 때 거의 파괴되었다. 마케도니아 왕조 시대에 바실리오스 1세, 레온 6세, 알렉산드로스 등 초기 황제는 판토크라토르 성화를 복원함으로써 황제의 권위와 위엄을 높이려고 했다.

콘스탄티노플의 성 소피아 교회에는 천상의 세계를 상징하는 그리스도 판토크라토르가 중앙 돔 천장에 배치되었다. 교회의 돔이나 앱스에 판토크라토르를 배치하는 것은 동방정교회의 전형적인 모습이 되었다. 그리고 돔 바로 아래의 벽에는 성모 마리아, 성인과 12사도 상이 배치되었다. 전지전능하신 지상의 지배자인 그리스도는 반신의 모습으로 엄숙한 얼굴을 하고 있다. 왼손에는 성경을 들고 있고, 오른손으로는 축복을 표시하고 있다. 예수의 머리는 십자형의 후광이 감싸고 있고, 후광 좌우에는 그리스어로 예수 그리스도(Jesus Christ)의 약어인 IC와 XC가 있다. 판토크라토르는 사람의 손이 닿지 않는 높은 곳에 배치했다. 판토크라토르 화면에 사람의 손이 닿으면 성령이 훼손된다고 믿었기 때문이다. 체계적인 도상 배치와 인물 표현은 비잔틴 모자이크의 전형적 양식이었다. 판토크라토르 성화는 아테네 호시오스 루카스 수도원이나 키이우의 성 소피아 대성당 같은 동방정교회 성당에 남아 있다. 콘스탄티노플 교회에서는 예수 그리스도의 인성과 신성을 인정하는 삼위일체 교리에 따라 예수가 존재한다는 것이 명백하게 강조되었고, 판토크라토르를 통해 인간과 세상을 바라보는 초월자의 은혜와 사랑이 표현되었다. 세속적 권력을 가진 황제는 국가와 교회를 지배하면서 자신의 초월적인 지배권을 상징적으로 보여주기 위해 판토크라토르를 이용했다.

코라 교회 모자이크

코라 교회(Chora Church)는 비잔틴 후기 모자이크의 보고로 알려진 곳이다. 콘스탄티노플 성곽 밖에 위치하여 교회의 원래 이름도 '시골의 성스러운 구세주 교회(The Church of the Holy Saviour in Chora)' 였다. 8~9세기 성상 논쟁이 한창일 때 코라 교회는 성상 파괴를 반대했다. 성상 파괴 반대 운동을 주도한 사람은 코라 수도원의 원장이었던 신켈로스(Michael Synkellos)였다. 그는 성상 파괴 운동을 명한 레온 3세를 설득하려고 했지만 감옥형에 처해졌고, 그에 대한 탄압과 박해는 테오필로스 황제 때에도 계속되었다. 신켈로스는 846년 코라 교회에서 사망했다. 4세기에 건축된 코라 교회는 11세기에 십자가형 구조로 재건축되었다가 13세기 십자군 전쟁으로 파괴되었으나, 안드로니코스 2세에 의해 재건되었다.

코라 교회는 성 소피아 교회에 비하면 소박한 편이다. 그러나 비잔티움 후기 모자이크와 프레스코화가 거의 온전하게 남아 있는 교회로 유명하다. 내부 모자이크와 프레스코화는 안드로니코스 2세의 명에 따라 1315년경 테오도레 메토키테스(Theodore Metochites)가 복원했다. 메토

코라 교회(Chora Church)의 봉헌 모습 비잔티움의 정치가이자 예술 후원자인 메토키테스가 판토크라토르(만물의 주관자)에게 코라 교회를 봉헌하는 모습이다. 소매가 길고 몸통이 헐렁한 아랍식 남성 의상인 카프탄을 입고 머리에 터번을 쓴 메토키테스의 이슬람 복식이 특이하다. 이는 비잔티움과 이슬람 세계 간 문화교류가 활발했음을 의미한다. 일한 악쉬트, 튀르키예의 보물, 튀르키예상공업회의소, 1993, p.43.

키테스는 황제의 자문가였다가 외무를 맡는 고위관료까지 올라간 인물로 교회 예술 후원자였다. 안드로니코스 2세가 폐위되자 메토키테스의 재산도 몰수되고 추방되었다. 그는 말년을 코라 교회에 딸린 수도원에서 마쳤다. 그가 예수 그리스도에게 교회를 봉헌하는 모습을 묘사한 모자이크가 코라 교회의 현관인 나르텍스에 있다. 코라 교회에는 마치 천상의 세계를 보는 것처럼 예수의 탄생과 활동, 부활과 승천, 최후 심판 등 180여 장면의 모자이크가 있다. 중앙의 돔에는 전능하신 그리스도의 성상화가 자리하고 있다. 코라 교회는 최근까지 카리예 박물관으로 쓰였으나, 성 소피아 교회와 마찬가지로 2020년 8월 이슬람 사원으로 그 지위가 변경되었다.

카파도키아 동굴교회 프레스코화 튀르키예 내륙 카파도키아 괴레메의 카란륵 동굴교회에 있는 프레스코 벽화. 성서의 요한복음 19장 17~34절의 십자가에 매달린 예수, 숨을 거두신 예수, 예수의 옆구리를 창으로 찌르는 사실 등을 묘사했다. 훼손된 원판을 복원한 그림이다. 메틴 쇠젠, 카파도키아, 이스탄불: 아이한사헨크재단, 2000, p.350.

카파도키아 동굴교회 프레스코화

튀르키예 중부 내륙의 카파도키아*는 로마제국과 비잔티움 시대에 바위에 만들어진 동굴교회와 동굴수도원이 많은 곳이다. 로마제국의 종교 탄압 시기였던 2세기부터 4세기 초까지 기독교인들이 박해를 피해 카파도키아에 몰려와 살았다. 카파도키아 고원은 화산 폭발로 흘러내린 용암이 식으면서 생긴 응회암 퇴적물이 많은 곳이다. 응회암은 다른 암석에 비해 깎아내기가 쉬워 바위를 뚫어 동굴을 만들고 주거나 종교 공간으로 사용했다. 카파도키아 지역에서 괴레메는 4세기부터 셀주크제국이 이곳을 정복한 13세기까지 교회와 수도원의 중심이었다. 바위가 많은 이집트 시내산이 수도자들의 은신처와 기도처가 된 것처럼 응회암 지형의 카파도키아도 수도자들의 은신처가 되었다. 카파도키아가 수도원으로 명성이 알려진 것은 4세기에 성인 바실리오(330~379년)가 카파도키아 카이

* 카파도키아라는 지명은 '아름다운 말의 땅' 이라는 뜻의 페르시아어 '카트파투카(Katpatuka)' 에서 유래한다. 이곳은 기독교 역사에서 초기 기독교 교회부터 중요한 역할을 한 곳이다. 카파도키아에는 기독교 공인 이전, 기독교 공인 이후, 성상 파괴 운동 시기 등 시대를 거치면서 동굴교회, 수도원, 공동 주거지 등 신앙 공동체가 형성되었다.

사레아(Caesarea, 현 카이세리)의 주교를 맡자 그를 따르는 은둔형 수도자들이 바위를 파서 거주 공간을 만들어 살게 되면서부터다. 카파도키아에는 이슬람 아랍제국의 침략이 크게 줄어든 10세기부터 셀주크제국이 비잔티움을 침략하기 시작한 11세기 사이에 많은 동굴교회가 만들어졌다.

카파도키아는 성상 파괴 운동 이후 비잔틴 미술의 단면을 보여주는 유일무이한 곳이다. 비잔티움에서 100여 년간 성상 파괴 운동이 진행될 때 카파도키아는 그 영향 아래 피해를 보기도 했지만, 다른 한편으로는 콘스탄티노플과 거리가 멀어 성상 옹호자들의 은신처이기도 했다. 비잔티움 기독교인들은 이곳에 동굴을 만들고 수도원과 교회를 세웠다. 성상 파괴 운동 이전에는 바실리카 양식의 교회가 있었으나 점차 중세 비잔틴 건축 양식인 네 팔의 길이가 같은 정사각형의 그릭 크로스(Greek Cross) 형태의 중앙집중형 교회*가 주를 이루었다. 그릭 크로스 형태의 교회로는 카란륵 교회, 엘말르 교회, 하기아 바르바라 교회, 유스프 코취 교회 등이 있다. 동굴교회에는 9~11세기 프레스코화가 무수히 많이 남아 있다. 카파도키아에 있는 동굴교회 프레스코화의 주제는 예수 그리스도와 관련된 것으로 예수의 어린 시절, 예수의 가르침과 치유 기적, 예수의 수난 등 세 가지가 주를 이룬다.

* 비잔티움 교회는 중앙 돔 지붕을 중심으로 한 핵심공간이 좌우대칭이 되는 정사각형 모양(그릭 크로스)이 되는데, 이러한 평면 구성을 중앙집중형이라고 부른다. 중앙집중형은 건축 양식이 아니라 중앙 돔을 중심으로 한 평면 구성을 말한다.

제2부

비잔티움과 오스만제국 사이

제5화

이슬람의 팽창

1. 이슬람의 발흥

이슬람 이전의 아라비아반도

* 오늘날 아라비아반도에는 쿠웨이트, 바레인, 카타르, UAE, 오만, 예멘, 사우디아라비아 등이 자리하고 있다.

아라비아반도*는 이슬람의 탄생을 목격했다. 아라비아반도의 역사는 기원전 3000년 전까지 거슬러 올라가지만, 여기서는 이슬람이 발흥하기 직전인 5~7세기 상황만 살펴보기로 한다. 아랍인은 기원후 200년경 시리아사막과 요르단 남부 지역에 나타나기 시작했다. 고대 전설에 의하면 신이 천지창조를 할 때 바람으로 베두인(Bedouin)을 만들었다고 한다. 베두인은 아랍어 '바다위(badawī)'에서 나온 말로 '사막에서 사는 사람들'이라는 뜻이다. 베두인은 가장 순수한 혈통의 아랍인으로 남자다운 용맹성을 자랑했다. 광활한 아라비아사막의 유목민인 베두인은 염소, 양, 낙타와 말 무리를 데리고 이동하며 동물로부터 고기, 젖, 치즈, 털 등을 공급받으며 살았다. 아라비아반도의 유목민들은 부족사회를 이루었는데, 척박한 생활 환경 속에서 가족 간 연대는 매우 중요했고, 이는 혈연 중심의 부족 연대의식을 매우 강하게 만들었다. 가부장제도의 씨족 또는 부족이 아라비아 사회의 기본 생활단위였다.

아라비아반도에서 고대로부터 인류 문명권에 속한 곳은 홍해 연안의 헤자즈 지방이었다. 헤자즈 지방의 메카(아랍어 마카, Makkah)와 메디나(원이름 야스리브, Yathrib)가 아라비아반도의 상업 중심지였다. 메카에서는 쿠라이시 부족이 유력한 아랍 부족이었고 메디나에서는 아우스, 카즈라즈 부족이 대표적인 부족이었다. 아랍인은 대부분 우상 숭배자였다. 각 부족은 자신들의 우상이 있었다. 우상 숭배적 다신교를 믿는 아랍인들은 메카에 전 세계 신을 모신 카바 신전을 세웠다. 카바 신전은 이슬람 이전 아랍인들의 성지였다. 아라비아반도에는 아랍인만 있는 것이 아니었다. 당시 이곳에는 이미 로마제국 시대에 이주해온 유대인, 기독교인이 아랍인과 함께 살고 있었고, 기독교와 유대교의 분파도 난립해 있었다.

아라비아반도에서 이슬람이 발흥하기 이전 시기를 '자힐리야(Jahiliya)' 라고 한다. 자힐리야는 '무지(無知)' 를 뜻하는 아랍어인데, 이 시기를 함축적으로 표현하는 단어가 되었다. 그렇게 말하는 데는 이유가 있다. 이 시기, 즉 5~7세기에 아라비아반도에는 각 유목민 부족장의 권위 외에는 어떤 형태의 권력체제나 정치 형태도 없었다. 그러니 법과 질서가 없는 것이 당연한 일이었고, 법이 없는 것이 '법' 이었다. 경찰이나 재판정이 없으니 개인을 보호해줄 수 있는 것은 부족이었다. 태생적으로 무정부 상태였던 아랍인 사회에서는 부족 간의 싸움을 위한 싸움이 만성적인 일이었다. 부족이 중요한 만큼 자신들의 조상은 성스러운 존재로 여겼고, 부족이 그 일족에게 무슨 일을 행하든 그것은 합법적으로 인식되었다. 식량이 부족한 척박한 환경에서 부족 간 약탈과 보복이 되풀이되는 매우 혼란스러운 상태가 200여 년간 계속되었다.

이렇게 혼란한 가운데서도 5세기 이래 아라비아반도에서 무역은 매우 번성했다. 앞에서 언급한 메카와 메디나가 중심 도시였다. 메카의 쿠라이시 부족은 아라비아반도에서 사막 행상을 하는 카라반(대상, 隊商)이었는데, 6세기 들어 그들은 돈이 벌리는 향신료 무역에 뛰어들었다. 비잔티움과 사산조 페르시아의 계속된 전쟁으로 위험한 해로보다 안전한 육로를 이용하게 되면서, 메카는 요르단의 페트라와 시리아의 팔미라를 능가했다.* 이슬람 발흥의 중요한 기지였던 메디나는 유대인들이 많이 거주하는 도시였다. 메디나에서는 유대인과 아랍인의 인구가 각각 반반을 차지했다. 아랍인과 유대인은 외세의 침략에 동맹을 맺고 공존 관계를 유지했다. 메디나의 아랍인들은 상업에 종사했고 유대인들은 농업과 고리대금업에 종사했다. 이 지역의 주요 아랍세력인 아우스와 카즈라즈 부족은 영토나 경제적 이익 등을 놓고 늘 싸움을 했다. 견디기 힘든 투쟁으로 세력이 약해지고 궁핍해진 이들 부족은 유대인의 도움이 필요했고, 고리대금업을 하는 유대인은 아랍인 부족 간 분쟁을 정략적으로 이용하면

* 메카는 북쪽의 팔레스타인과 남쪽의 예멘을 연결하고, 서쪽의 홍해와 동쪽의 페르시아만을 연결하는 두 개 무역로의 중심지였다. 6세기 중반 예멘과의 무역을 주로 담당한 쿠라이시 부족의 무역상들은 직물, 보석, 무기, 곡식, 포도주 등을 수입했고, 향신료, 노예, 동물이나 동물 가죽 등을 팔았다.

* Hatice Uluışık The Treaty of Aqabah, The Messenger of The Hijrah, The Journal of Sirah Studies Issue: 11, Special Issue: The Prophet Muhammad, December 2021, p.58.

서 메디나에서 아랍인의 삶은 점점 어려워졌다.* 아라비아반도에서 권세 있는 사람은 자본가나 돈 빌려주는 고리대금업자였다. 수익성이 높은 카라반 무역을 하려면 돈이 필요했다. 높은 이자 조건에도 불구하고 상인들은 고리대금업자에게 돈을 빌렸다. 돈에 밝은 아랍인과 유대인이 고리대금업자로 활동했는데, 상인을 상대로 한 고리대금업자들이 부를 쌓으면서 빈부 격차로 인한 갈등이 생겼다.

이슬람교를 창시한 무함마드(Muhammad, 570~632년)가 세상에 태어난 570년에 아라비아반도 좌우에는 비잔티움과 페르시아 사산 왕조라는 두 개의 초강대국이 있었다. 그리고 그 너머 기독교를 국교로 한 에티오피아의 악숨왕국, 유대교를 신봉하던 예멘의 힘야르왕국이 있었다. 그러나 6~7세기 동안 비잔티움과 페르시아 사산 왕조는 치열한 전쟁을 하느라 아라비아반도에 눈을 돌릴 여유가 없었다. 강이나 호수가 없고 강수량이 부족한 사막 기후 때문에 인간 생활과 농업활동이 어려운 아라비아반도를 탐낼 이유도 없었다. 두 제국이 관심을 가진 지역은 마리브 댐이 있어 경작이 가능한 반도 남부의 예멘 정도였다. 그렇지만 존폐를 건 전쟁으로 국력이 쇠퇴한 두 제국은 이 지역의 패권을 차지하기 위해 전선을 확대할 수 있는 처지도 아니었다. 이렇게 아라비아반도는 두 열강의 이해관계로부터 멀리 떨어져 있었다.

무함마드와 이슬람의 발흥

** 쿠라이시 부족은 하심, 우마이야, 노팔 등 열 가족(가문)으로 구성되었다. 각 일족은 독립되어 자유로우며 아무도 일족의 내정에 간섭할 수 없었다. 메카의 열 가족은 병립하는 열 개의 국가나 마찬가지였다. 비르질 게오르규, 민희식 · 고영희 옮김, 『마호메트 평전』, 초당, 2002. p.37.

이슬람의 발흥은 예언자 무함마드와 관련이 있다. 무함마드는 아라비아반도의 메카에 있는 쿠라이시 부족의 하심 가문**에서 태어났다. 어린 나이에 부모를 잃은 무함마드는 유목민 베두인 가족을 거쳐 카바 신전 관리인인 할아버지, 무역상인 삼촌의 손에서 어린 시절을 보냈다. 25세 때인 595년, 무함마드는 자신을 고용했던 미망인이자 호상(豪商)인 40세의 카디자와 결혼했다. 카디자 덕분에 무함마드는 빈곤을 벗어났고, 결혼 후 순결하고 금욕적인 생활을 했다. 610년, 은둔생활을 하던 히라산 동굴에서 천사 가브리엘로부터, 후에 쿠란에 기록된 알라의 계시를 받은 무함마드는 예언자(prophet)가 된다. 그의 나이 40세 때였다. 메카는 다신교 우상 숭배의 중심이었지만, 무함마드에게 유일신 사상은 새로운 것이 아니었다. 이미 아라비아반도에는 유대인 그리고 에베소 공의회와 칼케돈 공의회에서 이단으로 몰린 소수교파 기독교인들이 박해를 피해 공동체를 이루며 살고 있었기 때문이다. 알라의 계시를 받은 무함마드는 메카 주민들을 대상으로 유일신 사상을 포교하기 시작했다. 우상 숭배를 배격한 무함마드는 유일신 알라* 앞에서 모든 인간은 평등하다고 주장했다. 다신교를 믿으며 우상을 숭배했던 아랍인들에게 무함마드의 일신교 숭배 주장은 충격적이었다. 빈부 격차가 심한 사회에서 하층민들과 소상인 계층은 "부자와 가난한 자는 재산을 나누어 가져야 한다"는 무함마드의 설교를 환영했다. 그러나 다신교를 믿는 메카의 부호들과 귀족들은 무함마드를 미친 자라며 분노했다.

* 알라(Allah)는 알 일라(Al Illah)의 축약형으로 '지고의 신'이라는 뜻이다.

고향인 메카에서 10여 년간 포교활동을 하는 동안 무함마드에 대한 종교적 박해도 그치지 않았다. 622년, 무함마드는 귀족들의 박해를 피해 추종자들과 함께 메카에서 메디나로 이주했다. 메디나에서 그의 포교활동으로 많은 사람이 이슬람을 받아들였다. 유대교도를 제외하고 메디나의 아랍 부족이 모두 이슬람에 귀의했다. 그 때문에 이를 성스러운 이동이라는 뜻으로 '헤지라'라고 부른다. 메디나는 이슬람의 출범지가 되었고, 그해 622년은 이슬람력의 원년이 되었다. 624년에 무함마드는 기도 방향을 예루살렘에서 메카로 바꾸고, 자신을 예언자로 인정하지 않는 유대인들을 핍박하기 시작했다. 무함마드는 624~628년에 이슬람교도를 말살하려는 메카 주민들, 아랍 부족과 동맹을 맺고 있었던 유대인들과 전쟁을 치렀다. 이슬람교도와 이교도 군대와의 전쟁이었다. 무함마드의 추종자들은 메마른 사막에서 말과 낙타를 이용하는 데 능란한 베두인으로, 먼 거리 이동과 물자 수송에 기동성을 보였다.

메디나에서 신의 대변자이자 세속적인 통치자의 이중 권위를 확립한 무함마드는 아랍 부족을 통일하기 위한 구상을 했다. 그는 메디나에서 그곳을 거점으로 이슬람 공동체라 불리는 '움마(ummah)'를 창조했다. 남자뿐만 아니라 여자까지 공동체의 구성원으로 포함한 움마는 아랍어로 '공동사회'라는 의미가 있다. 무함마드의 움마는 더는 피로 맺어진 부족이 중요하지 않고, 같은 신을 믿는 신앙 중심의 이슬람교도의 모임이라는 것이 강조되었다. "알라 이외의 신은 없고 무함마드는 신의 사자(使者)다"라고 암송하기만 하면 움마의 성원이 되었고, 움마에 참가한 자는 신 앞에 평등하다고 했다. 움마는 아라비아반도에서 만들어진 최초의 이슬람 신앙 공동체가 되었고, 이슬람교도를 형제애(Muslim Brotherhood)로 묶어주었다. 이슬람 형제애는 피로 맺어진 부족 연대의식을 약하게 만드는 구호였다. 무함마드는 나흐라, 바들, 오호드 등 일곱 차례의 전투를 거쳐 630년, 신도들을 이끌고 고향인 메카에 별다른 저항을 받지 않은 채 무혈입성했다. 메카가 정복되고 쿠라이시 부족들도 모두 이슬람교도가 되었다. 무함마드의 우상 파괴 명령에 따라 360기에 달하는 카바 신전의 우상들이 파괴되었다. 헤지라 이후 9년이 지난 631년경, 아라비아반도 전역은 이슬람화되었다. 무함마드를 따르는 사람들을 무슬림(Muslim)이라고 불렀다.

632년 6월 8일, 무함마드는 메카의 카바 신전을 참배하고 메디나로 돌아오던 중 심각한 열병에 걸려 62세를 일기로 눈을 감았다. 무함마드는 후계자도 남기지 않았고, 아무런 재산도 남기지 않았다. 무함마드는 천막이 있는 숨진 자리에 매장되었다.*

* 무함마드의 유해는 오늘날 메디나에 있는 예언자의 모스크에 매장되어 있다.

이슬람의 분열

무함마드는 아들도 없었고 후계자에 대한 어떤 뜻도 남기지 않은 채 갑자기 사망했다. 그의 죽음은 이제 막 태동한 이슬람 국가의 위기였다. 그리고 현재까지도 이어지는 수니파와 시아파 간 갈등의 기원이 되었다. 무함마드가 만든 공동체 움마를 이끌 무함마드의 후계자를 칼리프(Caliph) 또는 칼리파(Khalifa)라 불렀는데, 예언자 무함마드의 정신을 이어받을 후계자 선정은 쉬운 일이 아니었다. 칼리프는 네 명이 이어갔다. 네 명의 칼리프에 관해서는 잠시 뒤에 살펴보기로 하고, 여기서는 초대 칼리프가 어떻게 선정되었는지 그 과정을 보기로 하자.

무함마드를 승계할 사람은 두 사람이었다. 무함마드의 가장 가까운 혈연으로 사촌 동생이자 사위인 알리와 무함마드의 동료이자 장인인 아부 바크르였다. 둘 중 누구를 후계자(칼리프, 계승자 또는 대리자의 뜻)로 선정할지에 대해 움마 공동체 원로들의 의견이 갈렸다. 한쪽에서는 공동체를 이끌어갈 능력이 있는 사람으로 무함마드의 장인인 아부 바크르를 지지했다. 다른 쪽에서는 무함마드가 신의 예언자로서 생전에 정치적 · 군사적인 권위를 이룩했으므로, 정신적인 권위를 세우기 위해서는 무함마드의 가문이어야 한다며 알리를 추천했다. 당시 메디나에는 무함마드가 메카에서 추방되어 메디나로 피신할 때 따라와 이슬람으로 개종한 사람이 많았다. 움마 공동체 지도자들은 헤지라에 참여한 아부 바크르를 초대 칼리프로 선정했다. 바로 이 지점에서 이슬람은 수니파와 시아파, 두 파로 분열되었다. 무함마드의 혈연에 의존하지 않고 공동체 합의로 능력 있는 사람을 칼리프로 뽑자는 파는 수니파가 되었고, 무함마드의 혈연이 칼리프가 되어야 한다는 파는 시아파가 되었다. 칼리프에 대해서는 뒤에 설명하겠지만, 시아파는 네 명의 칼리프 중 제1~3대 칼리프의 정통성을 거부하고 오직 제4대 칼리프 알리*만을 무함마드의 유일한 후계자로 인정한다. 칼리프 선정에서 수니파가 현실적이었다면 시아파는 이상적이었다.

* 알리는 무함마드의 첫 번째 부인인 카디자의 딸 파티마와 결혼해 하산과 후세인이라는 이름의 두 아들을 낳았다.

이슬람 시아파에서는 제4대 칼리프인 알리를 초대 이맘(Imam)으로 숭배했다. 수니파의 정치 지도자는 칼리프지만 시아파의 지도자는 이맘으로 불렀다. 알리에 이어 장남 하산과 차남 후세인이 차례로 이맘이 되었다. 제12대까지 무함마드의 혈연이 이맘이 되었으나, 940년 제12대 이맘으로 선출된 무함마드 알마흐디가 갑자기 사라지면서 이맘은 12번째로 끝났다. 시아파는 12번째 이맘이 마흐디(구세주)로 나타나 이슬람 세계를 지배할 것이라고 주장했다. 이를 열두 이맘파라 하는데, 오늘날 이란의 국교이기도 하다. 한편 680년, 알리의 차남 후세인은 무아위야(Muawiya)와 벌인 이라크 '카르발라' 전투에서 생포되어 참수되었다. 시아파의 정체성은 수니파에게 살해된 후세인의 참혹한 죽음에 대한 참회와 희생자 의식에 뿌리를 두고 있다. 시아파의 최대 종교 행사인 '아슈라' 에서는 자신의 가슴을 치면서 후세인의 죽음에 원통함을 표현하는 의식을 치른다.

이슬람의 양파 분열 상황은 현재도 계속되고 있다. 다수인 수니파가 16억 무슬림 인구의 85%를 차지한다. 수니파 종주국은 사우디아라비아이고 시아파 종주국은 이란이다. 시아파 국가로는 이란 외에도 이라크, 레바논, 시리아, 아제르바이잔 등이 있다. 다수인 수니파는 시아파를 의심의 눈으로 바라본다. 상대방을 그렇게 인식하기는 시아파도 마찬가지다. 극단 수니파는 시아파를 이단자, 배교자라고 비난한다. 수니파나 시아파 모두 쿠란과 하디스를 믿고 있지만, 예배 의식과 이슬람법 해석에 차이를 두고 있다.

이슬람교 경전과 기본 의례

이슬람교의 경전은 쿠란과 하디스이다. 무함마드는 610년부터 23년간 알라에게 받은 계시를 구전으로 전했다. 그가 사망한 후, 그의 가르침을 받은 제자들이 다양하게 남긴 기록물들을 집대성하여 만든 책이 쿠란이다. 이슬람 세계에서 무함마드는 모든 이슬람교도를 위한 가장 모범적인 예언자이다. 쿠란에서는 무함마드의 모범적인 행동을 명시하고 신도들이 그를 따르도록 했다. 하디스는 무함마드가 말하고 행동한 것을 기록한 언행록으로 이슬람교도의 생활지침이 되는 책이다. 쿠란과 하디스는 상호 보완적인 성격을 가진다. 하디스는 쿠란을 상세하게 설명한다. 하디스가 없다면 쿠란의 모호한 내용을 이해하기가 쉽지 않았을 것이다. 쿠란은 알라의 계시를 표현한 신의 언어이고, 하디스는 알라가 보낸 계시를 어떻게 해석하고 실천해야 하는지를 설명한다. 예를 들어 쿠란은 '하

이슬람교 경전 쿠란 쿠란(꾸란 또는 코란)은 예언자 무함마드가 23년간 가브리엘 천사의 음성을 통해 신에게 받은 계시들을 아랍어로 기록한 책으로 이슬람교의 경전이다. 114장(수라)으로 기록된 쿠란은 아랍어와 아랍문학에 지대한 영향을 끼쳤다. 본래 쿠란은 신의 말씀으로 전해 내려오고 있기 때문에 쿠란에 담겨진 계시는 신의 언어 자체이므로 일체의 번역 없이 아랍어 원문 그대로 읽도록 되어 있으며, 아랍어 외의 번역은 원칙적으로 금지하고 있다. 번역된 쿠란은 성서 쿠란이 아닌 그 해설서로 인정된다.

루에 다섯 번 기도하라' 고 하는데, 하루에 다섯 번 기도를 어떻게 하는지는 하디스에 설명해놓았다.

무함마드 생존 시에는 알라의 계시가 구두로 전승되다가 사후에 나뭇조각이나 동물의 뼈, 가죽 등에 기록되었다. 그러나 쿠란을 암송하고 기록하는 것도 사람마다 달라 이를 통일하여 정리할 필요가 있었다. 쿠란과 하디스의 편집 작업은 초대 칼리프 아부 바크르 때 시작되어 제3대 칼리프인 우스만(재위 644~656년) 재위 중에 집대성되었다. 25년이란 세월을 거쳐 아랍어로 기록된 쿠란은 114개의 수라(sura, 장)에 6342개의 아야(aya, 절)로 구성되었다. 이 때문에 이슬람교도들은 쿠란을 기록한 아랍어는 신의 언어이며, 쿠란이라는 단어를 가장 신성한 단어로 믿고 있다. 또한 쿠란을 알라가 인간에게 주는 마지막 계시이며 무함마드가 마지막 예언자로, 예언자는 더는 없다고 믿는다. 쿠란과 하디스에 명시된 규칙, 원리, 판례 들을 9세기 말 이슬람 법학자들이 정리한 것이 이슬람 율법인 '샤리아' 이다.

'이슬람' 은 '신에게 복종한다(submission to God)' 는 의미로, 이슬람교에서는 신도들이 반드시 지켜야 할 의무로 '다섯 기둥(Five Pillars of Islam)' 을 제시했다. 다섯 기둥은 이슬람교도의 의무이면서 삶의 기본이 되는 규범이다. 가장 중요한 제1 기둥은 신앙고백(샤하다)으로 "알라 이외에 다른 신은 없으며 무함마드는 알라의 예언자" 라는 선언이다. 제2 기둥은 기도(살라트)로 하루에 다섯 번 알라에게 기도를 드려야 한다. 제3 기둥은 자선(자카트)으로 이슬람교도들은 수익의 2.5%(40분의 1)를 가난한 사람들을 위해 기부해야 한다. 제4 기둥은 단식(사움)으로 라마단 한 달 동안 일출 때부터 일몰 때까지 음식 및 음료의 섭취를 금지하고 정욕을 다스려야 한다. 마지막 제5 기둥은 메카 순례(하즈)로 이슬람교도라면 모두가 일생에 한 번은 성지순례를 하도록 했다.

이슬람력으로 9월인 라마단은 이슬람 세계에서 가장 성스러운 달이다. 라마단에 이슬람교도들은 해가 뜰 때부터 질 때까지 음식을 먹거나 물을 마시지 않는 금식을 한 달간 진행한다. 라마단은 서양력을 기준으로 하면 매년 11일 정도 당겨진다. 그래서 이슬람교도들은 평생 사는 동안 계절이 다른 라마단을 경험하게 된다. 어린아이나 노인, 임신 중인 여성, 여행하는 사람, 그리고 육체적으로 건강하지 않은 사람은 지키지 않아도 되지만, 건강한 성인 신자들은 반드시 지켜야 하는 의무이다. 라마단 금식 기간 중 이슬람교도들은 가난한 이들의 굶주림을 체험하며, 세속적이고 육체적인 욕망을 절제하면서 알라에 가까워지는 것을 체험한다. 해뜨기 직전에 먹는 식사를 '수후르' 라 하고 해가 진 뒤에 먹는 식사를 '이프타르' 라 한다. 일반적으로 모스크에서는 가난한 이들이나 이웃을 위한 단체 급식 이프타르를 제공한다.

2. 이슬람제국

정통 칼리프 시대

무함마드 사후에 네 명의 칼리프가 지배하던 시기를 '정통 칼리프 시대'(632~661년)라 한다. 아랍어로는 라시둔 칼리파 시대라 한다. 무함마드는 예언자적 지도력으로 작은 종교 공동체를 구성했지만, 제국이라 부를 수 있는 정치 공동체는 만들지 못했다. 그러나 아랍 세계는 아부 바크르, 우마르, 우스만, 알리 등 네 명의 칼리프가 재위한 이른바 '정통 칼리프 시대'에 엄청난 변화를 경험했다. 이들 네 명의 칼리프는 군사, 법률, 경제 구조를 구축하여 낮은 단계의 제국의 외양을 갖추어놓았으나, 정통 칼리프 시대는 재앙을 초래한 내전으로 오래가지 못했다. 초대와 제2대 칼리프는 공동체 권력 핵심층의 심각한 저항 없이 선출되고 통치했다.

칼리프들의 업적만 간단히 짚고 가보자. 초대 칼리프 아부 바크르는 아라비아반도를 통일하고 쿠란의 정비 작업을 시작했으나 재위 2년 만에 사망했다. 무함마드의 동료이자 장인이었던 제2대 우마르는 아랍 이슬람 제국의 역사에서 획기적인 기록을 남긴 칼리프였다. 요르단의 야르무크 강 연안에서 치른 비잔티움과의 전투에서 압승한(636년) 것과 페르시아를 정복하여(642년) 강적 사산조 페르시아의 멸망에 불을 붙인 것은 그의 최대 치적이다. 제3대 칼리프인 우스만은 쿠란을 집대성한 것이 탁월한 치적으로 남아 있다. 제4대 칼리프인 알리는 그를 계기로 이슬람 세계가 수니파와 시아파로 영원히 분리되었다는 점에서 종교적으로 중요한 역사적 인물이 되었다.

칼리프를 선정하는 권력층 내부의 복잡한 이해관계는 제3대 칼리프로 우스만이 등장하면서 확실하게 드러났다. 우스만은 쿠라이시 부족의

초대 칼리프 아부 바크르 아부 바크르는 예언자 무함마드의 가까운 친구로서 딸 아이샤를 무함마드에게 시집 보냈기에 무함마드의 장인이기도 했다. 아부 바크르는 병사로 2년간 짧게 재위했지만, 그의 재위기에 아라비아반도 전역을 통일하고 비잔티움과 사산 왕조에 대한 침입을 개시함으로써 세계사를 송두리째 바꾸어놓은 이슬람 정복 시대의 막을 열었다.

상인 가문인 우마이야 가문 출신으로 무함마드의 사위였다. 우스만도 정복사업을 이어나가 650년대 제국의 영토는 북쪽으로는 캅카스, 서쪽으로는 북부 아프리카 튀니지, 동쪽으로는 중앙아시아까지 확대되었다. 그러나 그에 대한 신민의 지지는 이전 칼리프 같지 않았다. 계속되는 전쟁 비용과 물가상승은 아랍인들의 생활을 어렵게 했고, 자신의 가문 출신을 중용하는 편파적인 정실주의로 신망을 잃었다. 656년, 결국 우스만은 메디나로 몰려온 반란군에게 살해되었다. 그러는 사이 알리가 칼리프로 즉위했지만, 알리가 20년 동안 칼리프가 되지 못한 데 불만을 품고 있었다는 사실이 알려지면서 우스만의 죽음에 관련이 있다는 의심이 돌게 되었다.

우마이야 가문에서는 우스만이 사망하자 시리아 총독으로 있던 무아위야가 가문의 수장이 되었다. 무아위야는 알리를 칼리프로 인정하지 않고 자신이 칼리프라며 반란을 주도했다. 당황한 알리는 무아위야에게 시리아 총독직을 즉시 포기하라고 요구했지만, 우스만의 살해범 체포에 주저하는 알리에 반기를 든 무아위야는 듣지 않았다. 알리와 무아위야의 갈등은 내전(아랍어 '피트나')으로 번했다. 사실상 두 칼리프 간 권력 쟁

정통 칼리프 시대			
제1대	제2대	제3대	제4대
아부 바크르 632~634년 아라비아반도 통일	우마르 634~644년 비잔티움, 페르시아 전쟁	우스만 644~656년 페르시아 사산 왕조 멸망	알리 656~661년 이슬람 분열

탈을 위한 내전은 5년간(656~661년) 계속되었다. 그러다가 661년, 무아위야의 평화협상 제의에 알리가 합의해준 것에 분노한 급진 카리즈파* 에게 알리가 살해되었다. 정적이 제거되자 당당하게 자신이 칼리프임을 선언한 무아위야는 수도를 메디나에서 자신의 권력 기반인 시리아의 다마스쿠스로 옮겼다. 알리가 살해되면서 네 명의 정통 칼리프 시대는 끝이 났고, 칼리프 권력은 우마이야 가문으로 넘어갔다. 권력 내부에서 일어나는 내전은 이후의 오스만제국에 이르기까지 이슬람 세계에서 끊임없이 일어났다.

'정통 칼리프 시대'는 수니파에서 정의한 용어로, 글자 그대로 네 명의 칼리프가 '규범에 맞는 합법적'이라는 의미이다. 정통 칼리프 시대는 무함마드 사망으로 시작하여 제4대 칼리프 알리가 암살된 661년에 끝이 났다. 정통 칼리프 네 명이 재위한 29년 중 5년간의 내전 기간을 제외한 25년간은 군사 정복으로 영토를 넓혔다.

* 카리즈파는 이슬람 내전 기간(656~661년)에 생긴 최초의 이슬람 종파이다. 657년, 우스만의 살해범을 찾아 죄를 물으라는 무아위야의 군대와 칼리프인 알리 군대가 시작한 두 진영 간의 전투에서 연유하며, 알리에게 등을 돌린 사람들의 집단을 말한다. 알리가 살해된 것은 전투가 교착상태에 빠지자 알리가 두 진영 간의 분쟁을 중재 합의로 마무리하려고 했기 때문이었다. 카리즈파는 무아위야가 재위한 20년 동안 16차례 반정권 시위를 벌였다. 카리즈파는 주로 베두인으로 이들은 강한 기질에 시를 좋아하고 웅변을 잘하는 특징이 있다. 카리즈파는 자신들과 다른 견해를 가지고 있는 상대방을 모두 적으로 간주했다.

우마이야 왕조 시대

우마이야 왕조(661~750년)는 정통 칼리프 시대 이후 시리아의 다마스쿠스를 수도로 한 이슬람 최초의 칼리프 제국이다. 정통 칼리프 시대에 시작된 정복사업은 우마이야 왕조 시대에 더욱 활발해졌다. 동쪽의 파키스탄과 서쪽의 포르투갈을 포함하는 이베리아반도의 대부분 지역이 우마이야 왕조의 영토가 되었다. 트란스옥시아나, 페르가나, 신드, 부하라, 호라산, 예멘, 이라크, 이집트, 모로코, 아나톨리아 등이 이 왕조의 손에 들어갔다. 시리아, 이라크, 이집트, 헤자즈 등 네 지역이 우마이야 왕조의 거점 지역이었다. 우마이야 왕조가 이전의 수도 메디나를 떠나 시리아의 다마스쿠스를 수도로 한 것도 주목해볼 만한 일이다. 시리아는 비잔티움의 남부 거점이자 비잔티움과 페르시아 사산 왕조가 지배했던 곳이다. 그러므로 이곳의 원 거주민은 그리스인과 기독교 아랍인이었고, 이들과 함께 소수의 유대인이 있었다. 우마이야 왕조가 활약했던 90년의 기간은 이슬람과 중동의 역사에 중요한 기간이었다. 이슬람이 아라비아반도를 넘어 확산했고, 아랍인들이 오늘날 중동을 최초로 지배했기 때문이다. 그리고 정복 활동을 통해 피지배 지역과 인구들이 점차 이슬람화된 것은 세계사적으로 중요한 사건이었다.

우마이야 왕조의 초대 칼리프인 무아위야 1세(재위 661~680년)는 역사적으로 기록할 것이 많은 칼리프 중 한 사람이 되었다. 그는 우마이야 왕조가 계속되기 위한 정치 · 경제 · 행정 · 군사 등의 면에서 제국의 기반을 마련해놓았다. 무엇보다도 기독교, 조로아스터교, 유대교, 이슬람교 등 다종교 · 다문화로 구성된 제국을 통치하기 위해 개방과 관용정책을 구사한 것은 탁월한 판단이었다. 넓은 영토를 통치하고 행정 경험이 없는 아랍인들을 대신하기 위해 비잔티움과 페르시아의 경험과 인력을 동원하는 것은 현실적인 결정이었다. 무아위야는 먼저 궁정의 수석 비서관과 궁정 의사를 기독교인으로 임명하고, 세금 계산 및 징수 같은 국세 업무를 위해 현지의 경험 있는 기독교 출신 전문가들을 고용했다. 비잔티움과 페르시아에서 양성된 현지의 비무슬림 의사들도 고용했다. 우마이야 왕조 시대의 의사 대부분은 페르시아인과 그리스인이었다.* 무아위야 1세는 비잔티움에서 행정 경험이 있는 기독교인들을 영입하고 비잔티움과 페르시아의 재정과 행정, 관료 제도 등 선진 제도를 개방적으로 도입했다. 우마이야 왕조의 건국사업에 기독교인, 유대교인이 큰 힘이 되었다.

* Adnan Adıgüzel & Barış Çakan, Emeviler Döneminde Gayrimüslim İstihdamı(41~132/661~750), İstem, 17/34, 2019, pp.329~351. https://doi.org/10.31591/istem.595745. p.343.

그러나 인구가 적지 않은 비무슬림을 통치해야 하는 상황에서 제국의 중앙집권 통치를 위해 언어는 아랍어를 공용어로 지정했다. 비록 국가의 주요 행정 기관에 비무슬림을 고용했지만, 국가 최상 지배 계층은 아랍인들로 채워졌다. 무아위야 1세는 비잔티움과 페르시아제국의 황제처럼 자신의 이름이 새겨진 동전을 발행했다. 그러나 시리아 기독교인들은 십자가가 없다는 이유로 인정하지 않았다. 4세기 말 이래 비잔티움제국의 영토에 살던 시리아의 기독교인들은 이교도 신봉자들에게도 관용을 베푸는 무아위야 1세의 통치가 비잔티움 시대보다는 낫다고 생각할 정도로 불만을 품지 않았다. 이처럼 다마스쿠스를 수도로 한 무아위야의 20년 치세는 매우 안정적이었고, 다마스쿠스는 우마이야 왕조의 수도로 크게 번성했다.

무아위야 1세는 이슬람 아랍 세습왕조를 세운 인물이 되었다. 그는 후계자로 자신의 장남을 지명했다. 우마이야 왕조는 수니파이기 때문에 칼리프 선정을 공동체 합의로 해야 했으나, 무아위야는 이전의 관행을 무시하고 칼리프직을 세습하겠다고 천명했다. 아들인 야지드(Yazid) 1세가 권좌에 오르긴 했지만, 세습에 반대하는 시아파의 도전에 직면하면서 680년 10월 10일 야지드 측 군대와 시아파가 지지하는 후세인(알리의 아들) 군대 간에 이라크 쿠파에서 40km 떨어진 카르발라에서 내전이 일어났다. 결과는 후세인과 그 전사들, 친족들이 모두 참혹하게 피살되는 것으로 끝났다. 후세인과 그 친족들을 죽인 행위로 야지드는 시아파의 심한 분노를 사게 되었고, 야지드에 대한 평가는 우마이야 왕조 전 기간에 칼리프 권위에 부정적 영향을 미쳤다. 무아위야 1세를 이어 아들 야지드 1세(재위 680~683년), 그리고 야지드의 아들 무아위야 2세(재위 683~684년)가 칼리프가 되었으나, 모두 단명하여 무아위야 가문 계열은 대가 끊겼다. 이후에는 마르완 가문 계열에서 세습되어 이어졌다.

우마이야 왕조의 전성기는 제5대 칼리프 압둘 말리크(재위 685~705년) 시대였다. 모스크를 건설하는 데 재정을 아끼지 않았던 압둘 말리크는 예루살렘에 '바위의 돔(Dome of the Rock)'을 건설했다. 예루살렘의 성전산 위에 세워진 '바위의 돔'은 알아크사 사원과 함께 이슬람교의 성지이자

유대교, 기독교, 이슬람교의 성지인 예루살렘의 성전산 위에 세워진 바위의 돔(Dome of the Rock) 비잔틴 건축 양식에 영향을 받아 세워진 바위의 돔 벽면은 이슬람 특유의 푸른색과 정교한 기하학적 문양으로 장식되어 있다. 무슬림들은 이곳에서 무함마드가 승천하여 알라의 계시를 받고 메카로 돌아갔다고 믿는다. 무함마드의 승천은 쿠란 17장(수라) '밤 여행의 장'에 기록되어 있다. 사진 게티이미지.

상징건물이 되었다. '바위의 돔'이 세워진 성전산은 예언자 무함마드가 승천했다고 믿는 성스러운 곳으로 무슬림에게 상징성이 큰 장소이다. 예루살렘의 성전산은 이슬람교만 성지로 생각하는 곳이 아니다. 유대교와 기독교도 그들이 성지로 믿는 곳이다. 기원후 70년 로마 황제 베스파시아누스의 아들인 티투스가 예루살렘을 정복할 때까지 성전산에는 유대인의 성전이 있었다. 또한 이곳은 4세기 콘스탄티누스 대제가 예수의 무덤 자리로 추정되는 곳에 '거룩한 무덤 성당(Christian Church of the Holy Sepulcher)'을 세운 이후 기독교 신앙 중심지였다. 비잔틴 건축 양식을 모방하여 세워진 '바위의 돔'에는 "신 외에 다른 신은 없다"라는 쿠란 구절이 새겨져 있다. 압둘 말리크의 '바위의 돔' 건설은 이슬람이 유대교나 기독교보다 우월하다는 것을 과시하는 선전이었다.

압둘 말리크 시대에 아랍어를 국가 언어로 한다는 것이 다시 확인되었다. 시리아와 이라크에서 각각 그리스어와 페르시아어 사용이 금지되었다. 아랍인들의 종교와 문화로 국가 통치를 한다는 아랍화 정책이었다. 특히 압둘 말리크 치세에 정복사업과 상업이 동시에 번성했다. 중앙집권통치가 이루어지고 도로와 다리 등 소통의 기간시설이 발전되면서 시리아, 부하라, 바그다드를 중심으로 상업은 급속하게 발전되었다. 아랍 무슬림은 상업보다는 행정, 군사, 종교 등 권위를 보이는 곳에서 일하려고 했기 때문에 금융이나 상업에는 주로 유대인들이 종사했다. 이슬람 종교 윤리가 엄격하지 않은 곳에서는 무슬림들도 고리대금업 등에 참여했다.* 압둘 말리크는 비잔티움과 페르시아 사산 왕조의 화폐 제도를 받아들여 자신의 동전에 이슬람 문양을 새겼다. 동전 발행은 이슬람과 아랍어의 확산에도 도움이 되었다. 705년, 압둘 말리크가 사망할 때 제국은 최대 전성기에 이르렀다.

* Jomo K.S., Islamic Economic Alternatives: Critical Perspective and New Directions, 1992, pp.145~146.

압둘 말리크의 아들이자 후계자인 알 왈리드 1세(재위 705~715년)는 영토를 더 확장했다. 비잔티움의 북부 아프리카 땅을 다 차지한 아랍 군대는 서부 유럽을 공략하기 시작했다. 711년, 우마이야 왕조의 이슬람 군대는 지브롤터해협을 건너 서고트왕국이 있는 스페인의 이베리아반도를 침략했다. 서고트왕국은 이슬람의 침략으로 멸망했고, 5년 만인 716년에 이베리아반도 대부분이 이슬람 세력에게 점령당했다. 이베리아반도에는 아랍어를 사용하는 중세 무슬림 국가 '알안달루스(Al-Andalus)'**가 건설되었다. 중세 이슬람 통치하의 이베리아반도 역사가 시작된 것이다. 이베리아반도는 우마이야 왕조가 멸망할 때(750년) 탈출한 압드 알 라흐만 1세가 알안달루스의 코르도바를 수도로 후우마이야 왕조를 열면서 새로운 국면으로 전환되었다. 이로써 우마이야 왕조의 수명은 이베리아반도에서 1031년까지 연장되었고, 수도 코르도바는 당시 서양에서 가장 문명화된 도시로 발전했다.

** 알안달루스는 일반적으로 무슬림이 정복한 이베리아반도의 스페인 지역을 가리킨다. 이베리아반도는 고트족의 영역으로 고트족은 자신들의 지역을 란다-홀라우츠로 불렀고, 서고트족을 몰아낸 무슬림들이 란다-홀라우츠를 아랍식으로 읽으면서 알안달루스가 되었다. 알안

달루스는 후우마이야 왕조, 코르도바 왕국과 동의어로 사용되기도 한다.

우마이야 왕조 시대에 콘스탄티노플을 정복하려는 시도가 두 차례 있었다. 첫 번째 콘스탄티노플 포위 작전은 무아위야 1세 때 있었다. 무아위야의 콘스탄티노플 포위(674~678년)는 실패했다. 비잔티움의 콘스탄티노스 4세의 군대가 새로 개발된 '그리스의 불'이라는 화공 무기로 아랍 전함을 격퇴했기 때문이다. 비잔티움 군대가 아나톨리아에서도 아랍 군대를 물리치자 콘스탄티노플을 포위하려던 아랍 군대는 완전히 철수했다. 무아위야 1세는 비잔티움과 조약을 체결해야만 했고, 연간 조공을 비잔티움에 바치기로 했다. 평화조약 체결로 비잔티움도 잠시 숨을 돌릴 수 있었다. 그로부터 40여 년 후 술라이만(재위 715~717년)이 다시 도전했다. 비잔티움에서 20년간 권력 다툼으로 무정부 상태가 계속되고 있는 것을 기회 삼아 두 번째 콘스탄티노플 포위 작전(717~718년)에 나섰다. 아랍 군대는 육상과 해상 합동으로 포위 작전을 1년여 계속했으나, 겨울철 기상 악화, 전염병, 전투식량 부족 등으로 참패하고 말았다. 비잔티움은 아랍 군대의 두 차례에 걸친 콘스탄티노플 포위 공략을 성공적으로 막아내어 제국의 수명을 연장할 수 있었다. 난공불락의 3중 성벽과 '그리스의 불'이 효자 역할을 했다. 양측 간의 산발적인 전투는 계속 벌어졌지만, 우마이야 왕조는 콘스탄티노플을 정복하려는 목표는 포기해야만 했다.

그 결과로 전선을 유럽으로 돌린 아랍 군대는 당대 유럽 최강의 프랑크왕국을 침략했으나, 732년에 투르 전투에서 카를 마르텔이 지휘하는 프랑크왕국 군대에 격퇴당하여 알프스산맥을 넘지 못했다. 아랍 군대는 736~739년에는 프랑스 갈리아 침략도 시도했지만 이것도 좌절되었다. 아랍 군대를 물리치고 유럽 중심부에 이슬람이 진입하는 것을 막은 프랑크왕국의 카를 마르텔은 이슬람 침입으로부터 기독교 문명권을 지켜낸 영웅이 되었다.

우마이야 왕조 칼리프 제국은 비아랍인 차별정책으로 멸망하게 되었다. 우마이야 왕조에서는 오직 무슬림인 아랍인만이 일등 신민이었고, 아랍인이 아닌 사람은 이슬람으로의 개종 여부와 상관없이 모두 이등 신민으로 취급되었다. 무슬림이지만 아랍인이 아닌 사람을 '마왈리

우마이야 왕조 전성기 영토

(mawali, 비아랍계 이슬람교도)' 라고 했는데, 우마이야 왕조 시대에 무슬림인 아랍인과 달리 마왈리는 관직에 오를 수 없고 군대 징집이 안 되는 차별대우를 받았다. 대부분의 마왈리는 제국의 동부에 사는 페르시아인이었다. 동부 지역은 시아파 페르시아인들의 본거지였다. 제14대 마지막 칼리프인 마르완 2세(재위 744~750년) 때 과거 페르시아 지역인 제국의 동부에서 반란이 일어났다. 마르완 2세의 재위 6년간은 내부 반란으로 점철되었다. 우마이야 왕조의 아랍인 우대정책과 칼리프의 세습정책에 불만을 가진 사람들이 반란을 일으켰고, 카르발라 학살 사건을 기억하는 시아파 무슬림의 도움을 받은 아바스 가문의 아부 알 아바스(Abu al-Abbas)가 주도한 반란으로 우마이야 왕조는 무너졌다. 750년이었다. 아바스는 무아위야 가문에 대한 대대적인 학살을 감행했다. 거의 모든 무아위야 가문 일족이 참살되었다. 그중 대학살에서 살아남은 우마이야의 왕족인 압드 알 라흐만(Abd al-Rahman)이 이베리아로 망명하여 그곳에서 후우마이야 왕조(756~1031년)를 열었다. 후우마이야 왕조는 이베리아반도의 알안달루스를 다스렸다.

아라비아반도에서 이슬람이 발흥하기 이전의 시기를 무지(자힐리야) 시기라고 하듯이, 우마이야 왕조 시기 아랍인들에게 학교라는 기관은 아직 없었다. 칼리프 가문의 자식들은 아랍어를 배우고 말 타고 활 쏘는 방법을 가정교사 등에게 배웠다. 일반 백성이 아랍어를 알면서 화술이 좋고 말을 잘 타면 '배운 사람' 대접을 받았다. 대부분 전쟁과 전투로 보낸 우마이야 왕조 치세에는 학문이나 철학을 논할 여지가 거의 없었다. 유일하게 두각을 나타낸 분야는 시(詩)였다. 생물이라고는 거의 없는 사막에서 살아온 아랍인들은 이른바 서구인들이 이야기하는 예술을 아랍어를 사용한 시로만 표현했다. 아랍어와 시는 아랍인들의 재능을 통째로 보여주는 황금 같은 수단이었다. 이슬람을 받아들인 후 종교적인 이유 등으로 아랍인들에게 잠시 뒷전에 밀린 시는 우마이야 왕조 시대에 회복되어 시의 주제와 분위기도 매우 다양해졌다. 이슬람제국에서 학문과 과학에 관한 관심은 다음 아바스 왕조 때 시작되었다.

아바스 왕조 시대: 통합에서 분열로

이슬람 정통성을 명분으로 한 아바스 왕조는 두 번째 수니파 이슬람 세습왕조다. 창건자 아바스(Abbas)는 예언자 무함마드의 사촌의 후손이다. 750년, 아바스 왕조는 우마이야 왕조에서 차별받던 사람들의 지지를 받고 이슬람 안에서 모든 무슬림은 평등하다는 평등사상과 정의를 기치로 이라크 쿠파(Kufa)에서 출발했다. 이는 민족과 종교에 상관없이 비무슬림도 능력만 있다면 관직에 공평히 등용되고 군대에서 봉사할 수 있다는 것으로 모든 사람을 위한 개방정책을 표명한 것이다. 그러면서 이전 우마이야 왕조의 이슬람화 정책을 계승하고, 개종한 유대인, 기독교인, 조로아스터교인에 대한 정치적 · 사회적 권리도 약속했다. 그러나 시아파와의 동맹은 그리 오래가지 않았다. 시아파의 반란을 진압하는 데 성공함으로써 가문의 권위를 확보한 후, 아바스 왕조는 이슬람 수니파 종주국으로 부상했다. 아랍인들의 지지 기반이 없는 상태에서 출발한 아바스 왕조는 군사력에 기반을 둔 절대 군주정치를 할 수밖에 없었다.

주로 페르시아인(마왈리)의 지지를 받고 출범한 왕조는 페르시아의 관료 제도와 행정 제도를 대부분 따랐다. 아바스 왕조는 이전 우마이야 왕조가 이루어놓은 광대한 영토를 유산으로 받아 출발했다. 하지만 이전 왕조의 유산을 이어받은 아바스 왕조는 정치 중심을 시리아에서 이라크로 바꾸었다. 우마이야 왕조가 시리아를 중심으로 한 아랍인 주도의 이슬람제국을 만들었다면, 이제 아바스 왕조는 이라크를 중심으로 한 페르시아 문명 주도의 이슬람제국을 만들려는 의도였다. 그러기 위해서는 신의 영광과 권세를 드높일 수 있는 도시가 필요했다.

제2대 칼리프 알 만수르(재위 754~775년)의 재위 8년째인 762년 7월 30일, 알 만수르는 새롭게 건설된 도시를 마디나트 알 살람(Madinat al-Salam, 평화의 도시)으로 이름 짓고 이곳이 제국의 수도라고 하였다. 새로운 제국의 정치 중심지로 바그다드(마디나트 알 살람)를 택한 사람은 현 이란의 아바즈(Ahvaz) 출신 학자이자 점성가인 네브바흐티(Nevbahti)였다. 네브바흐티는 기독교 수도원이 많은 바그다드를 수도가 설 자리로 택했다.* 도시 건설에는 시리아, 이라크에서 10만 명의 인부와 고대 도시 메르브(Merv)에서 수없이 많은 예술가와 공예가가 동원되었고, 이들의 손을 통해 칼리프의 궁전, 중앙 모스크, 정부관청(divan, 디반), 주거지 등이 들어가 있는 지름 20km의 원형 도시가 건설되었다. 바그다드는 티그리스강 양안에 있는 도시로 유프라테스강과도 가까워 식량 공급에 유리한 위치였기 때문에 대규모 인구를 수용할 수 있었다. 육·해상 실크로드가 연결된 국제도시 바그다드는 칼리프의 영광과 권위를 한껏 고양하고, 500년간 아바스 왕조 이슬람제국을 세계 교역, 학문과 예술의 중심지로 만들었다. 『천일야화』의 탄생지가 된 바그다드는 1258년 몽골의 침입으로 폐허가 될 때까지 오랫동안 이슬람제국의 수도였다.

* S. Frederick Starr, Kayıp Aydınlanma, 2022, p.187.

아바스 왕조는 알 만수르(제2대), 하룬 알 라시드(제5대, 재위 786~809년), 알 마문(제7대, 재위 813~833년) 시대에 상업, 예술, 과학 등의 분야에서 중세 이슬람의 문화 황금기를 구가했다. 여기서는 하룬 알 라시드

이슬람제국 연대기	
정통 칼리프 시대	632~661년
우마이야 왕조	661~750년
아바스 왕조	750~1258년
파티마 왕조	909~1171년
셀주크제국	1040~1157년
오스만제국	1299~1922년

(라시드)에 대해 풀어보자. 이 시기에 어떻게 해서 문화 황금기를 이루게 되는지 그 배경을 이해할 수 있기 때문이다. 라시드는 이전 우마이야 왕조의 14명 선대 칼리프, 그리고 자신을 포함하여 아바스 왕조의 5명의 칼리프 등 총 19명의 칼리프 중에서 가장 교육을 잘 받은 칼리프였다.* 그의 스승은 당대 최고의 지성과 엄청난 재력을 가진 중앙아시아 출신 바르마크 가문의 야흐야(Yahya)였다. 야흐야는 매우 박식하고 영민한 사람으로 라시드에게 고전과 당대의 책들을 읽게 하고 배운 이론은 실행에 옮기도록 가르쳤다. 야흐야와 그의 아들 자페르(Cafer)는 라시드의 문화진흥 사업을 가장 측근에서 지원했다. 문화의 생산자라는 별명을 가진 라시드는 아바스 왕조를 정치 · 경제의 발전과 더불어 문화가 융성하는 나라로 만들었다. 앙투안 갈랑**의 『천일야화』에 등장하는 칼리프 라시드의 이야기를 통해 아바스 왕조가 얼마나 부유하고 사치스러운 나라였는지 가늠할 수 있다.

* S. Frederick Starr, 앞의 책, p.192.

** 앙투안 갈랑(Antoine Galland, 1646~1715년)은 프랑스의 동양학자 · 고고학자로 『천일야화』를 유럽 최초로 번역했다.

아바스 왕조는 750년 건국부터 시작하여 제10대 칼리프 알 무타와킬(재위 847~861년) 치세 때 절정을 이룬다. 아바스 왕조의 8~9세기를 이슬람의 황금시대라고 말한다. 이 시기는 바그다드를 통한 동 · 서양의 교역과 학문 · 예술이 발달한 시기로 이슬람 세계의 지도자인 칼리프의 권위도 절대적으로 통했고, 국정 통치의 동력은 칼리프의 손에 달렸던 시기다. 그러나 무타와킬이 아들에 의해 살해된 이후 노예 군인 출신의 튀르크인 장성들이 궁정과 군 요직에 진출하여 술탄의 옹립과 폐위를 좌지우지하는 힘으로 부상하면서 칼리프의 권위는 약해지기 시작했다.

건국 이후 969년까지 식량과 세금의 공급원인 이집트에는 78명의 아바스 왕조 총독이 있었는데, 그중 3분의 1인 24명이 튀르크인일 만큼 노예 용병 출신의 관직 진출은 괄목할 만했다. 칼리프 알 무타심(재위 833~842년) 시기에 튀르크 출신 군인들은 중앙 정예군에 임용되었고, 칼리프로부터 이라크의 사마라(Samarra)를 튀르크 군인의 주둔지로 지정받았다. 군부에 진출한 튀르크인들은 점차 행정 기관에 똬리를 틀었다. 권력층 내부에서 위상이 올라간 튀르크 군인들은 군사·정치적인 힘을 가진 권력 집단이 되었다. 튀르크 군인들에 의한 칼리프의 옹립과 폐위가 일상이었던 9세기에 칼리프의 재위기는 대체로 짧았다. 10대에 권좌에 오른 알 무크타디르(재위 908~929년) 치세 때 칼리프의 권위는 사실상 몰락했다. 지배층의 질서가 무너지자 내전이 빈번히 일어났고, 아래에서도 질서가 무너지자 반란이 끊이지 않았다. 질서 붕괴는 당연히 생존의 근간인 경제의 붕괴를 가져왔다. 이에 더해 제3대 칼리프(알 마흐디) 때 고개를 들기 시작한 시아파의 반란은 13세기까지 계속되면서 아바스 왕실을 곤욕스럽게 만들었다. 아바스 왕조 치하에서 탄압받던 시아파 지도자들이 스스로 칼리프라 칭하며 왕실에 대항했다.

군사적으로나 정치적으로 실세 역할을 하는 튀르크인들은 더 나아가 독자적으로 독립할 능력까지 갖게 되었다. 9세기 후반 이집트 총독으로 있던 튀르크족 아흐마드 이븐 툴룬이 아바스 왕조 중앙권력으로부터 분리되어 툴룬 왕조(868~905년)를 세운 것이 한 사례다. 이를 시작으로 이란에서 부와이 왕조(934~1055년), 튀니지에서 파티마 왕조(909~1171년), 이집트에서 아이유브 왕조(1171~1250년) 등이 수립되어 제국은 여러 왕조로 분열되었다. 아바스 왕조는 934년, 바그다드를 침략한 시아파 부와이 군대와의 전쟁에서 항복하면서 부와이 왕조의 치하에 들어갔다. 바그다드의 칼리프는 부와이 왕조의 꼭두각시가 되고 말았다. 이베리아반도의 후우마이야 왕조도 아바스 왕조 중앙정부의 혼란한 틈을 이용해 자신들도 칼리프 제국임을 선언했다.*

* 후우마이야 왕조는 아바스 왕조 칼리프와의 직접적인 도전을 피해 929년까지 칼리프보다 아래인 에미르(emir, 왕족과 귀족, 지방 총독의 호칭)를 통치자의 칭호로 사용했다.

생명이 다해가는 아바스 왕조를 구해준 것은 튀르크계 셀주크였다. 1055년, 튀르크계 셀주크 왕조가 부와이 왕조를 멸망시키자 아바스 왕조는 바그다드의 통치를 회복했다. 셀주크 왕조도 아바스 왕조와 같은 수니파였기 때문에 아바스 왕조는 셀주크의 군사지원을 받으면서 2세기 동안 생명을 연장해나갔다. 그러나 13세기 몽골의 침략은 아바스 왕조의 생명에 결정적 타격을 주었다. 1219년 칭기즈 칸이 트란스옥시아나를 정복한 후, 일한국의 초대 칸인 훌라구가 이끄는 몽골군은 1258년 바그다드를 침략했다. 몽골의 침략에서 칼리프 알 무스타심과 그의 가족, 신민들은 무참히 살해되었고, 문명의 요람인 바그다드는 약탈과 방화로 초토화되었다. 아바스 왕조는 멸망했다.

우마이야 왕조는 칼리프의 적국에 대한 연례 원정인 지하드(성전)를 수행했다. 하지만 아바스 왕조는 우마이야 왕조와는 달리 지하드 수행에 적극적이지 않았고, 그 대신 왕족의 메카 순례를 선전하면서 이슬람 세계의 지도자로서 칼리프의 종교적 권위를 내세웠다. 그 때문에 아바스 왕조 칼리프는 비잔티움과 전쟁을 하는 중에도 사절을 교환하면서 외교에 관심을 두었다. 외교사절을 통한 선물 교환은 중요한 절차였는데, 칼리프 알 마문은 비잔티움 황제로부터 플라톤, 아리스토텔레스, 히포크라테스, 갈레노스, 유클리드, 프톨레마이오스 등의 저서를 받았다고 전해진다. 9~10세기에 아바스 왕조나 비잔티움은 당대 문화 강국으로, 종교적 이념이 다른 두 제국이 문화적 대화를 시도했다. 9세기 후반 비잔티움에서는 제2 중흥기를 연 마케도니아 왕조가 시작되었는데, 마케도니아 왕조 시대는 비잔티움의 문화적 황금기였기 때문에 그리스 고전 연구에 관심이 많은 아바스 왕조 칼리프가 비잔티움과 우호적인 관계를 유지하려 한 것은 자연스러운 일이었다.

3. 이슬람의 황금시대

지혜의 전당 '바이트 알 히크마'

아바스 왕조 제2대 칼리프 알 만수르는 책 수집광이었다. 의학, 천문학, 문학, 역사, 쿠란, 하디스 등 다양한 분야의 책을 수집하고 필요한 것은 아랍어로 번역도 시켰다. 그가 모은 책은 그가 만든 도서관에 자랑스럽게 진열되었다.* 초기 아바스 왕조의 칼리프는 배움과 책 수집을 매우 중요하게 생각했다. 이슬람 세계가 페르시아 지역을 정복하고 비잔티움 제국과 접촉하면서 기독교, 유대교, 조로아스터교 등 다양한 문명과 사상을 접하게 되었다. 우마이야 왕조에서도 그런 경향이 있긴 했지만, 아바스 왕조의 통치자들은 이웃 문명과 지식을 접하는 데 매우 진취적이었다. 아바스 왕조는 8~10세기에 고대 그리스 · 로마 · 페르시아 · 인도 등에서 축적된 고전 지식을 도입하여 융합된 지식자산을 실용화하려는 포용적이고 개방적인 정책을 참신하게 펼쳤다.

고전 지식, 특히 과학에 대한 강한 열정의 중심에는 제5대 칼리프 하룬 알 라시드와 그의 아들 알 마문이 있었다. 이들 두 명의 칼리프 시기는 중세 아바스 칼리프 제국 역사상 가장 흥미진진한 혁신적인 시기였다. 알 라시드와 알 마문은 수준 높은 교육을 받고 지적 호기심과 학문적 소양이 깊은 칼리프로 자연과학, 점성술, 수학 등에 관심이 많았다. 책을 통해 지식을 습득하려는 열망은 이들을 따라갈 사람이 없을 정도로 외부 지식 도입에서는 매우 개방적인 안목을 가지고 있었다. 이 시기는 그리스 철학에 영향받아 인간의 이성과 논리로 이슬람 교리를 설명하는 무타질라파** 라는 이슬람 신학 학파가 전성하던 시기였다. 이미 학문적 체계를 갖춘 기독교 신학에 맞서 인간 이성과 개인의 자유의지에 의지하여 이슬람 신

* 알 만수르는 진귀한 도서를 소장할 '키자나트 알 히크마(지혜의 도서관)' 라는 도서관을 설립했다. 도서관의 모델은 페르시아 사산 왕조의 도서관이었다. 우마이야 왕조 시대의 무아위야 1세도 다마스쿠스에 도서관을 설치해 그리스어, 라틴어, 페르시아어로 된 의학, 연금술, 물리학, 수학, 점성술 같은 도서를 수집했다.

** 무타질라파는 중세 이슬람 신학 학파 중 하나로, 쿠란과 율법의 해석에 그리스의 철학적 이론을 이용하여 자신들의 신학적 입장을 정당화하려 한, 그러나 정치적 대립을 피하고자 정치적 · 종교적으로 중립주의 태도를 보인 사람들이다. 바스라와 바그다드에서 번성한 이슬람의 사변 신학파인 무타질라파는 아바스 왕조의 알 마문 시기에 절정을 맞았으나, 나중에 정치적인 이유로 박해를 받았다.

학을 설명하려는 개방적인 사고가 열린 시대였다. 보수적 이슬람 교리로 보면 무타질라파의 논리는 매우 파격적이고 황당하기까지 했지만, 알 마문은 무타질라파를 적극 지지할 정도로 진보적으로 개방되고 시야가 넓은 사람이었다.

알 라시드와 알 마문 부자는 개인적인 관심에서 출발하여, 인류 역사에서 신기원을 이루었던 고전 작품을 곳곳에서 수집했다. 알 라시드는 책 수집을 위해 비잔티움의 콘스탄티노플을 여행했다고 전해질 정도로 그들은 고전 도서가 있는 곳이라면 어디라도 찾아다녔다. 이들이 고전 지식에 대한 열망을 갖게 된 데는 앞에서 잠깐 언급한 바르마크 가문의 영향이 매우 컸다. 고전의 가치를 이미 알고 있던 중앙아시아 출신 바르마크 가문은 고전 수집과 번역 작업을 스스로 하고 있었고, 이들 가문이 수집한 책들도 상당했다.

페르시아 노예 출신의 어머니를 둔 알 마문은 바그다드에서 이복동생 알 아민과의 내전에서 승리한 후, 바그다드를 피해 819년까지 한동안 페르시아의 중심 도시 메르브에서 지냈다. 메르브에서 페르시아 문명과 지식을 배우려는 알 마문의 열의는 아버지(알 라시드)의 수준을 훌쩍 뛰어넘었다. 그는 메르브에서 일군의 중앙아시아 출신 지식인과 학자들을 데리고 바그다드로 귀환했다.* 알 마문은 책을 한곳에 모으고 번역할 도서관을 만들었다. 이곳이 바로 이슬람 황금시대를 이끈 '바이트 알 히크마(Bayt al-Hikma, 지혜의 전당)' 였다. 페르시아 사산 왕조의 준디샤푸르 아카데미를 모방한 '바이트 알 히크마' 는 도서관 겸 번역원 기능을 함께 수행한 당대 최대 학술종합 아카데미였다. 칼리프는 '바이트 알 히크마' 활동을 전적으로 지원했고, 이곳에서 근무하는 번역가 · 연구자 · 학자 들은 어떠한 간섭도 받지 않고 자유롭게 활동했다. 바르마크 가문은 배후에서 번역사업을 지원했다. '바이트 알 히크마' 에서는 무슬림, 기독교인, 유대인 등 종교에 상관없이 저명한 학자들을 초청하여 철학 · 천문학 · 수학 · 의학 분야 등의 고전을 번역했다. '바이트 알 히크마' 에서의 개방적인 분위기로 바그다드에는 학자, 과학자, 예술인, 사상가 들이 넘쳐났다.

* S. Frederick Starr, 앞의 책, pp.202~203.

'바이트 알 히크마'는 중세의 유럽에서 소외된 고대 그리스의 지식을 부활시키고 이슬람의 지적 부흥을 일으킨 학문 중심지였다. 과학적 탐구를 위한 열정과 도전, 그리스의 자연철학에 관한 고전을 중세 이슬람의 공용어인 아랍어로 번역하는 일은 아바스 왕조에서만 일어난 일이 아니었다. 후우마이야 왕조가 들어선 스페인 알안달루스, 실크로드 문명의 중앙아시아, 메소포타미아 문명의 이집트 · 이란 등 근동, 이슬람제국의 종주국인 오스만제국(튀르키예), 인더스 문명의 인도 등에서도 일어났다. 고전 철학과 과학을 탐구하고 번역하는 사업은 8~15세기 이슬람 세계 전 지역에서 일어났는데, 이를 아랍 과학의 황금시대로 부를 만하다. 무슬림들은 이슬람 교리가 널리 퍼지면서 정보와 지식을 얻고자 하는 욕구가 강했고, 지식 탐구를 통해 만족과 기쁨을 얻었다. 예언자 무함마드는 언행록 하디스에서 지식이 필요하다면 멀리 중국에 가서라도 지식을 구하라고 했다. "지식을 추구하는 것은 무슬림의 의무다", "학자의 잉크는 순교자의 피보다 값지다"라는 말을 남겨 미지의 세계를 알기 위해 지식을 습득하고 탐구하라고 촉구했다. 과학 탐구의 주제인 우주는 신의 영역이었던 중세에, 이슬람 세계는 과학적 탐구를 종교적 사명으로 이해했다.

아랍어로 번역된 철학 서적 가운데는 플라톤과 아리스토텔레스의 저서도 포함되었다. 751년 중국 당나라 군대와의 탈라스 전투 이후 습득한 중국 제지기술로 더 많은 정보와 지식이 생산되고 저장되었다. 이슬람 통치자의 지원으로 바그다드에 이어 카이로, 알레포, 쉬라즈 등 곳곳에 공립 도서관이 설립되었다. 바그다드의 '바이트 알 히크마'에서는 그리스 문헌과 과학 서적들을 중점적으로 번역했지만, 그 외에 시리아어, 산스크리트어, 팔라비어(이슬람 이전 페르시아의 학술언어), 중국어 문헌을 아랍어로 번역한 것도 셀 수 없이 많았다. 이슬람은 가장 먼저 천문학과 의학에 관심을 기울였는데, 두 학문은 일상생활에 필요한 실용과학이었기 때문이다. 오늘날 현대인들이 쓰고 있는 알코올, 알칼리, 알케미(연금술), 알제브라(대수학), 케미스트리(화학), 아스트로노미(천문학), 아스

하늘의 달과 별의 움직임을 관측하는 이슬람 천문학자들 이슬람교를 믿는 자(무슬림)는 새벽 · 정오 · 오후 · 저녁 · 밤 등 하루 다섯 차례 기도를 드려야 한다. 천문학은 이슬람 학자들의 주된 관심 영역이었다. 이슬람 천문학자들은 모든 지리적 위치에서 메카의 방향을 알아야 했고, 태양과 달의 위치를 관찰하여 시간을 알아야 했다. 이스탄불대학 도서관 소장. 네즈미 다이다이 외, 천문학에서 튀르크-이슬람 학자들, Gök Biliminde Türk- Islâm Bilginleri, 앙카라: 튀르키예위성통신사(Türksat), 2011, p.152.

트롤로지(점성학), 알고리즘(연산법) 등 과학용어는 아랍어에서 유래한 영어 단어들이다. 이처럼 이슬람 세계는 그리스 과학을 계승하여 독자적인 과학을 발달시켰다.

천문학과 점성술

이슬람 과학 황금시대에 가장 발전한 과학 분야 중 하나는 천문학이었다. 그리스, 페르시아, 인도의 천문학 고전이 번역되었고, 중동, 중앙아시아, 북부 아프리카 등지에 천문관측소가 세워졌다. 아바스 왕조 시대에는 바그다드와 다마스쿠스가 천문학 연구의 중심지였다. 칼리프 알 마문은 '바이트 알 히크마' 설립 즈음 바그다드에 최초의 천문대를 세웠다. 천문학을 위해 필요한 구면 삼각법과 대수학, 기하학도 그리스 수학을 계승하여 천문학과 함께 발전했다. 이슬람 학자들에게 천문학의 기본서는 그리스어 원전인 프톨레마이오스의 『알마게스트(Ptolemy's Almagest)』였다. 140년경에 천동설에 바탕을 둔 그리스 천문학을 집대성한 『알마게스트』는 700년이 지난 후에 이슬람 세계에서 번역되었다.

아바스 왕조와 동시대의 파티마 왕조 천문학자 이븐 유누스(950~1009년)는 카이로 천문대에서 태양의 경로를 관찰하고, 프톨레마이오스의 모델을 수정한 『하킴의 천문표(al-Zij al-Kabir al-Hakimi)』를 칼리프 알 하킴에게 바쳤다. 이슬람 학자들은 천문 관측에 필요한 도구들도 고안했다. 이슬람 아랍 세계에서 가장 대표적인 천문학 기구는 아스트롤라베(astrolabe)였다. 시리아 알레포 출신의 여성 과학자 알 아스투를라비(Mariam al-Asturlabi)가 만든 천문 관측기구로, 이슬람 세계에서 가장 널리 보급되고 사용한 기구였다. 아스트롤라베는 삼각함수를 사용하지 않고 별의 위치를 손쉽게 찾을 수 있게 하는 첨단 천문장비였다.

천문학이 발전하면서 부차적으로 점성술도 발전했다. 점성술은 인간 세계에서 천체 현상을 관찰하여 미래를 예측하는 것이다. 천체를 관찰한다는 면에서 점성술은 천문학과 관련이 있었다. 중세의 이슬람 신학자들은 인간의 일을 신이 아닌 다른 것이 결정한다는 것은 이슬람 윤리에 반하는 것이라 하여 점성술에 반대했다. 이 때문에 이슬람 사회에서 점성술은 보편적으로 받아들일 수 없었다. 그러나 실제로 점성가들은 시장에서 원하는 사람들에게 별점을 봐주며 미래를 예측해주었고, 통치자의 즉위나 원정의 길일을 예측해주기 위해 궁전에 불려가기도 했다. 미래를 예측하는 별점은 아바스 왕조의 바그다드와 파티마 왕조의 수도인 마디아(Mahdia)에서 성행했다. 숭고한 종교적 이념과 세속적 비전을 표현할 제국의 도시 건설에도 점성가가 동원되었다. 바그다드와 카이로 도시 건설에도 점성가가 중요한 몫을 담당했다.

이븐 시나(Ibn Sina, 980~1037년) 철학자이자 의사인 이븐 시나는 이슬람 사만 왕조의 수도인 부하라 근처 아프샤나(현 우즈베키스탄)에서 태어났다. 그는 10세 때 쿠란 암송을 마쳐 아랍어에 정통했고 그 후 6년 동안 이슬람법, 철학, 자연과학 등을 공부했다. 13세에 의학 공부를 시작한 이븐 시나는 18세에 이르러 의사로서 명성을 떨쳤다. 그는 아랍어로 된 276권의 책을 저술했다. 그의 기념비적 저술은 5권으로 구성된 『의학전범』이다. 의학의 법전이라 알려진 『의학전범』은 18세기까지 유럽 의학계에서 교재나 참고문헌이 되었다. 네즈미 다이다이 외, 천문학에서 튀르크-이슬람 학자들, 앙카라: 튀르키예위성통신사(Türksat), 2011, p.105.

이슬람 의학

이슬람 세계에서 가장 먼저 발달한 과학은 의학이었다. 더 건강하고 더 오래 살려는 인간의 욕망 때문이었다. 그러나 이보다 더 근본적인 동기는 쿠란과 하디스에서 환자를 돌보는 것이 무슬림의 의무라고 가르치는 것이었다. 이슬람 초기에는 무슬림 의사가 그리스, 중국, 인도의 의술을 적용해도 되는지에 대해 논의가 있었지만, 격렬한 논쟁 끝에 그들의 의학을 공부하고 의술을 활용하는 것이 허용되었다. 알 라시드와 알 마문 시기에 그리스 고전 의학서가 아랍어로 번역되었다. 그들은 그리스 고전 의학서를 수집하기 위해 사람들을 의술이 발달한 알렉산드리아 같은 이전 비잔티움의 도시에 파견했다. 4체액설을 정리한 갈레노스의 의학 서적이 아랍어로 번역된 이후, 아바스 왕조에서 의학 분야는 괄목할 만한 발전을 이루었다. 이슬람의 황금시대에 의학 발전은 병원을 설립하면서 박차가 가해졌다. 사료 근거가 빈약해 확실히 단정할 수는 없으나 페르시아 의학 아카데미의 원장을 지낸 바흐티슈 가문의 전언에 따르면, 알 라시드는 페르시아 사산 왕조의 준디샤프르 아카데미를 모델로 삼고 805년경 바그다드에 병원을 세웠다고 한다. 바그다드, 다마스쿠스, 카이로 등 이슬람제국 영토의 주요 도시에는 부상한 군인들을 치료하는 이동 텐트 치료소와 치료 · 수련을 겸한 교육병원(teaching hospital)이 세워졌다.

아바스 왕조 시기 의술 분야에서 선구자 역할을 한 인물은 알 라지(865~925년)였다. 그는 다작의 저술가로 의학 · 철학 등 200권이 넘는 의학서를 집필했다. 의사로서의 명성이 자자하자 아바스 궁정으로부터 병원 설립을 요청받았다. 알 라지는 공기가 깨끗한 병원 터를 정하기 위해 자른 고기를 사방에 걸어놓고 고기가 가장 늦게 상하는 곳을 부지로 결정했다고 한다. 공기가 깨끗하다면 환자의 병이나 피부가 악화하지 않을 것이라고 믿었기 때문이다. 그의 저서 중 1279년에 라틴어로 번역된 『의학총서(Kitab al-Hawi)』는 서구 의학의 근간이 되었다.

알 라지 이후 이슬람 세계에는 또 한 명의 걸출한 의학자가 등장했다. 서양에서는 라틴어명 아비센나(Avicenna)로 알려진 이븐 시나(Ibn Sina, 980~1037년)였다. 이븐 시나는 페르시아의 철학자이자 중세 최고의 의학자 중 한 사람이다. 그리스에 아리스토텔레스가 있었고 르네상스 시기에 레오나르도 다빈치가 있었다면, 아랍 세계에는 이븐 시나가 있었다고 평가받는 인물이다. 그가 쓴 『치유의 서(Kitāb al-Shifā)』와 『의학전범(al-Qanun fil-tibb)』은 당대 최고의 의학서로, 특히 『의학전범』은 18세기까지 유럽 의과대학에서 교과서로 사용되었다. 그는 최초로 알코올을 소독제로 추천한 의사로 알려졌다. 유네스코는 2003년 이래 '유네스코 이븐 시나 과학윤리상'을 수여하고 있다. 튀르키예의 앙카라대학교 의과대학에는 그의 이름을 딴 '이븐 시나 대학병원'이 운영되고 있다.

10~11세기에 이슬람의 의학은 절정에 이르렀다. 이슬람 의학자들의 의학 연구는 해부학, 수술, 마취, 심장학, 안과학, 정형외과, 세균학, 비뇨

기과, 산과, 신경학, 정신의학, 위생학, 영양학, 치과학 등 전 분야로 확대되었다. 이슬람 의학자들은 그리스와 페르시아의 의학 서적을 번역하고 그들의 의술을 받아들이면서 자신들의 임상 경험을 더해 고전 의술을 더욱 발전시켰다. 유럽인들이 아랍인들의 풍부한 지적 능력을 인식하기 시작하면서 아랍어로 된 의학서는 다시 라틴어로 번역되었다.

이렇게 이슬람은 세계의 지식을 아랍어로 번역하여 중세 후반기에 '이슬람 과학 시대' 를 열었다. 특히 그리스 과학 서적의 번역으로 고대 그리스 과학은 그대로 이슬람 세계에 유입되었다. 그리스 과학을 계승하여 발전시킨 이슬람 과학은 12세기 이후에 유럽에 전파되었다. 종교적 고립주의에 빠져 있던 암흑기의 유럽에 전파된 이슬람 세계의 과학적 성취는 유럽의 르네상스 시대 개막에도 영향을 주었다. 유감스럽게도 이슬람과 아랍의 과학발전은 13세기에 몽골이 바그다드를 폐허로 만들면서 인류의 기억 속에서 잊히게 되었다.

제6화

비잔티움과 서양

1. 근세의 개막

1453년 콘스탄티노플 함락

비잔티움의 수도 콘스탄티노플은 오스만제국의 술탄 메흐메드 2세에 의해 함락되었다. 콘스탄티노플의 성벽 포위 55일 만인 1453년 5월 29일이었다. 콘스탄티노플 정복으로 오스만제국은 최강 제국으로 등극했다. 동로마제국의 멸망은 영구화되었고 다시는 회복되지 않았다. 21세의 술탄은 '정복자(The Conqueror)' 라는 칭호를 얻었다. 과거 로마제국 영토의 주인이 된 메흐메드 2세는 자신을 '룸의 술탄(Sultan of Rum, 로마의 술탄)' 이라고 불렀다. 오스만제국의 등장으로 세계 질서는 이전과는 완전히 다른 새로운 국면에 접어들었다.

330년 콘스탄티누스 대제에 의해 비잔티움제국의 수도가 된 콘스탄티노플은 3중 성벽으로 방어체계가 완벽한 난공불락의 요새였다. 1000년 역사와 부의 상징인 비잔티움의 수도는 끊임없는 외침을 견뎌냈다. 4세기 고트족과의 아드리아노플 전투에서 로마제국의 황제 발렌스가 전사하고 고트족 군대가 콘스탄티노플로 진격했지만, 콘스탄티노플은 흔들리지 않았다. 이슬람의 발흥 이후에 7~8세기 비잔티움은 비록 영토를 상실하긴 했으나, 콘스탄티노플은 이슬람제국의 두 차례 침략에도 견뎌냈다. 그리고 9~11세기 불가리아와 루스(현 러시아)의 수차례에 걸친 침략에도 견뎌냈다. 제4차 십자군 원정 때 십자군에 의해 라틴제국(1204~1261년)의 수도로 내준 적은 있으나, 콘스탄티노플은 페르시아, 아바르족, 아랍인, 불가르족, 러시아, 페체네그족의 침략을 굳건하게 막아냈다. 수 세기에 걸쳐 콘스탄티노플은 제국의 힘과 권위의 상징으로 남아 있을 수 있었다. 이렇게 수많은 외침과 공격에도 콘스탄티노플이 살아남을 수 있었던 것은 3중 성벽과 '그리스의 불' 덕분이었다. 그러나 콘스탄티노플은 메흐메드 2세의 대포 십자 공격에 마침내 무너지고 말았다.

오스만제국의 콘스탄티노플 함락은 중세 천년 기독교제국의 종말을 가져왔다. 유럽인들은 처음엔 콘스탄티노플 함락 소식을 믿지 않았지만, 곧 엄연한 사실로 받아들이게 되었다. 서두에 언급한 것처럼 메흐메드 2세는 자신이 로마제국을 정복한 것으로 여겼다. 당연히 자신은 로마제국의 황제와 같은 사람이었다. 콘스탄티노플은 강렬한 통치자 메흐메드에 의해 폐허가 된 도시에서 이스탄불로 이름이 변경되어* 정치적 권위와 무역·상업의 중심지로 탈바꿈되었다. 비잔티움이 멸망하자 러시아 수도사는 모스크바의 차르에게 서찰을 보내, 첫 번째로 이탈리아의 로마제국이 멸망하고 두 번째로 비잔티움의 콘스탄티노플이 멸망했으니 이제 모스크바가 제3의 로마라고 치켜세웠다. 콘스탄티노플의 함락은 서양인의 문명사에 새로운 그림을 그리게 했다. 콘스탄티노플의 쇠락이 가까워지자 1453년 훨씬 이전부터 제국 내 그리스 고전학 연구학자들이 문헌을 들고 가까운 제노바, 피렌체, 베네치아 등 이탈리아 도시국가로 망명했다. 콘스탄티노플을 통해 이탈리아로 넘어간 그리스 고전은 줄잡아 4만여 점에 이르렀다. 고전을 들고 이탈리아로 넘어간 학자들이 없었다면 서양의 르네상스는 없었을 것이다.

* 콘스탄티노플은 그리스어로 '도시로(eis tin polin)' 라는 뜻의 '이스탄불' 로 변경되었지만, 실제로 오스만인들은 이스탄불 대신에 '콘스탄티니예(Konstantiniyye)' 라는 이름을 주로 사용했다. 콘스탄티니예는 콘스탄티누스의 도시라는 뜻이다. 1762년에 무스타파 3세가 콘스탄티니예의 사용을 금지하고 은화에 콘스탄티니예 대신에 이슬람볼(İslambol)이라고 새겼다. 셀림 3세(재위 1789~1807년)도 칙령에 도시 이름을 이슬람볼이라고 적었다.

중세 기독교 국가의 종말

역사가들은 로마제국이 멸망한 5세기부터 서양의 르네상스가 시작한 15세기까지를 중세(Middle Ages)라고 한다. 중세는 종종 인본주의를 의미하는 르네상스와 대비되었다. 르네상스 이전의 시기는 신 중심의 시대이자 신앙 중심의 시대였다. 신의 절대적 권위 아래 인간의 세속적 욕망은 철저하게 억압되었다. 그래서 한동안 중세는 암흑의 시대, 어둠의 시대라는 통념이 지배했다. 그러나 중세사의 연구 성과들은 중세가 암흑시대가 아니라는 것을 밝히고 있다. 중세를 암흑의 시대, 어둠의 시대라고 단순화하기는 이제 어려워 보인다. 중세를 암흑시대로 보는 것은 신 중심의 세계관 때문이었다. 중세는 신을 최고의 존재로 인식하는 기독교 시대였고, 비잔티움은 그 시대에 중세를 대표하는 기독교 국가였다. 서로마제국의 멸망으로 로마 문명이 단절되어 암흑시대라 하지만, 서로마제국이 멸망한 후에도 1000년 동안 계속된 비잔티움 문화에는 그리스·로마 문명의 그림자가 많이 남아 있었다. 비잔티움이 남긴 문화적 유산은 동전의 양면처럼 어둠과 빛의 적절한 조화를 창출해내고 있다.

1453년 오스만제국의 콘스탄티노플 함락은 근세(Early modern period)의 개막을 알리는 신호탄이 되었다. 이와 함께 유럽의 르네상스(문예부흥)와 화약제국(Gunpowder Empires: 오스만제국, 사파비제국, 무굴제국)의 출현*도 근세 개막의 중요한 역사적 사건이었다. 15~16세기 유럽 세계는 급격한 변화의 소용돌이 속에 놓였다. 우선 중세의 종교적 맹신에서 벗어나 그리스·로마 문화유산을 '재발견' 하고 '재생' 시키려는 인문주의 운동을 선도한 르네상스 시대가 열렸다. 이 시기에 새로운 지적 혁명으로 과학혁명도 일어났다. 폴란드의 천문학자 코페르니쿠스가 과학혁명의 선구자였다. 그는 당시 진리처럼 믿어온 고대 우주관인 지구중심설(천동설)의 오류를 지적하고 태양중심설(지동설)을 주장하여 자연과학의 획기적인 전환을 가져왔다. 구텐베르크는 활판 인쇄술을 발명해 새로운 지식이 대량으로 축적되고 확산하는 정보혁명이 일어나게 했다. 도시의 성장, 상업 발달, 화폐경제의 도입 등으로 중세 경제의 기반인 장원이 붕괴하고 중세 봉건 사회도 무너졌다. 부패한 가톨릭교회를 비판하여 종교개혁운동도 일어났다. 콜럼버스의 신대륙 발견으로 유럽인들은 유럽을 넘어 새로운 상업 루트를 개척하면서 그들과 다른 문화도 발견하게 되었다.

중세에 이슬람 세계의 학문과 과학의 성취는 유럽에 비교하여 앞선 상황이었다. 1085년 가톨릭 국가들은 국토 회복 운동(레콩키스타, Reconquista)을 통해 스페인 남부 알안달루스의 톨레도(코르도바는 1236년에 탈환)를 탈환했다. 이슬람 지배하의 알안달루스는 다문화의 용광로

* 화약제국은 마셜 호지슨(Marshall Hodgson)이 1974년 출간한 『이슬람 세계의 역사(The Venyure of Islam)』의 세 번째 권에 '화약제국과 근대' 라는 부제를 달면서 알려졌다. 그에 따르면, 오스만인과 사파비인, 무굴인 들은 모두 화기를 사용하여 15~16세기에 이슬람 세계의 대부분을 지배할 수 있었다. 그러나 2020년 한국에서도 출간된 볼프강 라인하르트의 『하버드 C.H. 베크 세계사: 1350~1750』은 화약제국이라는 개념은 역사적으로 부적절하며 사실관계는 훨씬 복잡하다며 기존의 화약제국 담론을 비판했다. 그는 오스만제국, 사파비 왕조, 무굴제국이라는 세 제국은 항상 말을 잘 타던 기마 부대 덕분에 성공했다고 지적했다.

로 지적 탐구와 문화 교류의 비옥한 토양을 마련해주었다. 이슬람 세력을 몰아낸 기독교인들은 중세 학문 중심지인 톨레도에 그리스 고전의 아랍어 필사본이 수북이 쌓여 있는 것을 보았다. 무슬림들은 사라졌지만, 그들이 남긴 아랍어 번역 문헌은 그 자리에 남아 있었다. 기독교인들은 아랍어 문헌을 자신들이 이해할 수 있는 라틴어로 번역하는 것이 필요했다. 톨레도의 번역자학교에서는 종교, 철학, 과학, 문화 등 거의 모든 분야에 걸친 고대 그리스 문헌을 라틴어로 번역하기 시작했다. 아바스 왕조의 바그다드에서 일어났던 일이 톨레도에서 재현되었다. 영국, 이탈리아, 프랑스, 독일 등 유럽 전역에서 지식 탐구에 목마른 학자들과 번역자들이 몰려왔다. 12세기 아랍어-라틴어 번역 작업으로 그리스 철학 및 아랍의 과학, 의학, 천문학, 문학, 철학 등이 유럽에 전해졌고, 이는 유럽에서 르네상스가 일어나는 토대가 되었다.

오스만제국과 신성로마제국

이제 비잔티움의 수도는 이슬람 오스만제국의 수도가 되었다. 과거 로마제국이 있던 중부 유럽에는 신성로마제국(Holy Roman Empire)*이 자리 잡고 있었다. 신성로마제국의 역사는 강력한 왕국을 건설한 프랑크왕국의 역사로 거슬러 올라간다. 로마제국이 멸망하자 게르만족의 부족인 프랑크족은 프랑크왕국(481~843년)을 세웠다. 동쪽의 그리스정교와 주도권 다툼에서 이기기를 바라던 교황 레오 3세는 800년 12월 성탄절에 프랑크왕국의 카롤루스 대제에게 서로마제국 황제직을 수여했다.** 교황은 300여 년 전에 멸망한 로마제국을 부활시켜 로마 교회가 세속 권력인 황제의 지지를 받으려고 했다. 프랑크왕국은 843년에 동, 중, 서 프랑크로 분할되었고, 870년에 중프랑크를 동프랑크와 서프랑크 왕국이 나누어 가졌다.

후에 독일왕국으로 발전하게 될 동프랑크왕국의 오토 1세는 962년 2월 성 베드로 대성당에서 교황 요한 12세로부터 신성로마제국 황제의 제

* 신성로마제국은 초기에는 단순히 로마제국(Roman Empire)으로 불리다가 1254년부터 공식문서에 라틴어로 'Sacrum Romanum Imperium(Holy Roman Empire)' 으로 불리기 시작했고, 15세기 후반부터 '신성로마제국과 독일국가(Holy Roman Empire and German Nation)'를 공식명칭으로 사용했다. 신성로마제국은 영토적으로 통합된 정치체제가 아닌 가톨릭이라는 종교 안에서 통합된 관념상의 제국이었다.

** 서양에서는 이 상황을 트란스라시오 임페리(translatio imperii)라고 한다. 이는 제위의 이전, 황제권의 이전을 의미하는 말이다. 이론상 제국에는 한 명의 황제가 있어야 했으나, 800년 비잔티움(동로마제국)에서는 이리니 여제가 아들인 콘스탄티노스 6세를 눈이 멀게 한 후 폐위시킨 비정한 어머니라는 비판을 받았다. 당시 교황 레오 3세는 이리니 여제를 황제로 인정하지 않았고, 800년 프랑크왕국의 왕 카롤루스를 권력 이전의 개념으로 로마의 황제로 선언했다.

관을 받았다. 오토 1세는 신성로마제국의 첫 번째 황제가 되었다. 중부 유럽의 신성로마제국은 1806년 해체될 때까지 존속했으나, 서부 유럽의 프랑스왕국처럼 하나의 통일된 정치체제는 이루지 못했다. 신성로마제국은 왕국, 공국, 공작, 후작 등 수많은 영지로 구성된 느슨한 국가연합체로 서면의 헌법을 가진 것도 아니었다. 신성로마제국은 사실상의 영토를 가진 제국이 아니라 로마의 정통성을 잇는 관념상의 제국이었다. 19세기 프랑스의 계몽주의 사상가 볼테르는 신성로마제국을 "신성하지도, 로마답지도, 제국 같지도 않다(neither holy, nor Roman, nor an empire)" 라고 깎아내렸다. 신성로마제국 황제는 황제 선출권을 가진 제후들에 의해 선출되었는데, 합스부르크가가 신성로마제국의 대부분 황제를 배출했다.

15~16세기는 오스만제국과 튀르크인들의 시대였다. 콘스탄티노플 정복 이후에 오스만제국의 술탄들은 중부 유럽에 진출하려는 시도를 중단하지 않았다. 유럽에서는 튀르크인들에 대한 두려움과 공포가 커졌다. 16세기에 오스만제국과 신성로마제국의 통치자는 세계를 지배하는 최고 통치자의 명예와 자존심을 건 결사적인 투쟁을 계속했다. 오스만제국의 통치자는 쉴레이만 1세(재위 1520~1566년)였고, 신성로마제국의 황제는 스페인의 왕위를 겸한 카를 5세(재위 1519~1558년)였다. 쉴레이만 1세와 카를 5세는 카리스마 넘치는 통치자로 서로 세계 통치자가 되기를 원했다. 쉴레이만 1세는 유럽을 무슬림의 세계인 '다르 알 이슬람(Dar al-Islam)' 으로, 카를 5세는 오스만제국을 '기독교 세계' 로 만들려고 했다. 술탄 쉴레이만 1세는 46년을 통치했고, 황제 카를 5세는 39년을 통치했다. 쉴레이만 1세가 1526년 8월에 헝가리의 모하치 전투에서 승리한 것은 카를 5세에게 직접적인 위협이 되었다. 오스만 군대는 1529년에는 합스부르크가의 오스트리아 수도 빈을 포위했으나, 성공하지 못하고 퇴각했다. 만약 오스만제국이 1529년 '빈 공략' 에 성공했더라면 세계 역사는 완전히 달라졌을지도 모른다.

오스만제국과 신성로마제국 사이에는 헝가리왕국이 끼어 있었다. 오스만제국이 카를 5세가 있는 오스트리아 빈을 정복하기 위해서는 반드시 헝가리를 거쳐야 했다. 1541년 오스만제국은 헝가리 원정을 실행했고, 이 원정으로 헝가리는 술탄의 영역, 황제의 영역, 그리고 오스만제국의 속국이 된 트란실바니아 공국의 영역으로 삼분되었다. 어느 쪽도 만족할 수 없는 불완전 계약이자 협상이었다. 술탄은 황제에게 땅을 빼앗겼다고 생각했고, 황제 역시 헝가리는 자신들의 영토라고 생각했다. 헝가리 영토에 대한 오스만제국과 신성로마제국 간의 패권 다툼은 1683년 오스만제국이 제2차 빈 원정에서 실패할 때까지 군사적 · 외교적 방법으로 계속되었다. 유럽은 황제와 교황, 카를 5세와 프랑수아 1세, 가톨릭과 프로테스탄트 간의 갈등으로 분열되어 있어 침공하기에 유리한 상황이었지만, 오스만제국은 유럽의 발전된 무기체계와 전술로 인해 헝가리를 넘어 더 진전하지 못했다. 쉴레이만 1세는 카를 5세보다 오래 살았다. 카를 5세도 오스만제국의 빈 침공 방어에는 성공했지만, 유럽 심장부로 들어오려는 튀르크인들의 의지는 꺾지 못했다.

2. 신항로 개척, 르네상스와 종교개혁

향신료와 대항해 시대

대항해 시대(Age of Discovery)는 15세기부터 17세기까지 유럽인들이 지구 곳곳을 다니며 신항로를 개척하던 시기를 말한다. 신항로 개척을 선도한 국가는 포르투갈과 스페인이었다. 포르투갈과 스페인은 이슬람 아랍의 지배를 받은 이베리아반도에 있는 나라들이었다. 기독교 세력이 이슬람 세력을 몰아내려는 레콩키스타(국토 회복 운동)가 종결된 후, 포르투갈과 스페인은 탐험과 개척으로 새로운 항로를 개척하는 대항해 시대를 열었다. 14세기 말까지만 해도 중세 유럽에서는 지구는 평평하고 네모난 것으로 믿었다. 성경에 그렇게 묘사되었고 성경을 의심할 수가 없었기 때문이다. 그리고 세계는 유럽, 아시아, 아프리카 등 세 대륙으로 이루어졌으며, 세 대륙은 지중해에서 만난다고 믿었다. 포르투갈의 탐험가 마젤란이 이끄는 선단이 스페인에서 출발하여 대서양과 태평양을 건너 유럽 대륙으로 귀환하는 세계 일주에 성공함으로써 사람들은 지구가 둥글다는 것을 알게 되었다.

포르투갈이 제일 먼저 해양에 눈을 돌리게 된 데는 세 가지 배경이 있다. 첫 번째는 동방에 기독교 왕국이 있다는 프레스터 존(Prester John)의 전설*이었다. 프레스터 존은 인도, 몽골, 에티오피아 등 어디엔가 있는 동방 대제국의 황제로 그의 왕국은 모든 것이 풍요롭다는 것이었다. 두 번째는 납을 금으로 바꾸려는 연금술이 유행한 중세 유럽의 금화 주조에 대한 열망이었다. 세 번째는 오스만제국이 지중해 연안의 무역을 통제하자 향신료 수입이 어려워지게 된 것이었다. 이처럼 유럽 변방의 포르투갈이 대양에 눈을 돌린 이유는 여러 가지가 있었지만, 궁극적으로는 향신

* 프레스터 존(또는 사제왕 요한)은 독실한 기독교인으로 아프리카, 인도 등을 정복하여 거대하고 풍요로운 기독교 왕국을 건설했다고 전해진 가상의 인물이다. 프레스터 존의 전설은 포르투갈과 스페인의 탐험대가 대양으로 떠나도록 동기를 부여했다. 포르투갈의 왕 주앙 1세는 서유럽의 변방에 처한 포르투갈의 지정학적 약점을 타개하기 위해 해양 개척을 시도했다. 실제로 유럽 대항해 시대의 포문을 열게 한 인물은 주앙 1세의 셋째 아들인 엔히크 왕자(1394~1460년)였다. 그는 1418년에 조선기사, 항해기술자, 지리학자, 천문학자, 탐험가 등이 대거 참여하는 해양연구소를 사그레스에 설립하여 포르투갈이 대항해 시대를 열 수 있게 했다.

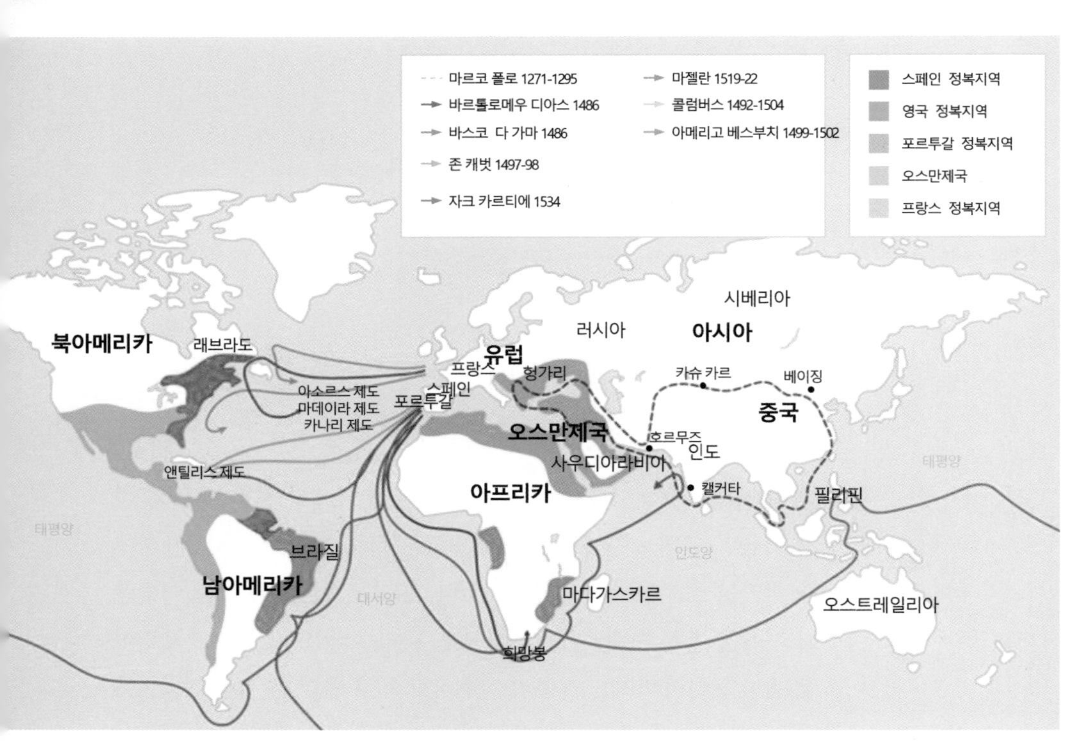

서양이 바다로 뻗어나간 대항해 시대 오스만제국과 베네치아인들이 지중해 지역을 장악하자 서양은 새로운 해상 루트를 찾아 대양으로 나갔다. 15세기 중반부터 16세기 중반까지 100여 년 동안 열정적으로 진행된 유럽의 대항해 시대는 역사의 주도권이 유럽으로 이전하는 계기를 만들어주었고, 유럽 경제는 대변혁을 맞이했다. 튀르키예 역사교과서 10학년, 비즈단 투란 외, 2013, p.59 참조.

료를 구하기 위한 바닷길 정복이 목적이었다. 당시 향신료는 비쌀 뿐만 아니라 수익성도 매우 높은 투기성 상품이었다. 중국, 인도, 인도네시아, 실론 등에서 생산된 향신료는 실크로드 육로를 따라 당나귀와 낙타 대상을 통해 아라비아반도로 들어왔다. 유럽인들은 동방에서 들어오는 향신료를 이탈리아의 베네치아나 제노바 상인을 통해 구매했는데, 그것은 베네치아나 제노바 상인이 아랍 상인을 통해 구매한 것이었다. 이렇게 유통 경로가 길어지면서 유럽인들은 상상할 수 없을 만큼 비싼 가격으로 향신료를 살 수밖에 없었다. 더구나 이 같은 유통 경로는 오스만제국의 주권이 미치는 영역에 있고, 지중해도 오스만제국이 장악하고 있었기 때문에 유럽 상인이 육로든 해로든 간에 아랍 상인과 직접 거래를 하는 것도 가능하지 않았다.

향신료를 값싸게 구하기 위해 포르투갈 탐험가들은 동방으로 가는 해상 루트를 찾고자 나섰다. 페르디난드 마젤란(1480~1521년), 바스쿠 다가마(1469?~1524년), 바르톨로메우 디아스(1450?~1500년)가 향신료를 찾아 항해를 시작했다. 마젤란은 지구를 일주한 기록을 남겼고, 마젤란이 이끈 5척의 범선 중 유일하게 돌아온 빅토리아호 한 척에 실린 27톤의 정향만으로도 모든 항해 비용을 상쇄하기에 충분했다. 바스쿠 다가마는 유럽인 최초로 대서양과 아프리카 남해안을 거쳐 인도까지 항해한 인물로, 네 차례에 걸친 인도 원정으로 육두구, 정향, 계피, 생강, 후추 열매 등을 배에 가득 싣고 돌아왔다. 4척의 범선과 170여 명의 선원으로 출항한 바스쿠 다가마는 배 2척과 30여 명만을 이끌고 귀환했지만, 원정비용의 60배가 넘는 수익을 보았다.

스페인의 콜럼버스는 동방의 향신료를 찾아 서쪽으로 나섰다. 콜럼버스는 향신료가 있는 곳이 아닌 아메리카 대륙에 도착했다. 콜럼버스는 자신이 도착한 곳이 인도인 줄 착각하고 후추를 찾아 나섰지만, 후추는 없었다. 그러나 콜럼버스의 아메리카 발견으로 신대륙에서 금과 은이 쏟아져 들어왔고, 이로써 16세기 스페인은 부를 축적하며 번영을 누렸다. 향신료 시장을 놓고 벌인 경쟁에는 포르투갈과 스페인 외에 네덜란드, 영국도 뛰어들었다. 특히 16~17세기에 향신료를 차지하기 위한 유럽 국가 간의 경쟁은 전쟁이나 마찬가지였다. 향신료를 구하러 떠난 탐험 여행은 동양과 서양의 문화가 최초로 만나는 중대한 역사적 사건이었고, 유럽인들이 새로운 항로를 개척하는 계기가 되었다.

그런데 1492년 콜럼버스가 아메리카를 발견한 이후 포르투갈과 스페인 간에 영토 분쟁이 발생했다. 1494년 두 나라는 영토 분쟁을 해결하고 다른 유럽 국가들이 '새로운 땅'에 소유권을 주장하지 못하도록 토르데시야스 조약을 체결했다. 태평양과 대서양에 영토 분계선을 긋고 동쪽은 포르투갈이, 서쪽은 스페인이 차지한다는 내용이었다. 그러나 이 조약은 얼마 안 가 영국과 프랑스가 북아메리카 식민지 전쟁에 뛰어들면서 유명무실해졌다. 유럽의 '신항로 개척'은 두 방향에서 동시에 일어났다. 첫 번째는 향신료 시장을 위한 패권 경쟁, 두 번째는 아메리카를 식민지화하는 경쟁이었다. 콜럼버스가 신대륙을 발견했다는 것이 알려지자 다른 탐험가들이 아메리카 탐험에 가담했다. 이탈리아 베네치아 출신인 존 캐벗이 1497년 북아메리카 동안을 탐험했고, 포르투갈의 페드루 카브랄은 1500년 브라질을 탐험했다. 이탈리아 피렌체의 아메리고 베스푸치는 아메리카를 탐험하고, 메디치가의 프란체스코에게 보낸 편지에 자신이 발견한 땅을 '신대륙(Mundus Novus)' 이라고 썼다. 유럽인들은 이 땅을 신세계(the New World)라 했다.

스페인의 신대륙 정복은 매우 성공적이었다. 스페인은 멕시코의 아즈텍제국과 페루의 잉카제국을 침략한 지 30여 년 만에 아메리카에 식민지를 건설했다. 1600년대 영국과 프랑스가 뒤질세라 아메리카 식민지 경쟁에 적극적으로 가담했다. 프랑스는 캐나다와 루이지애나에 식민지를 건설했고, 영국은 버지니아와 매사추세츠를 식민지로 만들었다. 16세기 말에는 방향을 바꾸어 동방무역에서 치열한 경쟁이 일어났다. 스페인은 마젤란이 발견한 필리핀을 상업기지로 만들었다. 1595년 네덜란드가 인도항로로 진출하자, 영국은 1600년에 동인도회사*를 설립했다. 네덜란드는 1602년에 동인도회사를 설치한 후, 1621년에는 아메리카와 아프리카의 무역을 위해 서인도회사를 설립했다. 아메리카 대륙이 유럽에 의해 식민지화되면서 2세기 동안 노예무역이 성행하여, 유럽의 공업 제품과 아프리카의 노예, 아메리카의 설탕을 서로 교역하는 삼각무역이라는 무역 형태가 생겼다. 유럽에서는 국가의 부를 증대하기 위해서는 해외 진출과 무역을 장려해야 한다는 중상주의가 힘을 얻었다.

* 대항해 시대 영국이 1600년에 동인도회사를 설립하자 네덜란드, 덴마크 등 유럽 국가가 경쟁하듯 동인도회사를 설립했다. 동인도회사를 설립한 나라와 연대는 다음과 같다. 영국(1600), 네덜란드(1602), 덴마크(1616), 포르투갈(1628), 프랑스(1664), 스웨덴(1731), 오스트리아(1775).

어둠에서 빛으로, 르네상스

중세가 '어둠' 이었다는 것을 일부 수용한다면, 르네상스는 어둠이라는 구세계에서 빛이라는 신세계로 나아가는 관문이었다. 1300년대 중세 유럽은 전쟁과 기근, 전염병으로 고통을 겪었다. 살아남은 사람들은 전쟁과 전염병을 막지 못한 중세를 회고하고 구원에 대한 확신으로 인내하

라파엘로의 〈아테네 학당〉 일부 아리스토텔레스는 현실을 중시한다는 의미에서 손바닥으로 땅을 가리키고, 관념론자인 플라톤은 이상을 뜻하는 하늘을 손가락으로 가리키고 있다. 르네상스의 거장 라파엘로(1483~1520년)는 플라톤의 이상 세계와 아리스토텔레스의 현실 세계로 대표되는 아테네 철학을 이끈 두 사람을 그림 중앙에 배치했다. 바티칸박물관 소장.

라는 기독교 교리와 교회를 의심하기 시작했다. 이탈리아 사람들은 인간의 창의적인 가치에 새롭게 눈뜨고 새로운 생각을 만들어갔다. 르네상스(Renaissance)는 '다시 태어남'을 뜻하는 프랑스어로 고대 그리스·로마 문화와 지식을 부활한다는 의미에서 붙여진 이름이다. 르네상스 시기 사람들이 새롭게 눈을 뜨고 들여다본 것은 바로 고대 그리스·로마 문화와 지식이었다. 르네상스는 중세 교회의 속박에서 벗어나 인간의 존재와 능력을 존중한 인문주의라는 지적 흐름과 고대 그리스·로마 고전의 부활을 의미했다.

르네상스는 이탈리아에서 시작되었다. 이탈리아는 삼면이 바다로 둘러싸여 있는 반도라는 지리적인 조건 때문에 다양한 문명과 문화가 교류하여 개방적인 성향을 갖고 있었고, 활발한 상업 활동을 통해 부를 축적한 도시국가와 상인들이 있었다. 르네상스의 중심에는 베네치아, 제노바,

피사, 피렌체 같은 도시가 있었고, 피렌체에는 메디치 가문이 있었다. 르네상스 시대 이탈리아 도시국가의 군주들은 정치적 이미지를 강화하기 위해 문화 · 예술을 지원했는데, 메디치 가문은 그중 대표적인 후원자였다. 부유한 상인들도 서로 경쟁하듯 예술 활동을 지원했다. 그리스 · 로마 고전에 관한 연구는 인간 존중과 인간 해방을 기조로 휴머니즘(Humanism, 인문주의)을 발전시켰다. 인문주의 사상이 이탈리아에 널리 확산하면서 교육기관인 학교에서는 개인의 새로운 발상과 능력을 끌어낼 수 있는 인문주의적 교과목을 수립했다. 중세의 법학, 신학을 벗어나 르네상스 시대에는 그리스 고전, 역사학, 윤리학, 웅변술, 시문학 등 인문학 과목이 중시되었다. 르네상스는 개인의 일상생활에도 변화를 가져왔다. 중세의 신 중심 세계관과 영적인 삶의 태도에서 벗어나 인간의 자연적인 욕구를 표현하는 세속적인 개인의 삶이 존중되었다.

1400년 이래 2세기 동안 유럽은 이탈리아를 중심으로 회화, 조각, 건축 분야에서 놀라운 부활을 목격했다. 화가이자 조각가, 건축가, 시인인 미켈란젤로는 최고의 작품으로 손꼽히는 〈천지창조〉와 〈최후의 심판〉으로 16세기 유럽을 지배한 예술가가 되었다. 조각가인 도나텔로는 청동으로 만든 최초의 나체상인 〈다비드〉를 남겼다. 레오나르도 다빈치는 이탈리아 르네상스의 대표적 화가로 그리스도와 함께 있는 사도들의 각기 다른 감정을 표현한 〈최후의 만찬〉과 모나리자의 애매한 미소로 유명한 〈모나리자〉를 대표작으로 남겼다. 라파엘로는 〈아테네 학당〉이라는 불세출의 명작을 남겼다. 르네상스 시대의 화가들은 신 중심의 신비주의적 경향에서 벗어나 인간 중심의 3차원의 공간을 실현한 원근법을 사용해 대상을 사실적으로 묘사했다.

이탈리아에서 시작된 르네상스와 르네상스의 기본 정신인 휴머니즘은 독일, 영국, 프랑스 등 북유럽으로 전파되었다. 네덜란드의 신학자이자 유럽 인문학의 선구자인 에라스뮈스는 『우신예찬』에서 풍자와 독설로 중세 교회와 인간사의 어리석음을 비판했다. 독일의 마르틴 루터(Martin Luther, 1483~1546년)는 에라스뮈스가 편찬한 헬라어(그리스어)

신약성경을 독일어로 옮겼다. 루터가 번역한 독일어 성서는 인쇄술의 발달로 독일어권 전역으로 퍼져 나갔다. 루터는 구원받는 길은 '오직 성경을 통하여' 가능하다며 중세 교황과 교회의 타락한 권위를 부정했다. 마르틴 루터의 독일어 성경은 종교개혁의 기반을 깔아주었고, 성직자나 귀족의 언어와 문체가 아닌 평민의 문법으로 번역된 성경은 폭발적인 호응을 얻었다. 그의 독일어 성경 번역은 표준독일어와 독일의 정체성을 구축하는 데 큰 역할을 했다.

르네상스 시대의 대표적인 영국의 극작가이자 시인인 윌리엄 셰익스피어는 4대 비극 『햄릿』, 『맥베스』, 『오셀로』, 『리어왕』에서 복잡 미묘한 인간의 심층 세계를 극적 묘사를 통해 풀어나갔다. 신이 최고의 존재로 인간의 현세 삶이 별로 중요하지 않았던 중세에서 생각할 수 없었던 인간의 내면이 묘사되는 것은 놀라운 반전이었다. 프랑스에서는 철학자이자 수필가인 몽테뉴가 『수상록』을 내놓았는데, 그는 이 책에서 세상사의 다양한 주제들에 대한 인간 내면의 모습을 그렸다. 그는 "나는 의심한다. 내가 무엇을 아는가?"라는 유명한 말을 남겼다. 몽테뉴는 셰익스피어, 니체, 루소 등 많은 작가에게 영감을 주었다. 이처럼 르네상스 시대에는 인간의 개성과 관능이 자유롭게 탐구되었다.

중세의 어둠을 깬 종교개혁

기독교 내부의 개혁 운동을 일으킨 종교개혁은 독일에서 일어났다. 종교개혁은 르네상스 시대에 일어난 종교적, 정치적, 문화적 혁명이었다. 위에서 잠깐 언급했지만, 유럽에서 종교개혁의 실마리를 제공한 사람은 독일 비텐베르크대학교의 교수이자 신학자인 마르틴 루터였다. 그는 로마 가톨릭교회가 면죄부(금전이나 재물을 바친 사람에게 그 죄를 면한다는 뜻으로 발행하던 증서)를 판매하는 것을 비판하고, 비텐베르크 교회문에 '95개조 반박문'을 게시했다. 1517년 마르틴 루터가 게시한 95개조 반박문은 면죄부 장사에 대해 공개적으로 논의해보자는 토론을 위한 발제문 같은 것이었다. 루터는 로마 가톨릭교회의 진정한 회개를 호소하면서 면죄부의 허상을 조목조목 고발했다. 로마 가톨릭교회 내부에서는 논쟁이 시작되었고, 중세 교회는 루터의 대자보 '하나'로 역사의 소용돌이에 빠져들었다.

1500년대 로마는 한편에서는 르네상스를 대표하는 위대한 예술 작품들이 만들어지기 시작하는 가운데, 다른 한편에서는 교황 레오 10세가 베드로 성당 건축을 위해 면죄부를 판매하고 있었다. 면죄부 판매에는 마인츠의 대주교 알브레히트 2세가 앞장서고 있었다. 마르틴 루터는 죄의 문제에 관한 본질적인 고민을 거쳐, 인간을 구원에 이르게 하는 것은 성직자의 기적과 의례가 아니라 오로지 깊은 신앙과 경건함이라고 주장했다. 루터는 로마 교황청의 면죄부 판매에 대한 부당함과 가톨릭교회의 타락상에 대한 반성을 촉구했다. 루터의 양심과 진리를 향한 의지가 표명된 95개조 반박문은 사회개혁에도 자극이 되어 농노제 폐지를 원하는 농민들의 반란이 일어났는데, 여기에는 도시 빈민층도 가세했다.

중세 로마 가톨릭교회의 극심한 도덕적 · 물질적 타락에 맞서 일어난 종교개혁 운동은 독일을 넘어 스위스, 프랑스, 영국 등으로 번져 나갔다. 스위스에서는 장 칼뱅(1509~1564년)이 종교개혁 운동을 이끌었다. 장 칼뱅은 마르틴 루터와 함께 초기 종교개혁의 양대 산맥으로 불린다. 초기 종교개혁가들은 교회의 최고 권위는 로마 교황의 선언이나 종교회의 결정, 로마 고위 성직자들의 의례가 아니라, 오직 성경이라고 주장했다. 르네상스가 고대 그리스 · 로마 고전의 부활을 의미한다면, 종교개혁은 종교도 고전 시대의 '초심', 즉 초대 기독교의 순수한 신앙의 열정으로 돌아가자는 것이었다.

종교개혁은 가톨릭 유럽을 분열시켰다. 16세기 서방교회는 종교개혁을 반대하는 가톨릭교회와 찬성하는 프로테스탄트(개신교)로 분리되었다. 유럽에서는 로마 가톨릭교회를 지지하는 국가와 개신교를 지지하는 국가 간의 대립이 극렬해져 급기야 30년 전쟁(1618~1648년)이 일어났다. 이 종교전쟁으로 독일에서만 인구의 40%가 희생되었다. 30년 전쟁은 종

마르틴 루터 독일 비텐베르크대학교의 신학 교수로 종교개혁을 일으킨 인물이다. 로마 가톨릭교회의 타락과 부패에 맞서 올바른 신학과 신앙을 위한 개혁을 외쳤다. '95개조 반박문'으로 시작된 그의 종교개혁은 로마 가톨릭교회 역사에 강력한 파장을 불러일으켰고 유럽의 종교·정치 지형을 바꾸어놓았다. 패트릭 콜린슨, 이종인 옮김, 종교개혁, 을유문화사, 2005, p.28.

교의 자유를 인정한 베스트팔렌 조약으로 종식되었고,* 가톨릭의 맹주인 신성로마제국은 각 국가에 더는 가톨릭을 강요할 수 없게 되었다. 절대적 권위를 가졌던 가톨릭의 지위가 약화하였고, 개신교 국가들은 로마 가톨릭교회의 탄압에서 벗어나게 되었다. 영국에서도 헨리 8세가 로마 가톨릭교회와의 단절을 선언했다. 영국의 종교개혁은 국왕 헨리 8세의 이혼문제에 의한 결정이라는 특이한 면이 있었다. 헨리 8세는 아들을 낳지 못한 캐서린을 떠나 앤 불린과 결혼하려 했으나, 교황이 캐서린과의 이혼을 허락하지 않자 로마 가톨릭교회와 단절하고 영국 국교회를 탄생시켰다.

* 가톨릭과 개신교의 투쟁인 30년 전쟁은 합스부르크 왕조가 통치하던 보헤미아에서 프로테스탄트와 가톨릭 세력 사이의 종교전쟁으로 시작되었다. 마르틴 루터에 의한 종교개혁으로 탄생한 개신교에 대한 기존 가톨릭 세력의 탄압이 30년 전쟁의 원인이 되었다. 전쟁에 관여한 거의 전 유럽의 왕국과 제후국, 공작령 대표들이 협상에 참여한 1648년 베스트팔렌 조약을 통해 30년 전쟁이 종식되었다. 이 조약으로 신성로마제국은 사실상 해체되었으며, 프랑스가 유럽 대륙의 강국으로 부상했다. 베스트팔렌 조약은 가톨릭 중심의 중세적 질서를 와해시키고 주권국가 체제의 새로운 질서를 탄생시킴으로써 종교개혁을 완결지었다.

3. 제3의 로마, 모스크바

동방정교를 수용한 키예프 루시

이번에는 시선을 러시아로 돌려보자. 9세기 드네프르강 연안의 중심 도시 키예프*에 오늘날 러시아의 기원으로 알려진 키예프 루시(Kyiv Rus, 또는 키예프 공국)가 세워졌다. 키예프 루시는 유라시아 북부의 동슬라브족이 세운 최초의 도시국가였다. 러시아 최고의 사료인 『원초연대기(Russian Primary Chronicle)』에 따르면, 862년에 노브고로드에 류리크 왕조를 세운 류리크가 죽은 뒤 그를 계승한 올레크가 882년에 드네프르강 유역의 키예프로 옮겨 키예프 루시를 세웠다. 러시아 최초의 통일국가가 된 키예프 루시는 10~13세기에 오늘날의 우크라이나, 벨라루스, 러시아 지역 등 넓은 지역을 포함했으며, 동방정교를 수용하여 문화적으로도 전성기를 이루었다.

* 키예프는 오늘날 우크라이나의 수도이다. 키예프는 러시아어 이름이며, 우크라이나어로는 키이우다.

키예프 루시는 블라디미르 1세(재위 980~1015년) 때 비잔티움으로부터 동방정교를 받아들였다. 노브고로드(Novgorod) 공국의 대공에 이어 키예프 루시의 대공이 된 블라디미르 1세는 키예프를 중심으로 루시인(러시아인)을 하나로 통일시키고자 했다. 여러 신을 믿고 있는 사람들을 하나로 통합하기 위해서는 강력한 정치 이념이 필요했다. 때마침 비잔티움의 황제 바실리오스 2세가 내부 반란으로 위기에 처하자 키예프 루시에 지원을 요청했다. 블라디미르 1세는 바실리오스 2세의 여동생인 안나와 결혼하는 것을 조건으로 내걸고 군대를 지원해주었다. 군사 6천 명을 지원해준 블라디미르 1세는 비잔티움 황제의 여동생을 아내로 맞기 위해 결혼 전에 동방정교로 개종하고, 989년에 동방정교를 키예프 루시의 국교로 선언하여 키예프 루시를 문명국가로 만드는 기초를 놓았다.

11세기 키예프 루시 최초의 동슬라브족 국가로 영토 면에서 중세 유럽에서 가장 큰 왕국이었다. 키예프는 동서, 남북 무역로를 연결하는 전략적인 위치에 있고, 자연 경계가 없어 침략을 받기 쉬웠지만, 천연소금이 풍부하고 사방으로의 연결이 가능한 이점 등으로 11세기 중반에 전성기를 맞았다. Britannica Encyclopedia 참조.

동방정교를 받아들인 키예프 루시는 비잔틴 문화의 영향 아래 발전했고, 블라디미르 1세의 아들인 야로슬라프 1세(재위 1019~1054년) 때 문화의 황금기를 이루었다. 야로슬라프 1세 통치기에 러시아 문자의 모체가 되는 키릴 문자도 들어왔다. 야로슬라프 1세는 비잔티움의 성 소피아 교회를 모델로 키예프에 웅장하고 화려한 성 소피아 대성당을 세웠다. 이렇게 해서 키예프 루시는 동슬라브족의 범신론적 자연관을 기독교적 세계관과 결합시켜 '러시아적' 기독교 신앙을 탄생시켰다. 러시아인들에게 이콘이 주술적인 도구가 된 것도 문화적 · 정신적 심층에 자리한 동슬라브족의 범신론적 자연관과 기독교 신앙이 이중으로 영향을 미쳤기 때문이다.

1054년에 야로슬라프 1세가 사망한 후, 키예프 루시에서는 내란으로 인한 유혈 사태와 혼란이 한동안 계속되었다. 12세기 중반에 이르러 키예프 루시는 블라디미르-수즈달, 폴로츠크, 체르니코프, 노브고로드, 랴잔 등 여러 공국으로 분열되면서 힘을 잃었다. 1223년부터 몽골제국의 침입을 받기 시작한 키예프 루시는 13세기 초 서유럽 정벌에 나선 칭기즈칸의 손자 바투가 이끄는 몽골군에게 함락되었다. 바투는 흑해와 카스피해 일대에 킵차크한국을 세웠다. 루시의 공국들 대부분이 1240년부터 1480년까지 240년간 몽골제국 킵차크한국의 지배를 받았다. 루시인들은 몽골제국의 지배를 '타타르의 멍에'라고 했다. 몽골 지배 시기에 루시의 대부분 유산은 약탈과 파괴로 송두리째 사라졌다. 루시는 서방과 단절된 채 정치적 · 문화적으로 고립된 상태가 되어, 서유럽에서 일어나고 있는 르네상스나 종교개혁 등의 새로운 사조에 눈을 뜨지 못하고 말았다. 러시아의 대문호 푸시킨(1799~1837년)은 "몽골이 우리에게 준 것이 무엇인가? 그들은 알지브라(algebra, 대수학)도 아리스토텔레스도 전해주지 않았다"라는 원망과 분노의 목소리를 남겼다.

오랜 '타타르의 멍에' 킵차크한국의 지배에서 벗어나 루시의 공국들에게 해방을 가져다준 공국은 모스크바 공국이었다. 모스크바 공국은 루시의 공국들로부터 세금과 공물을 징수하여 몽골에 바치는 임무를 맡았는데, 킵차크한국에 협조한 것이 모스크바 공국을 성장하게 하는 발판이 되었다. 모스크바는 블라디미르-수즈달 공국의 변경에 자리한 조그만 요새 도시였다. 블라디미르 대공인 알렉산드르 네프스키는 몽골 지배 아래서 '루시의 대공'이라는 칭호를 받았고, 1283년 그의 아들 다닐 알렉산드로비치가 모스크바 공국을 세웠다. 모스크바 공국의 3대 공후인 이반 1세 다닐로비치(재위 1325~1341년)는 킵차크한국의 칸으로부터 '모든 루시의 대공'이라는 칭호를 얻었고, 모스크바 공국은 모스크바 대공국으로 격상되었다. 루시의 공국 중에서는 늦게 형성되었지만, 14세기 무렵에 대공국으로 격상된 모스크바 대공국은 1480년 킵차크한국으로부터 독립을 선언했다. 모스크바가 러시아의 중심도시가 되는 역사가 시작되었다.

모스크바 제3 로마설

비잔티움은 1453년 오스만제국에 의해 멸망했다. 기독교의 한 축인 동방정교의 수도 콘스탄티노플도 이슬람제국의 손에 들어갔다. 1472년 11월 모스크바 대공국의 대공인 이반 3세는 비잔티움의 마지막 황제인 콘스탄티노스 11세의 조카딸인 소피아 팔레올로기나와 모스크바 우스펜스키 대성당에서 결혼식을 거행했다. 로마 교황이 로마로 망명을 간 소피아에게 제의하여 이루어진 이 결혼에는 매우 정략적인 계산이 깔려 있었다. 우선 교황은 로마 가톨릭교회와 러시아 정교회가 힘을 합쳐 이슬람의 흥기를 막아보자는 의도였고, 이반 3세는 비잔티움 황실 가문과의 결혼으로 비잔티움과 동방정교의 정통성을 이어받을 수 있다고 생각했다. 이반 3세는 비잔티움의 황실 가문 사람을 아내로 받아들여 자신이 비잔티움을 계승한 황제라고 주장하고, 러시아 황제를 뜻하는 '차르' 라는 명칭을 사용하기 시작했다. 거기에다 비잔티움 황제의 문장인 쌍두 독수리를 러시아의 문장으로 사용하자 모스크바가 '새로운 콘스탄티노플' 즉 제3의 로마가 되었고, 이반 3세를 '새로운 콘스탄티누스 대제' 라고 부르게 되었다.

모스크바를 제3의 로마라고 문서상으로 언급한 것은 프스코프의 수도사 필로페이가 1511년 모스크바 대공국의 통치자인 바실리 3세(재위 1505~1533년)에게 보낸 편지에서였다. "두 개의 로마는 이미 멸망했고 세 번째 로마가 새로이 서 있으니, 네 번째 로마는 오지 않을 것입니다. 누구도 당신의 기독교 대공국을 대신하지 못합니다." 그가 편지에서 밝힌 내용에 따르면, 기독교 세계의 중심은 옛 로마제국의 로마에서 제2 로마인 콘스탄티노플로 옮겨 갔고, 이후 모스크바로 옮겨 간다는 것이었다. 콘스탄티노플이 함락되면서 유럽에서는 종말에 대한 불안감이 번졌다. 필로페이의 '제3 로마설' 은 이 같은 종말론적 분위기와도 무관하지 않았다. 비잔티움이 멸망하여 동방정교를 수호할 나라는 모스크바 대공국밖에 없다는 현실 인식 때문이었다. 바실리 3세의 아들인 이반 4세

(1533~1584년) 통치기에 모스크바 대공국은 동유럽의 강국으로 부상하고 최대 전성기를 구가했다. 이반 4세 시기에 '모스크바 제3 로마설' 은 모스크바 대공국에 대한 새로운 정치적 · 문화적 자부심을 일깨우는 데 큰 역할을 했다. '모스크바 제3 로마설' 은 러시아 외교에서 실제로 사용되지는 않았지만, 러시아 역사가 전환기에 처할 때마다 소환되었다.

'모스크바 제3 로마설' 은 19~20세기에 러시아 역사에 다시 등장했다. 러시아제국의 궁극적 목표는 비잔티움의 수도를 차지하고 있는 오스만제국을 멸망시키는 것이었다. 1853년의 크림 전쟁은 러시아제국에 매우 상징성이 큰 전쟁이었다. 러시아제국이 오스만제국과 그 동맹국에 맞서 크림 전쟁을 벌인 해는 콘스탄티노플 함락 400주년이 되는 해였다. 러시아는 크림 전쟁에서 승리하면 콘스탄티노플을 탈환하는 역사적인 사건의 주인공이 될 수 있었다. 러시아의 기대와 꿈은 크림 전쟁에서 패배하여 깨지고 말았다. 하지만 19세기 제정러시아의 범슬라브주의는 '모스크바 제3 로마설' 의 연장선에 있었다. 러시아는 비잔티움을 승계한 동방정교의 선도국으로 역사적으로나 종교적으로 모든 슬라브족을 보호할 책무가 있다고 믿었다. 19세기 말 러시아는 제국주의 팽창정책과 함께 오스만제국 지배하의 발칸반도 슬라브족들의 구원자요 해방자임을 자처했다.

러시아 정교회 문화의 정수 이콘화

러시아의 초기 역사를 설명하는 『원초연대기』에는 키예프 루시가 비잔티움의 동방정교를 수용하는 과정을 설명하는 부분이 있다. 다신교를 믿던 키예프 루시의 군주들은 원시 부족적 범신론의 나라를 정신적이고 문화적으로 진보된 나라로 만들기 위해 종교를 바꿀 생각을 하게 되었다. 군주들은 키예프 루시에 적절한 종교를 찾기 위해 유대교, 이슬람교, 기독교 나라에 사절을 보내 각 종교의 예배 형태와 사람들의 생활방식 등을 체험하게 했다. 그 결과 키예프 루시의 대공은 비잔티움의 동방정교를 선택했다. 성 소피아 교회에서 열리는 예배에 참석했던 사절은, 참으로 풍

러시아 '성모 승천의 티흐빈 수도원'의 이코노스타시스 러시아 정교회 성당의 내부에는 회중석과 지성소(성스러운 세계)라 불리는 이코노스타시스가 있다. 이코노스타시스는 러시아 성당에서 가장 거룩한 부분으로 보통 5단으로 이루어지며, 각 단에는 일정한 원칙에 따라 이콘이 배치되고, 아랫단에는 예식을 거행하는 동안 사용하는 세 개의 문이 있다.
http://www.iconrussia.ru/eng/painting/iconostas/brief.php

요롭고 성스러운 예배 의식과 높고 둥근 돔 아래서 번지는 성가대의 천상의 소리는 말로 표현할 수 없을 정도로 아름답고 성스러웠다고 찬탄했다.

그렇게 해서 10세기 말에 키예프 루시의 대공은 비잔티움으로부터 동방정교를 받아들였다. 『원초연대기』가 얼마나 진실을 말하고 있는지는 의문이지만, 키예프 루시의 대공은 유대교와 이슬람교의 율법보다는 '교회의 아름다움과 성스러움'을 선택했다. 많은 루시인들이 콘스탄티노플을 여행하면서 비잔티움 사람들의 영적 생활을 모방하기 시작했다. 루시인들은 비잔티움 성 소피아 교회의 의례를 모방했고, 종교적 '도덕성'과 '아름다움'을 이콘(성상화)을 통해 표현했다. 러시아 정교회의 성가도 비잔티움 교회 성가의 영향을 받아 예배 의식의 노래가 되었다. 엄숙하고 아름다운 선율은 영적 감동을 효과적으로 전달했다.

비잔티움과 마찬가지로 러시아* 예술도 이콘을 빼놓고는 이야기할 수 없다. 러시아인들의 문화는 동방정교 문화에 깊이 뿌리를 두고 있다. 미술, 건축, 음악 등 예술 분야는 비잔티움 문화의 영향을 받아 러시아식으로 독특하게 발전했다. 러시아에서 이콘은 교회의 전례를 위해 사용했다. 하지만 정교를 믿는 가정에서도 이콘을 안치하는 곳을 정해놓을 만큼 이콘은 러시아인의 생활과 아주 밀접한 관계를 맺고 있다. 러시아 이

* 키예프 루시로부터 시작하여 오늘날 러시아 연방까지 이어지는 러시아의 역사는 다음과 같다. 키예프 루시(882~1240), 타타르 지배 시대의 루시(1240~1480), 모스크바 대공국(1480~1547), 루스 차르국(1547~1721), 제정러시아(1721~1917),

콘은 대부분 나무 화판에 만든다. 목재가 풍부한 자연환경 때문이었다. 러시아인들이 가장 흠모하는 이콘은 눈부신 색깔로 그려진 예수 그리스도와 성모 마리아, 성인과 천사 등이다. 특히 러시아인들은 성모 마리아를 경배했는데, 자애로운 어머니의 형상인 성모 마리아를 슬라브족들이 섬겼던 대지의 여신처럼 생각했기 때문이다. 성모 마리아 이콘 중에서도 러시아인들이 가장 사랑하는 이콘은 〈블라디미르의 성모〉이다.

소비에트 러시아(1917~1991), 러시아 연방(1991~현재).

교회 의례와 관련해서 러시아 정교회가 비잔틴 교회와 다른 점은 이코노스타시스(Iconostasis)를 설치한 것이다. 그리스어로 '이콘을 거는 칸막이' 라는 뜻의 이코노스타시스는 나무로 된 커다란 판 위에 이콘이 장식된 곳으로 성역이다. 교회나 성당에 들어서면 눈에 들어오는 곳이 그리스도, 성모 마리아, 성인들의 화려한 이콘이 걸려 있는 이코노스타시스이다. 이코노스타시스는 영적 세계인 지성소와 현상의 세계인 회중석을 구분하는 역할을 한다. 성화벽이라 불리는 이코노스타시스의 문을 들어가고 나올 수 있는 사람은 성직자뿐이다. 러시아의 이콘은 러시아를 근대화시킨 표트르 대제(재위 1682~1725년) 통치기인 17세기 말에서 18세기 초까지 전통을 이어갔다. 표트르 대제 때 근대화 정책으로 서양 화풍이 도입되면서 이콘은 사라졌다.

블라디미르의 성모

〈블라디미르의 성모〉는 12세기 비잔틴 이콘이다. 제작자는 미상이지만 제작지는 콘스탄티노플이다. 이 성모 이콘은 비잔티움의 마케도니아 왕조 시대인 1131년에 콘스탄티노플에서 키예프(고대 러시아 수도)로 선물로 보내졌고, 1155년에 블라디미르로 옮겨졌다. 블라디미르가 종교적인 도시여서 이곳에서 이콘은 〈블라디미르의 성모〉라는 이름을 갖게 되었다. 후에 모스크바가 종교적 도시가 되면서 1395년에 모스크바로 이전된 〈블라디미르의 성모〉는 그때부터 모스크바에 있게 되었다. 현재는 모스크바의 트레티야코프 미술관에 전시되어 있다.

블라디미르의 성모 성모 마리아는 아기 예수와 뺨을 맞대고 있고 아기 예수는 한 손으로 성모 마리아의 목을 잡고 있다. 이콘에서 예수는 아기가 아니라 지혜로운 성인 남자로 표현되었고, 아기 예수의 주변은 온통 빛으로 장식되었다. 러시아 모스크바 트레티야코프 미술관 소장. 강태용, 동방정교회, 도서출판 정교, 1996.

〈블라디미르의 성모〉는 러시아 역사에서 아주 중요한 자리를 차지하고 있다. 〈블라디미르의 성모〉는 모스크바를 타타르의 침략으로부터 세 차례나 구해주었다. 러시아인들은 1395년 8월 26일, 1480년 6월 23일, 1521년 5월 21일 등 세 번에 걸쳐 〈블라디미르의 성모〉에게 도움을 요청했는데, 그때마다 이 이콘을 통한 중재의 기도가 응답을 받고 기적이 일어나 적들이 퇴각했다고 한다. 이 때문에 러시아인들은 〈블라디미르의 성모〉를 국가 수호신으로 믿게 되었다.

〈블라디미르의 성모〉는 아기 예수가 성모 마리아와 뺨을 맞대고 있는 모습으로, 비잔틴 예술의 전형적인 양식을 보여주는 이콘이다. 〈블라디미르의 성모〉가 러시아인들 사이에서 유명해지면서 수없이 많은 복사본이 제작되었지만, 성모와 아기 예수가 뺨을 맞대고 있는 모습은 변하지 않았다. 아기 예수를 꼭 껴안고 있는 성모의 눈이 우수에 젖은 듯해, 미래에 다가올 예수의 수난을 예감하는 모습이라고 해석되고 있다. 이마와 어깨에 있는 별은 마리아의 동정성을 상징한다. 모성애가 가득해 보이는 성모와 성모에게 뺨을 맞대고 안긴 아기 예수의 따뜻하고 부드러운 관계는 기독교 신자와 예수와의 이상적인 관계를 넌지시 내비치고 있다.

러시아 정교회 양파 돔

키예프 루시의 교회 건축은 비잔티움 시대의 양식과 공법을 따랐다. 11세기에 키예프에 세워진 성 소피아 대성당은 콘스탄티노플에 있는 같은 이름의 성 소피아 교회가 그 모델이었다. 성 소피아 대성당의 건축에는 비잔티움과 루시의 건축가와 예술가가 참여했다. 키예프의 성 소피아 대성당은 전쟁과 약탈로 크게 훼손되어 18세기에 바로크 건축 양식으로 내외관이 대폭 변화되긴 했지만, 천년의 역사를 가진 가장 아름다운 루시-비잔티움 시대의 기독교 건축물로 남아 있다. 보는 사람의 눈을 유혹하는 황금 돔으로 장식된 키예프의 성 소피아 대성당은 네 팔의 길이가 같은 정사각형의 그릭 크로스(Greek Cross) 구조로 되어 있고, 러시아 특유의 13개의 양파 모양의 돔은 예수 그리스도와 열두 제자를 상징한다. 성 소피아 대성당은 비잔틴 스타일의 모자이크와 벽화를 볼 수 있는 대표적 건축물 중 하나로, 동방정교가 유럽 전역으로 전파되는 데도 큰 역할을 했다.

성 소피아 대성당은 오늘날의 우크라이나 키예프(키이우)에 있다. 키예프가 러시아, 우크라이나, 벨라루스의 발원지이기 때문에 이들 국민에게 이 성당은 정치적, 문화・예술적 가치의 요람이다. 원래 러시아 정교회는 콘스탄티노플 교구에 속해 있었으나, 1589년에 모스크바에 최초의

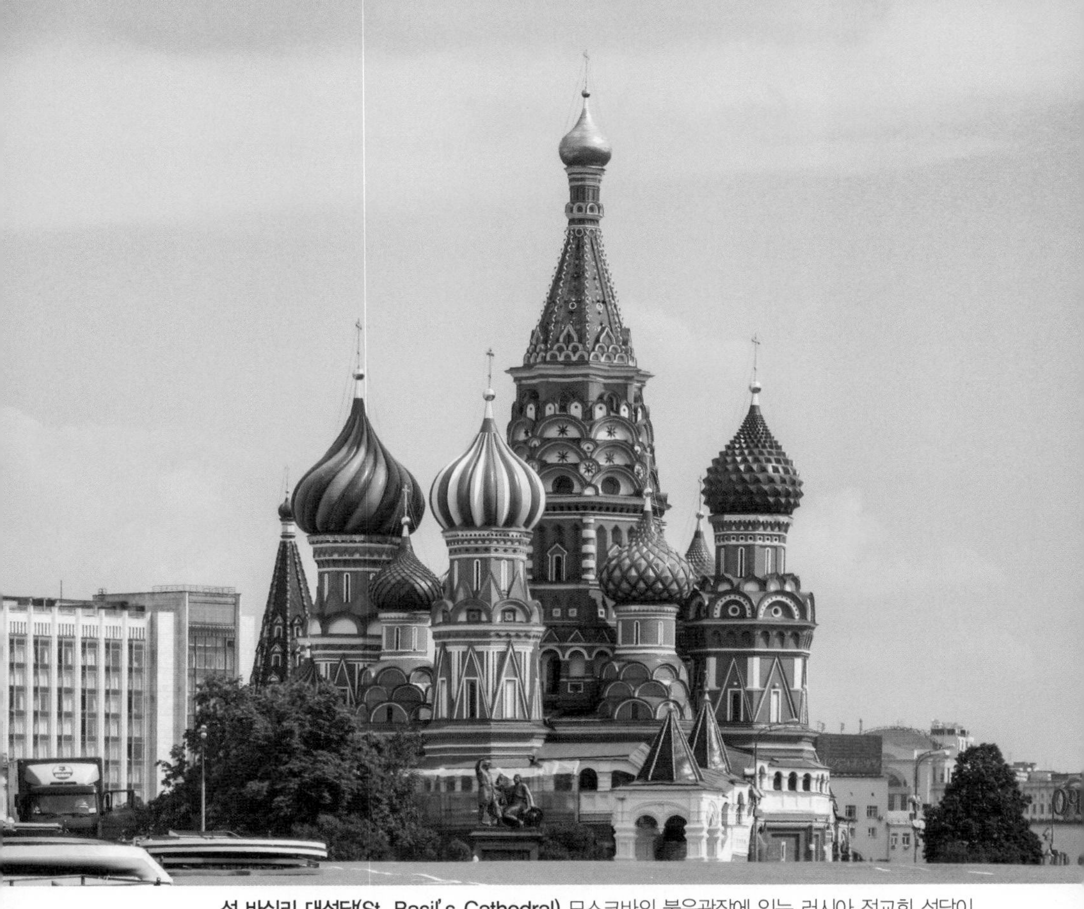

성 바실리 대성당(St. Basil's Cathedral) 모스크바의 붉은광장에 있는 러시아 정교회 성당이다. 1561년에 이반 4세가 봉헌했으며, 비잔틴 양식과 러시아 고유 양식이 혼합되어 불꽃이 위로 솟아 올라가는 형상이다. 강렬한 원색의 꽃무늬와 나선형 문양의 양파 모양 돔으로 모스크바를 대표하는 랜드마크가 되었다. 물결치듯 올라가는 문양의 돔은 아랍인들의 터번을 연상하게 한다. 사진 게티이미지.

총대주교(Patriarch)가 임명됨으로써 러시아 정교회는 콘스탄티노플 교구로부터 독립했다. 오늘날 콘스탄티노플 총대주교청은 영토적으로는 튀르키예의 이스탄불에 있지만, 동방정교회의 으뜸 교회라는 지위를 갖고 있다.

15세기 들어 러시아 교회 건축 양식에 변화가 시도되었다. 1475~1479년에 비잔틴-이탈리아 스타일로 석재로 만들어진 모스크바의 성모 승천 대성당(Cathedral of the Dormition)이 대표적인 교회 건축물이다. 모스크바 대공국의 이반 3세는 이탈리아 건축가 아리스토텔레 피오라반티를 초청하여 설계와 건축의 전 과정을 맡겼다. 이 사실만 놓고 보면 이반 3세는 이탈리아에서 시작된 르네상스를 인식했던 것 같다.

성모 승천 대성당에는 이코노스타시스가 설치되어 있고, 구약과 신약의 이야기를 묘사한 벽화가 그려져 있다. 성모 승천 대성당은 6세기 동안 러시아인의 대관식이 열리는 정치 · 종교의 중심지였다. 미카엘 대천사 대성당(Cathedral of the Archangel) 역시 이반 3세의 명에 따라, 킵차크한국으로부터 독립한 직후인 1505~1508년에 건축되었다. 이 성당의 건축을 위해 역시 이탈리아 건축가인 알레비지 노비가 초청되었다. 미카엘 대천사 대성당에는 차르(황제)와 주교 등 54명의 시신이 안장되어 있으며, 프레스코 벽화와 이콘은 대부분 17세기에 만들어졌다. 성모 수태고지 성당(Annunciation Cathedral)은 두 개의 기념비적인 성당이 건축되는 사이에 이탈리아 건축가가 아닌 내국인 건축가에 의해 세워졌다. 두 개의 대성당보다는 규모가 작지만 '황금 돔' 이라는 별명을 가지고 있는 성모 수태고지 성당도 이반 3세의 명으로 1489년에 건축되었다. 모스크바 대공국 통치자는 웅장하고 화려한 성당을 건축하여 강력하고 절대적인 힘을 만방에 과시하려 했다.

러시아 정교회 건축물의 가장 독특한 특징은 양파 모양의 돔이다. 러시아는 눈이 많이 내리는 지역이라 지붕에 눈이 쌓이지 않고 쉽게 흘러내리도록 고안된 것이 바로 양파 모양 돔이다. 러시아의 전통적 건축 재료는 목재로, 삼림이 풍부하여 다른 재료를 굳이 사용할 필요가 없었다. 그러나 목재로 지어진 건축물은 몽골의 침략 시기에 많이 파괴되거나 불타 없어지고 말았다. 석조 건축물은 서유럽에서 유입된 건축 방식이다. 16세기 러시아 전통 건축술을 보여주는 성당으로는 성 바실리 대성당이 있다. 모스크바 대공국의 이반 4세가 몽골제국의 카잔한국을 몰아낸 것을 기념하여 1561년에 봉헌한 성당이다. 비잔틴 양식과 러시아 양식이 혼합된 건축물인 성 바실리 대성당은 47m 높이의 첨탑을 선명하게 원색으로 칠해진 8개의 양파 모양 돔이 감싸고 있는 형태가 특징적이다.

제7화

튀르크 이슬람제국

1. 중간세계의 지배자 셀주크제국

페르시아 · 중동과 아나톨리아

여기서 다시 아바스 왕조 말기로 돌아가보자. 아바스 왕조는 몽골의 침략으로 멸망하지만, 그 전에 왕실에서 고용한 튀르크 장성들의 국정농단이 아바스 왕조를 빠르게 쇠퇴하게 했다. 이슬람 아랍 아바스 왕조가 사라진 빈자리를 이제 튀르크인들이 차지했다. 『이슬람의 눈으로 본 세계사』의 저자인 타밈 안사리는 인도 갠지스강 지역부터 이스탄불까지 연결되는 지역을 중간세계(Middle World)라 불렀다. 그의 주장에 따르면 중국이 동양문명을 대표한다면 서양문명은 유럽이 대표하는데, 역사적으로 보면 동양에서도 서양에서도 주류에 포함하지 않았던 지역을 중간지역이라 했다. 그가 말한 중간지역은 오늘날 중동* 지역과 현재 튀르키예가 있는 아나톨리아반도를 포함하는 지역이다.

타밈 안사리가 말한 중간세계는 지금까지의 주류 세계사 흐름에서 본다면 매우 적절한 표현 같다. 그가 말한 중간지역에서 아바스 왕조의 힘이 쇠퇴해갈 무렵인 10세기경 새 주인이 모습을 드러냈다. 시르다리야강과 아무다리야강 사이의 지역인 중앙아시아 트란스옥시아나에서의 이주 물결을 따라 유목민 튀르크인들이 페르시아** · 중동에 들어오기 시작한 것이다. 중동은 과거 페르시아제국이 지배했고 그 뒤에는 아랍 이슬람제국이 있던 곳이다. 튀르크인들은 그에 만족하지 않았다. 중동에서 다시 서쪽으로 이동하여 비잔티움의 영토인 아나톨리아반도에 정착했다. 그렇다면 아나톨리아는 어떤 곳인가? 아나톨리아는 비잔티움제국 바로 전에는 로마제국의 영토였고, 거기서 다시 거슬러 올라가면 무수한 그리스 식민도시가 자리했던, 말하자면 고대 그리스 · 로마 문명이 명멸했던

* 중동(中東, Middle East)이라는 용어는 19세기 이후 유럽에서 오스만제국이 지배하는 지역을 가까운 동쪽, 즉 근동(近東)이라고 한 데서 확장된 말이다. 제2차 세계대전 중에 카이로에 중동사령부가 설치되면서 중동이라는 말을 보편적으로 사용하게 되었다. 중동은 지리적인 범주로 볼 때 통상적으로 아랍어를 공용어로 하는 아랍국가와 비아랍국가인 튀르키예 · 이란 · 이스라엘을 포함한다.

** 페르시아라는 말은 기원전 6세기 아케메네스 왕조의 발상지이자 행정 · 문화 중심지인 파르스(Pars) 지방의 이름에서 연유한다. 그리스인들은 이곳을 페르시스(Persis)라고 불렀다. 그로부터 5세기 후에 파르스 지방에서 흥기한 사산 왕조(224~651년) 때도 페르시아 사산 왕조라 불렀다. 아케메네스 왕조나 사산 왕조는 파르스 지방을 중심으로 번창하여 페르시아 왕조라는 이름으로 불렸지만, 이후에도 파르스가 아닌 다른 지방을 중심으로 생긴 왕조라도 이란에 세워진 왕조에 페르시아라는 명칭을 사용하는 것이 일반화되었다.

곳이다. 한마디로 말 타는 유목민 튀르크인들이 문명의 요람 중동과 아나톨리아, 두 지역을 석권하며 정착하는 놀라운 행운을 거머쥐게 된 것이다.

튀르크인들이 중동에 들어올 때는 이미 이슬람을 받아들인 상태였다. 그들이 어떻게 이슬람을 받아들였는지는 후에 언급할 것이다. 중동과 아나톨리아에 정착한 튀르크인들은 셀주크라는 이름의 나라를 세웠다. 중동에 자리한 셀주크 나라는 대셀주크제국(1040~1157년)이 되었고, 대셀주크제국에서 분화해 아나톨리아에 둥지를 튼 나라는 아나톨리아 셀주크 왕조(1077~1308년)가 되었다. 셀주크는 창건자의 이름을 따서 나라 이름이 되었다. 여기서 셀주크의 역사는 대략적인 서술만 하기로 한다.

튀르크인들이 셀주크라는 나라를 세웠으므로 역사적 생동감을 살리기 위해 셀주크인들로 표기하는 것이 좋을 것 같다. 셀주크인들은 동쪽으로는 시베리아에서 서쪽으로는 마르마라해, 그리고 북쪽으로는 캅카스 지역에서 남쪽의 이집트를 연결하는 넓은 지역을 손에 넣었다. 북아프리카 지역을 제외하고 이전 이슬람제국의 영토를 고스란히 차지한 주인이 되었다. 이로써 이슬람 세계는 셀주크인들(튀르크인들)이 통치하는 시대를 맞이했다. 셀주크인들이 이슬람 세계를 장악하고 이슬람을 이념으로 한 나라를 세운 까닭에 셀주크 왕조의 역사는 튀르크인들만의 역사가 아니라 세계사로서 자리매김하게 되었다. 이슬람 세계의 역사로 보면 대셀주크제국은 무슬림이 세운 네 개의 제국, 즉 우마이야 왕조 · 아바스 왕조 · 셀주크 왕조 · 오스만 왕조 중 세 번째 제국이다.

셀주크인들은 1035년 곡창지대인 호라산, 1037년 실크로드 교역의 중심지 메르브를 정복하고, 1040년에는 가즈나 왕조와 단다나칸 전투에서 승리해 호라산 일대를 다 빼앗은 후 명실공히 독립국임을 선포했다. 제국의 초대 통치자가 된 투우룰 베이(Tuğrul Bey)는 자신이 술탄(Sultan)* 임을 선포했다. 중동은 이미 아바스 왕조의 페르시아 문화유산이 남아 있는 곳이라 대셀주크제국은 국정 운영에 페르시아 방식과 경험을 받아들였다. 튀르크인들이 국가의 지배층에 있었지만, 국가의 공식 언어는 페르시아어가 되었고 종교 · 교육 · 언어는 아랍어가 되었다. 튀르크어는

* 술탄은 아랍어에 근원을 둔 이슬람 수니파 통치자의 칭호이다. 서양의 황제에 비유된다. 오스만제국 때는 통치자의 가족(어머니, 아내, 아들과 딸)에게도 술탄이라는 칭호를 주었다.

일반인이나 군인들이 사용했다. 고유한 이슬람 전통이나 학문적 전통 유산이 아직은 없었던 대셀주크제국은 현실 정치상 페르시아 문화유산을 이어받을 수밖에 없었고, 셀주크인들에게 페르시아어와 아랍어는 문화적 · 종교적 귀속감의 원천이었다.

1071년, 이해는 셀주크인들뿐만 아니라 이후 튀르키예의 역사에 길이 남을 영광스러운 해가 되었다. 비잔티움과 셀주크제국이 튀르키예 동부 말라즈기르트에서 세기의 전투를 벌였는데, 이 전투에서 비잔티움 황제가 포로로 잡히고 대패하는 상황이 벌어졌다. 이 전투에서 셀주크인들은 세계정치 무대에서 자신들이 새로운 강대 세력임을 만천하에 보여주었다. 그럼에도 대셀주크제국은 대략 한 세기 정도 존재했다. 이슬람제국에서 늘 있었던 것처럼 대셀주크제국도 예외가 아니었다. 제국이 영토를 확장하고 날로 세가 커지자 내부에서 권력투쟁이 일어났고, 여기에 지방의 사령관들마저도 가세하여 중앙정부를 송두리째 흔들어놓았다. 실제로 제국은 건국된 지 얼마 안 돼 크게 네 개의 분국이 생겼다. 그중에 이슬람 역사상 의미 있게 남은 분국은 대셀주크제국에서 떨어져 나와 아나톨리아반도에서 독립한 아나톨리아 셀주크 왕조였다.

아나톨리아 셀주크 왕조는 대셀주크제국의 힘과 영광을 되살려주었다. 아나톨리아 셀주크 왕조는 셀주크의 증손자 쉴레이만 샤가 아나톨리아 중부 이코니움(현 코니아 또는 콘야)에 세운 나라였다. 아나톨리아 셀주크 왕조는 서진하여 1077년 니케아(현 이즈니크)를 수도로 정했다. 비잔티움의 수도 콘스탄티노플에 한층 가까워졌다. 1081년 쉴레이만 샤는 비잔티움 황제 알렉시오스 1세 콤니노스와의 조약을 통해 아나톨리아 셀주크 왕조의 창건을 인정받고, 바그다드의 아바스 왕조 칼리프로부터는 술탄이라는 칭호를 인정받았다. 비잔티움의 수도에서 멀지 않은 곳에서 셀주크 왕조의 출범은 순탄하게 진행되었다. 비잔티움이나 아바스 왕조 모두 튀르크인들의 도움이 필요한 상황이었기 때문이다.

클르치 아르슬란 1세(재위 1092~1107년) 통치기에 제1차 십자군에게 니케아를 빼앗긴 셀주크 왕조는 동쪽으로 이동하여 다시 이코니움으로 돌아왔다. 셀주크 왕조는 클르치 아르슬란 이후에 16명 술탄의 통치 아래 14세기 초까지 이어졌다. 비잔티움과 끝없는 대결 관계에 있던 아나톨리아 셀주크 왕조는 주변 나라들과도 수없는 전쟁을 치렀다. 이란과 시리아에 분리된 '다른 셀주크'와는 패권을 위한 전쟁을 해야만 했고, 동부 전선에서는 아이유브 왕조, 아르메니아 왕조와 싸워야 했다. 아나톨리아 셀주크 왕조는 1243년 쾨세다으(시바스 동부의 평원) 전투에서 참패한 후 몽골제국 일한국의 종속국가가 되었다. 1308년 마수드 2세가 사망하면서 아나톨리아 셀주크 왕조는 멸망했다. 셀주크 왕조는 이전의 우마이야 왕조나 아바스 왕조처럼, 주류 집단에 소수 집단의 구성원과 문화를 끌어들이는 관용과 포용정책을 펼쳤다. 페르시아 유산을 도입하고 페르시아어와 아랍어를 주류 언어로 채택한 것은 셀주크 왕조 관용정책의 핵심이 되었다.

수니 이슬람 세계의 지배자

11세기에 셀주크가 등장했을 때 이슬람 세계는 수니파와 시아파 간 대립으로 매우 혼란스러웠다. 중동의 수니파 아바스 왕조는 곧 멸망할 위기에 처해 있었지만 칼리프 지위를 명분상 유지하고 있었고, 이집트와 시리아 지역의 시아파 파티마 왕조도 자신들이 칼리프임을 내세우며 아바스 왕조의 칼리프를 언제든지 무너뜨릴 기회를 엿보고 있었다. 이슬람 세계에서 수니파와 시아파 간 종교적 이념의 대립으로 정치적 혼란이 계속되자 셀주크제국 내부에서도 카르마티파, 바트니예파, 아사신파 같은 극단의 이단 종파들이 철저한 통제와 비밀조직으로 활동하여 국가를 종말에 이르게 할 수 있을 정도로 득세했다.

이슬람 세계가 이같이 어렵고 혼란한 시기에 셀주크는 강한 군대와 정부 조직을 가지고 등장했다. 셀주크제국 초대 술탄 투우룰 베이가 1055년 바그다드를 정복하여 아바스 왕조의 칼리프 지위가 셀주크에 넘어왔고, 셀주크제국은 수니 이슬람 세계의 지배자가 되었다. 수니파에 적대감을 가진 파티마 왕조는 셀주크제국 내부를 분열시키려 했고, 셀주크제국은 시아파와의 고질적인 갈등도 해결해야 할 문제로 안게 되었다. 결과적으로 셀주크제국이 수니 이슬람 세계의 지도자로 등장한 것은 매우 극적인 과정이었고, 이슬람 세계에서 셀주크제국은 수니 이슬람 세계에 생명을 불어넣을 신선한 피였다.

투우룰 베이는 칼리프로서 수니 이슬람 세계를 시아파로부터 보호해야 할 의무를 지게 되었다. 그는 이단인 파티마 왕조와 이교도인 비잔티움에 대해 성전을 개시했다. 성전은 이슬람으로 평화로운 세계를 만든다는 명분이 되었고, 술탄은 신실한 이슬람 신도로서 이슬람의 대의명분을 실천해나갔다. 셀주크제국은 투우룰 베이, 알프 아르슬란, 말리크샤 같은 술탄의 신념에 찬 성전 의식으로 나라의 영토는 당대 최대로 확장되었다. 그러나 제국 내부로 침투해 활동하는 극단 시아파 종단의 테러행위로 사회는 불안해졌고, 결국 제국의 문화 황금기를 가져오게 한 재상 니잠 알 물크가 살해되는 참극에 이어 말리크샤도 독살되었다. 셀주크제국의 술탄들은 시아파와의 전쟁을 선포하고 시아파 책동을 격멸하려는 여러 시도를 했지만, 시아파의 내부 테러행위로 대셀주크제국은 역사 앞에 무릎을 꿇고 말았다.

셀주크제국이 1071년 말라즈기르트(만지케르트) 전투에서 승리한 이후 아나톨리아반도에 튀르크인들이 이주하기 시작한 시기는 중앙아시아·중동을 지배한 셀주크제국이 존재한 시기와 같다. 아나톨리아에서 셀주크 왕조가 개막되자 아나톨리아에는 중앙아시아, 호라산, 아제르바이잔 등지에서 이주하는 튀르크인들로 붐비게 되었다. 아나톨리아에 이주하는 튀르크인들은 이미 이슬람을 받아들인 상태였기 때문에 이들의 이주로 이슬람은 확산되었다. 아나톨리아 셀주크 왕조도 대셀주크제국과 마찬가지로 수니 이슬람을 국가의 공식 종교로 받아들였다. 수니 이슬람 종주국으로서 국가나 지역 공동체가 지켜야 할 행동 규범은 샤리아 율법이었다. 아나톨리아 셀주크 왕조는 아바스 왕조의 뒤를 이어 이슬람 율법 학파 중 하나피 학파를 옹호했다. 아나톨리아 셀주크 왕조 시기에는 공식적인 수니 이슬람 외에도 이슬람 율법이 가지는 건조함과 율법주의적 묵상에서 벗어나 구원받을 방법을 찾으려는 수피즘(이슬람 신비주의)이 번성했다. 이슬람 정통교리로서는 이단으로 생각할 수 있었지만, 통치자나 종교 지배층은 이를 탄압하지 않았다. 셀주크 술탄이 수피즘의 활동에 반대하지 않자 몽골의 침략을 피해 부하라, 화레즘, 이라크, 이란에서 활동하는 수피들이 아나톨리아에 들어왔다. 수피즘의 대표적 인물인 메블라나 젤랄레딘 루미가 아나톨리아에 들어온 것도 이때다.

아나톨리아 셀주크 왕조는 기독교 나라의 영토 비잔티움에 자리했기 때문에 기독교 문화의 영향도 받았다. 셀주크 왕조의 술탄이나 세자들이 콘스탄티노플에 여행하거나 체류하기도 했고, 아르메니아 · 그루지야 · 그리스계 기독교 여성과 결혼하기도 했다. 이슬람의 관용정신에 따라 셀주크인들은 비잔티움 변경의 주민에게 종교 개종을 강요하지 않았다. 물론 비잔티움과 성전 상태에 있었지만, 변경 지역에서 기독교인들과 이슬람교도들은 섞여 살 수밖에 없었고, 그 때문에 셀주크인들은 변경에서 접하게 되는 기독교인들을 신중하게 대우했다.* 셀주크의 영토에 살게 된 아시리아인, 아르메니아인, 그리스인 들은 비잔티움 통치보다 셀주크인의 지배를 선호했다는 많은 기록이 서양에 남아 있다.

* Osman Cilaci, Selcuklarin Islama davet politikasi ve Gayri Muslumanlere Iliskileri, Diyanet Ilmi Dergisi, Vol: 36, No: 4, 2000, p.25.

셀주크와 십자군

셀주크인들의 놀라운 약진은 십자군 전쟁을 불러일으켰다. 다시 1071년으로 돌아가 보자. 서방에서도 낯선 셀주크인들이 비잔티움 군대를 무찌르고 군사제국으로의 존재를 드러냈다. 그리고 5년 후인 1076년에 파티마 왕조를 침략하여 예루살렘을 차지했고, 다음 해인 1077년에는 비잔티움의 수도 콘스탄티노플에서 육로로 130km 떨어진 니케아를 정복하고 셀주크 왕조의 깃발을 올렸다. 비잔티움이 놀라워한 것은 자명한 사실이다. 비잔티움은 말라즈기르트 전투 패배 이후 10년 사이에 세 명의 황제가 교체되는 등 극도의 혼란한 상황에 부닥쳤고, 제위를 양도 받아 등극한 알렉시오스 1세는 인력자원이 부족하여 셀주크에 대항할 군대를 동원할 수도 없었다. 황제는 로마 교황 우르바노 2세에게 도움을 요청했고, 교황은 성지 예루살렘을 되찾아오자고 호소하며 동방 황제의 요청에 응답했다.

1095년, 제1차 십자군 전쟁(1095~1099년)이 시작되었다. 5주간의 포위 끝에 1099년 7월 십자군은 예루살렘을 점령하고 돌아갔으나 일부는 남아 팔레스타인, 시리아, 오늘날의 레바논, 튀르키예에 네 개의 작은 십자군 왕국을 세웠다. 십자군의 일방적 승리였다. 그리고 1144년, 예루살렘에 인접한 무슬림 토후 세력이 십자군 왕국 중 약체인 안티오크 지역의 에데사령을 정복했다. 제2차 십자군 전쟁(1147~1149년)은 에데사를 되찾기 위해 일어났다. 아나톨리아에서 신성로마제국의 콘라트 황제 군대가 대패하자, 루이 7세가 지휘하는 프랑스군이 다마스쿠스로 진격했으나 이슬람 군대의 조직적 대응으로 대패했다. 이슬람 군대의 공세적인 반격으로 제2차 십자군 전쟁은 십자군의 소득 없이 끝났다.

제3차(1189~1192년) 십자군 전쟁은 쿠르드족 출신 살라딘(살라흐 앗딘)이 이집트에서 세운 아이유브 왕조(1171~1250년)가 1187년에 예루살렘을 함락한 것이 원인이었다. 1191년, 영국의 왕 리처드 1세가 이스라엘의 아크레(Acre)에서 살라딘과 지루한 공방전을 펼쳤으나, 숙명의 대결을 벌인 리처드 1세와 살라딘 간에 인간적인 교류가 이루어져 양측은 휴전협정을 맺었다. 리처드 1세는 휴전 조건으로 기독교인들의 예루살렘 순례의 자유를 보장받았고, 살라딘은 예루살렘을 이슬람교도의 통치하에 둔다는 약속을 받았다. 십자군은 예루살렘을 찾지 못했고, 예루살렘은 그대로 이슬람의 손에 남게 되었다. 세 차례에 이른 십자군 원정에도 불구하고 성지탈환이라는 목적을 달성하지 못하자 교황은 다시 십자군 모집에 호소하였고, 출정한 제4차 십자군은 성지탈환 대신에 비잔티움제국을 정복하는 우스꽝스러운 일을 벌였다. 제4차 십자군은 '비잔티움의 역사' 에서 설명했으므로 생략한다.

네 차례의 십자군 전쟁에서 제1차와 제3차 십자군 원정에는 유럽의 왕

중간세계인 중동과 아나톨리아를 지배한 셀주크제국

들이 참여했고, 십자군 전쟁 역사에서 제1차와 제3차 전쟁이 중요한 전쟁이 되었다. 제4차 십자군 원정으로 세워진 라틴제국은 셀주크 왕조에 직접 위협이 되지는 않았기 때문에 양측 간에는 어떤 무력 충돌도 일어나지 않았다. 십자군 전쟁에서 십자군은 셀주크의 영토인 아나톨리아를 통과하여 팔레스타인 지역으로 내려갔다. 이슬람 세계의 발전한 경제 · 문화 수준을 목격한 십자군들은 이슬람 세계의 물산을 대량으로 가져갔고, 아나톨리아 셀주크 왕조는 십자군 전쟁의 공포와 두려움 속에서도 이른바 십자군 특수를 톡톡히 누렸다. 당시에 고대 실크로드와 중세 향신료 무역로는 셀주크 왕조와 이웃 이슬람 국가들이 장악하고 있었기 때문에 아나톨리아와 시리아, 이집트의 상인들은 부자가 되었다. 한편 이슬람 세력은 팔레스타인을 포함한 중동에서 십자군을 몰아내는 데 성공했지만, 그 대신 이베리아반도를 잃었다. 십자군 전쟁이 계속되는 동안 이베리아반도의 기독교 왕국들은 이슬람 지역을 점점 되찾았고, 1492년에 이르러 이베리아반도에 있던 유대인과 무슬림은 모두 추방되었다.

2. 셀주크 건축문화

카라반사라이와 마드라사

대셀주크제국은 바그다드, 라이, 마르브, 니샤푸르 등지에 건축물을 남겼으나, 혼란했던 제국 말기와 몽골 침략 때 대부분 파괴되어 일부 잔해를 제외하곤 현존하는 건축물을 찾기가 쉽지 않다. 이스파한에도 11~12세기에 수많은 건축물이 세워졌지만, 현재는 이곳이 셀주크의 도시라고 상상하기도 어려운 상황이 되었다.* 다만 분명한 것은 모스크 건축에서 기둥이 많이 사용되는 홀 대신에 다중을 수용하기 위해 돔을 사용하여 돔 아래 넓은 공간을 확보했고, 네 개의 이완(iwan)**이 있는 건축 방식을 사용했다는 것이다. 돔과 이완이라는 건축 기법은 아나톨리아 셀주크 왕조 때에도 그대로 이어졌다. 여기서는 대셀주크제국보다는 문화적 유산이 많이 남아 있는 아나톨리아 셀주크 왕조에 집중하고자 한다.

셀주크인들이 아나톨리아에 들어왔을 때는 기독교 비잔티움의 영역이었기 때문에 이슬람 건축물은 전혀 없었다. 더 살기 좋은 정착지를 찾아 나선 셀주크인들이 아나톨리아반도에 진입하자 아나톨리아는 이슬람 세계의 영토가 되었다. 셀주크인들은 기독교의 나라 비잔티움이 남긴 건축물과 도로를 보수해가면서 이슬람의 신도시를 건설해야만 했다. 정주 생활의 경험이 짧은 상황에서 강력한 종교적 헌신과 지도력으로 수도 코니아를 비롯하여 시바스, 디브리이, 카이세리, 베이셰히르, 에르주룸 등지에 이슬람의 상징 건축물들이 세워졌다. 모스크, 예배소, 마드라사(이슬람 교육기관), 카라반사라이(카라반 숙박시설), 하맘(hamam, 목욕탕), 다뤼쉬쉬파(darüşşifa, 병원), 튀르베(türbe, 영묘), 음수대, 다리 등 수많은 건축물을 남겼다.

* Encyclopaedia Iranica, Saljuqs vi. Art and Architecture 참조. https://www.iranicaonline.org/articles/saljuqs-vi

** 이완은 주로 모스크 입구에 아치 형식이 들어간 직사각형의 홀이나 공간을 말한다. 세 면은 벽으로 되어 있지만, 한 면은 중정을 향해 개방되어 있다. 셀주크 건축 양식의 기본 구조가 되었다.

튀르키예 중부 도시 악사라이에 있는 술탄한(Sultanhan) 카라반사라이 13세기 아나톨리아 셀주크 왕조 때 건설되었다. 여행자들의 숙소로 이용된 카라반사라이는 성곽 같은 구조로 정문은 이완(중정을 향해 개방된 현관) 형식으로 되어 있고 건물 중앙에는 넓은 중정을 두고 있다. 시리아 다마스쿠스의 건축가 무함마드 이븐 칼완이 설계했다. 코니아와 카이세리를 연결하는 도로상에 5000㎡ 부지에 건축된 건축물로 튀르키예에 현존하는 카라반사라이 중 가장 큰 규모다.
https://www.tokihaber.com.tr/haberler/anadolunun-en-buyuk-kervansarayi-asirlara-meydan-okuyor/

셀주크의 건축사업은 도시 건설로 시작되었다. 특히 처음으로 삼면이 바다로 둘러싸인 영토를 가지게 된 셀주크인들은 바다를 내륙과 연결하여 국제 통상 네트워크를 구축했다. 십자군의 침략으로 나라는 힘들었지만, 그런 위기 가운데서도 서방과 무역을 해보자는 구체적인 구상이 나온 것도 이때였다. 도시 건설의 최종 목표는 상업 기능이 완비된 도시를 만드는 것이었으며, 그러려면 인력과 물자가 교류되도록 먼저 다른 도시들과 연결되는 도로가 필요했다. 셀주크 정부는 로마와 비잔티움 때 상인들의 교류를 위해 만든 도로들을 먼저 보수하도록 명령했다. 아나톨리아에는 기원전 5세기에 고대의 고속도로라 불리는 페르시아 왕도(Royal Road)가 건설되었고, 그리스와 로마 시대에 정복사업과 상업 활동을 위한 도로도 만들어졌다. 셀주크인들은 낙후된 도로와 다리를 보수하고 깨끗한 석재로 된 멋진 숙소도 세웠다. 이렇게 해서 고대의 고속도로가 복원되었고, 긴 도로의 길목에는 상인과 여행자의 휴식 공간도 만들어졌다.

카라반을 위한 큰 규모의 숙박시설은 카라반사라이라 불렸고, 그보다 작은 규모의 숙소는 한(han)이라 했다. 카라반사라이와 한은 사람과 동물이 고단한 낮의 피로를 밤에 회복할 수 있는 안전한 장소가 되었다. 도시에 있는 한을 사용하면 도시를 들어오고 나갈 때 입·출세를 내야 했지만, 공익시설인 카라반사라이에서는 3일간 모든 것이 무료였다. 상인과 여행자는 도시에 접어들며 모스크와 음수대를 만나게 되었고, 시설이 좋은 카라반사라이에 들어가며 자신들을 보호해주는 신에게 경의를 표했다. 카라반사라이의 하늘이 열린 넓은 중정은 소통의 공간이었다. 영악한 상인들, 배운 학자들, 성지순례자들이 모두 섞여 여행 중에 겪은 이야기들을 나누는 숙소는 마치 대학의 강의실 같은 곳이 되었다. 카라반사라이는 일반적으로 정사각형, 직사각형 모양으로 높은 벽으로 되어 있어 밖에서 보면 마치 성채처럼 보인다. 비잔티움 시대에는 여행 시 숙박시설을 50km마다 두는 원칙이 있었다. 사람이 하루에 8~9시간 동안 걸어갈 수 있는 거리였다. 셀주크 왕조도 대상이 하루에 걸어갈 수 있는 평균 거리 38~40km마다 카라반사라이를 세웠다. 카라반사라이는 셀주크 왕조가 상업과 국제교역을 얼마나 중요하게 여겼는지를 보여주는 건축물이 되었다.

더불어 새로운 도시에서 지역 주민을 조직화하고 이슬람 마을 공동체를 만들기 위해 종교와 교육을 위한 건축물이 들어섰다. 종교적인 목적으로 모스크와 예배소가 건설되었고, 교육을 목적으로 마드라사가 건설되었다. 아랍인들은 무슬림의 예배 장소인 모스크를 메스지트(mescit)라고 했다가 후에는 자미(cami)라고 불렀다. 카이세리의 울루 자미, 디브리이의 히사르 자미, 코니아의 알라에딘 자미 등이 셀주크 시대의 대표적 모스크이다. 이슬람 종교를 상징하는 모스크 건설 외에 셀주크 왕조가 종교 교육기관으로 마드라사를 건설한 것은 국가 운영을 위한 인재 양성 면에서 의미 있는 일이었다. 그 물꼬는 대셀주크제국의 대재상을 지낸 니잠 알 물크가 텄다. 그는 1067년 바그다드에 자신의 이름이 들어간 니자미예 마드라사라는 이름의 학교를 세웠는데, 이후에 같은 이름의 마드라사가 여러 곳에 세워졌다. 마드라사에는 정식 교수가 배치되었고, 학습에 필요한 자료는 정부가 제공하고 기숙사 시설도 갖추게 되었다. 마드라사를 통해 중앙정부는 누구든지 평등하게 교육받을 기회를 주려고 했다. 시바스와 에르주룸에는 같은 이름의 치프테 미나렐리 마드라사가 셀주크 시대의 대표적 마드라사로 남아 있다.

셀주크인들은 큰 도시에 울루 자미(Ulu Cami, Great Mosque)라는 큰 사원을 건축했다. 많은 신도가 예배를 볼 수 있는 넓은 공간이 필요했기 때문이었다. 정복지에 있는 기독교 교회를 모두 모스크 목적으로 사용하지 않고, 규모가 큰 교회일 경우는 울루 자미의 부속 건물로 사용했다. 초기 모스크는 지붕이 평평했다. 눈비는 서까래 같은 홈을 파서 흘러내리도록 했다. 기도 시간을 알리는 첨탑 미나렛은 없었다. 그러나 곧 모스크 지붕에 돔을 얹기 시작했고, 첨탑인 미나렛을 추가했다. 13세기부터 모스크에 가늘고 길게 장착된 미나렛은 모스크의 아름다움을 빛내주는 중요한 장식이 되었다.

아라베스크 문양과 이완

아라베스크 문양

셀주크 건축은 주로 석재를 재료로 했다. 이것은 이란 지역에서 벽돌을 사용한 것과 대조된다. 셀주크인들은 석재를 다루는 기술이 탁월해 기하학적 문양이나 식물 문양을 돌에 새겨 건축물을 화려하게 장식했다. 셀주크인들의 석재 기술은 건물의 문이나 벽, 마드라사의 미흐랍 장식에서 확실하게 볼 수 있다. 여기에는 사각형 또는 원형이 연결된 기하학적 문양이 새겨져 있어 셀주크인들의 예술적인 감각을 보여준다. 셀주크 건축에서는 장식 예술 또한 특별한 자리를 차지한다. 장식 예술이 가장 잘 나타난 곳은 건축물의 입구이다.* 기기묘묘하게 얼크러진 것 같은 별 모양의 기하학적 문양으로 장식된 입구는 환상적인 분위기를 자아낸다. 이 문양들은 서로 엉켜 있어 무질서한 것처럼 보이지만, 전체적으로 보면 사각형·다각형·별 등 일정한 기하학적 형태가 반복되는 모양을 갖추고 있다.

이슬람 문화권에서는 우상 숭배를 금지하여 인간과 동물을 새기거나 그림으로 그릴 수 없어, 장식으로 기하학적 문양이나 식물 무늬 또는 아

* 아나톨리아 셀주크 왕조 시대 건축에서 가장 강조된 부분은 입구, 정문을 말하는 타취카프(taçkapı)인데, 타취카프는 셀주크인들의 석조 세공기술을 극적으로 보여준다.

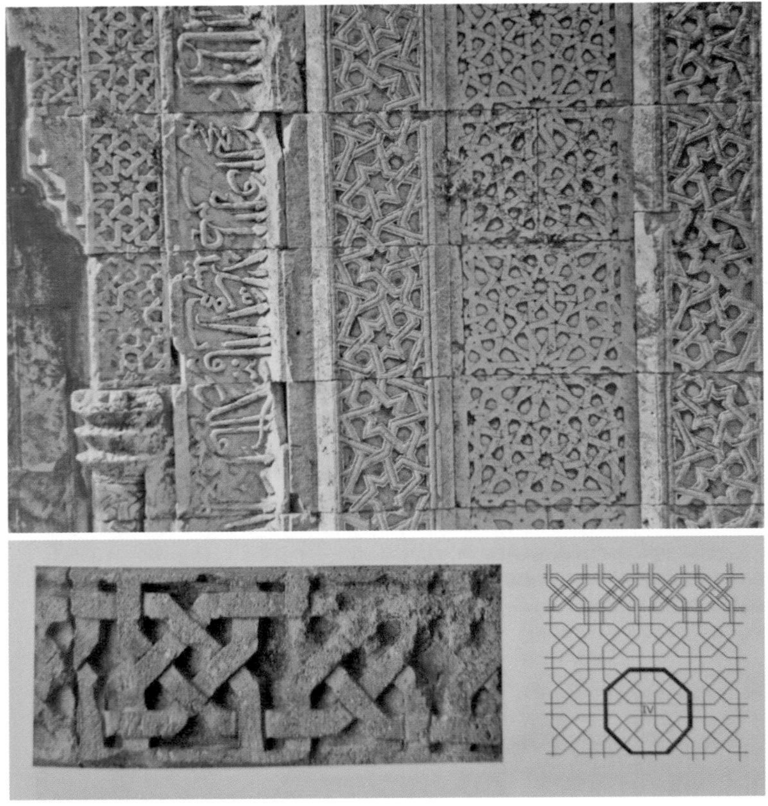

셀주크 기하학적(지오메트릭) 문양 (위) 1237년 아나톨리아 셀주크 왕조 때 건축된 뒨다르베이 마드라사(으스파르타 소재)의 입구 문에 새겨진 기하학적 문양으로 셀주크 시대의 대표적인 장식 예술의 형태이다. (아래) 셀주크 시대의 기하학적 문양은 원과 직선의 결합으로 6, 8, 10각형 등 다양한 도형 패턴과 5, 8, 16각형의 별 문양을 만들어내며 전체적으로는 일정한 형태로 같은 문양이 반복된다. 하크 아준 편저, 아나톨리아 셀주크 시대 카라반사라이, 튀르키예문화관광부 출판부, 2007, p.247 & 229.

랍어 문자를 사용했다. 기하학적 문양은 단순하면서도 무엇인지 알아볼 수 없도록 매우 추상적이다. 구불구불한 물결선이 있는 연속적 패턴의 이런 무늬를 아라베스크(arabesque) 문양이라고 한다. 아라베스크는 아랍적이라는 이탈리아어 아라베스코(arabesco)가 프랑스어 아라베스크로 변화된 것이다. 아라베스크 문양은 이슬람 세계의 전통적인 장식 예술로 주로 식물 덩굴을 도안화한 것이었는데, 후에 별 모양의 기하학적 문양도 나왔다. 수학, 기하학과 예술이 융합된 아라베스크 문양은 건축물에만 있는 것이 아니라 도자기, 공예품, 직물 등에 폭넓게 적용되었다.

에르주룸 야쿠티예 마드라사 1310년 아나톨리아 셀주크 왕조가 몽골 일한국 울제이투(재위 1304~1316년)의 지배를 받는 시기에 건설되었다. 위가 닫힌 중정(courtyard), 중정을 향해 개방된 현관(이완, iwan)이 있는 셀주크 시대의 전형적인 마드라사 구조의 한 형태를 보여준다. 셀주크 시대의 마드라사는 4개의 이완 구조를 갖는 특징이 있다. 알리 우자이 페케르 외 공동편저, 아나톨리아 셀주크 시대 문명 2, 튀르키예문화관광부 출판부, 2006, p.227.

이완

셀주크 건축의 또 다른 특징은 이완 양식이다. '이완(iwan)' 은 아랍어이고 페르시아어로는 에이완(eyvān)인데, 네 면 중에 한 면이 열린 벽감 형태의 홀이나 공간을 말한다. 페르시아어에서 에이완은 현관 지붕 또는 현관을 뜻한다. 이완의 기원에 대해서는 여러 설이 있긴 하지만, 아나톨리아 동부 지역에서 예배를 드리기 위해 자연석을 움푹 파 벽감을 만든 데서 영감을 얻었을 것이라는 이야기도 설득력 있게 전해진다. 셀주크인들은 모스크 건축에 페르시아 사산 왕조의 건축 공법을 모방했다. 페르시아의 건축 공법은 정사각형 또는 직사각형의 기본 구조에 평평한 지붕과 말발굽형의 아치형의 홀을 가진다. 이 홀을 이완홀(iwan hall)이라 하는데, 이는 기원전 8세기 바빌론의 네부카드네자르(Nebuchadnessar) 궁전에서 처음 사용한 것으로 알려진다.* 1909년 아수르에서 발굴된 1~2세기 고대 페르시아 파르티아제국의 궁전은 이완 형식을 가진 건축물의 원형으로 보고 있다. 이란의 이스파한에 있는 마스지드 모스크는 네 개의 이완을 가진 모스크이다.

이완 홀은 이슬람 이전 시기의 페르시아나 트란스옥시아나** 지역의 건축물에서 보인다. 아랍인들로부터 이슬람을 받아들인 셀주크인들은 모스크를 지을 때 기본적으로 아랍식 공법을 사용하면서도 그들에게 익숙한 이완 홀 공법을 그대로 사용했다. 이완은 그늘지고 시원한 곳에 앉아 중정을 바라볼 수 있는 자유로운 공간이다. 이완의 윗부분은 주로 아치 형태로 만들며, 한 건물에 보통 한 개에서 네 개 정도의 이완 공간이 있다. 이완 구조는 출입구를 그 안의 중정과 연결하는 중심축을 가시적으로 표현해줌으로써, 밖으로는 웅대하고 화려한 이미지를 주고 안으로는 안정적인 공간을 확보하게 했다. 셀주크 왕조 시대에 이완 양식은 건물의 현관이나 실내, 모스크, 마드라사, 카라반사라이, 목욕탕 등 거의 모든 건축물에 사용되었다.

* Tamara Talbot Rice, The Seljuks in Asia Minor, 1961, p.132.

** 트란스옥시아나는 아무다리야강과 시르다리야강 사이를 말한다. 로마인들은 이곳을 옥수스(Oxus)강 건너편이라 했고, 아랍인들은 강 건넛마을이라는 뜻으로 마와라안나르라 했다. 오늘날 우즈베키스탄, 투르크메니스탄, 타지키스탄, 카자흐스탄 지역을 포함하는데, 중세 이슬람 세계의 문명 중심지였다.

3. 셀주크를 빛낸 지성들

니잠 알 물크

니잠 알 물크(니잠, 1018~1092년)는 11세기 셀주크제국의 외양을 만든 인물이다. 셀주크제국의 재상을 지낸 정치가, 관료이자 재능 있는 저술가였다. 그는 1018년에 현재 이란 호라산의 문명 중심지 투스에서 탄생하여, 가즈나 왕조에서 공직에 있다가 가즈나 왕조가 멸망하자 셀주크제국에 들어왔다. 제2대 술탄 알프 아르슬란의 정부에 영입되어 42세가 되던 해에 재상이 되었다. 원래 이름이 있었지만 셀주크제국의 행정체계를 구축하고 예술과 상업을 중흥한 공로를 인정하여 니잠 알 물크(왕국의 질서)라는 이름을 얻었다. 그의 모국어인 페르시아어는 제국의 국정 운영에 기반 언어가 되었다.

알프 아르슬란(재위 1063~1072년)과 그의 아들 말리크샤(재위 1072~1092년)의 술탄 재위기를 통해 니잠은 약 30년 동안 재상으로 봉직했다. 말리크샤 시기에 셀주크제국의 영토는 절정에 달했고, 니잠의 경력도 황금기를 맞았다. 알프 아르슬란 치세기의 9년 행정 경험은 말리크샤 재위기 20년 동안 유용하게 적용되고 활용되었다. 말리크샤는 18세 나이에 술탄의 권좌에 올랐다. 그 때문에 국정 운영은 실제로 니잠이 맡았다. 행정, 제정, 군사 면에서 니잠이 취한 대책으로 제국은 중세 가장 힘 있는 제국으로 성장할 수 있었다. 그는 굿 거버넌스의 상징이 되었다.

니잠의 불멸의 대작은 『정치의 서(Siyasetname)』이다. 이 책에는 국가를 성공적으로 운영하기 위한 니잠의 혜안이 담겨 있다. 그는 이 책에서 통치자의 힘은 절대적이라 하고, 통치자는 기존의 전통을 유지하며 나라의 안정을 위해 물심양면으로 힘써야 한다고 했다. 니잠은 51개의 장을 통해 현 정부의 문제를 정치 · 재정 · 군사 · 관료 · 종교 · 사회 · 정의 등을 주제로 꼼꼼하게 살피고 당대와 후대에 국가를 통치할 사람들에게 충언과 조언을 남겼다. 그리고 자기 생각을 뒷받침해줄 만한 한담이나 소문, 쿠란 구절, 과거 위인들의 말을 소개했다. 『정치의 서』는 오랜 기간 국정을 맡은 그의 경험을 생애 마지막 시기에 정리해놓은 일종의 자서전 같은 책이기도 하다. 국가가 책무를 다하려면 안정적인 관료제도가 중요하고, 경험으로부터 배우고, 기량과 지혜 있는 관료들이 필요하다고 했다. 특히 정부의 윤리 측면에서 그의 분석과 제안은 현재 시점에서도 참고해야 할 부분이 있다. 몇 가지를 소개하면 아래와 같다.*

* Süleyman Göksoy, Ethical principles in Nizam Al-Mulk' s Siyasatnama book in terms of Turkish management history, Journal of Pedagogical Research, 1(1), 2017, pp.79~80.

인재 선발은 경쟁으로 해야 하고 처벌과 보상도 함께 따라야 한다.
정부 관리는 부자여서는 안 되며 사유재산을 소유하면 안 된다.
교육을 많이 받은 관리는 중요한 자리에 배치되어야 한다.
죄를 범한 관리에게는 그에 합당한 처벌을 내려야 한다.
질서는 관리들이 지켜야 한다.
관리는 의전과 행사를 중요하게 여겨야 한다.
국정은 지식과 경험을 갖춘 사람들에게 자문해야 한다.
소문이나 전해 들은 말은 신중히 조사해야 하고 국정에 영향을 주어서는 안 된다.
주민들은 음료나 음식을 관리에게 제공하지 말아야 한다.
작은 실수를 범한 관리는 처벌하지 말아야 한다.
관리의 직급은 신중히 주어야 하고 불필요하게 승격해서는 안 된다.
두 가지 일을 한 사람에게 몰아주거나 한 가지 임무를 두 사람에게 나눠주면 안 된다.

그의 두 번째 대업은 셀주크제국에 처음으로 마드라사라는 신학 대학을 세운 것이다. 그는 바그다드에 니자미예 마드라사를 세웠다. 니자미예 이름을 딴 마드라사는 바그다드, 니샤푸르, 발흐, 하라트, 마르브, 바스라 등 아홉 곳에 세워졌다. 니잠은 이슬람 수니 종주 국가로서 니자미예 마드라사 같은 신학 대학을 제국의 전역에 세워 법과 신학을 가르쳐야 한다고 믿었다. 무타질라파 같은 이슬람의 이단 종파들에 맞서 정통 수니파의 교리를 확고하게 세우려고 한 것도 마드라사를 세운 이유 중의 하나였다. 그는 최고의 지식과 역량을 갖춘 이슬람 학자를 신학 대학에 파견하고 교육업무를 체계적으로 맡을 교육부도 만들었다. 교육에 관한 그의 열정은 마드라사를 세우는 것으로 그치지 않았다. 수업료, 교육 자재, 기숙 비용 같은 교육비를 지원하여 배움과 지식이 확산하는 토양을 만들었다. 니잠의 신학 대학 개설과 교육제도는 셀주크 왕조와 오스만제국에서 귀중한 모범이 되었다.

오마르 하이얌

오마르 하이얌(Omar Khayyam, 1048~1131년)은 1048년 현재 이란 호라산의 니샤푸르에서 태어났다. 페르시아 출신 수학자이자 천문학자, 그리고 시인이다. 하이얌은 페르시아어로 '텐트 만드는 사람' 이라는 뜻이므로 그의 아버지는 텐트 만드는 사람인 것으로 추측된다. 그는 타고난 천재성과 문학과 수학을 넘나드는 상상력으로 유클리드의 기하학을 발전시켜 1070년에 대수학에 관한 선구적인 저작을 남겼다. 기하학과 대수학을 결합한 수학자로 삼차방정식을 체계적으로 분류한 최초의 사람이라는 평가를 받는다.

셀주크제국의 재상인 니잠 알 물크와 같은 스승으로부터 수학한 인연으로, 하이얌은 니잠의 소개로 술탄 말리크샤 궁전에 초청받았다. 중세 수학자들은 모두 천문학자였으므로 말리크샤는 하이얌에게 이스파한에 가서 그곳에 관측소를 세우라고 했다. 1075년에 하이얌은 술탄과 재상의 적극적인 지원과 다른 천문학자들의 합류로 말리크샤 관측소를 세웠는데, 이는 이슬람 천문학 역사상 가장 오래 운영된 관측소로 기록되었다.* 그는 관측소에서 태음력인 이슬람력과는 달리 태양의 운동을 반영한 태양력을 만들었다. 보통 젤랄리 달력(Celâlî Takvimi)이라 불리는 하이얌의

* Necmi Dayday, Gök Biliminde Türk İslam Bilginleri, Türksat Yayınları, 2019, p.61.

달력은 500년 후의 그레고리력보다도 더 정확했다.

하이얌의 시인으로서의 명성은 영국 시인 피츠제럴드(1809~1883년)가 1859년 그의 시 『루바이야트』를 의역하여 출간하면서 유명해졌다. '루바이' 는 4행시를 의미하는 페르시아어이고 '루바이야트' 는 루바이의 복수로 4행시 모음이다. 피츠제럴드는 친구로부터 하이얌의 『루바이야트』 필사본을 선물로 받았다고 한다. 하이얌의 4행시는, 인생은 본질적으로 고달프고 행복은 찰나와 같다는 삶의 본질을 관조하는 시들이다. 하이얌은 죽음이나 운명 같은 인생의 불확실성에 대한 대안을 포도주, 황야, 장미, 카라반사라이 같은 시 언어에서 찾으려 했다. 그의 시 중에서 한 편을 아래 소개한다. '허물어진 카라반 숙소' 는 '잠깐밖에 머물 수 없는 현세' 를 뜻한다.

생각해 보라, 밤과 낮이 번갈아 출입구가
이 허물어진 카라반 숙소에서
어떻게 대대로 호사를 누리던 술탄들이
한두 시간 머물다가 길을 떠났는가를.*

* 오마르 하이얌 · 에드워드 피츠제럴드, 윤준 옮김, 루바이야트, 지식을만드는지식, 2020, p.32.

메블라나 젤랄레딘 루미

중세 이슬람 세계의 뛰어난 수피 창시자인 메블라나 젤랄레딘 루미(Mevlana Jelaleddin Rumi, 1207~1273년)는 1207년 오늘날의 아프가니스탄 발흐에서 태어났다. 어머니는 발흐 총독의 딸이었고 아버지 벨레드(Veled)는 종교학자이자 수피주의자였다. 루미가 어렸을 때 그의 가족은 몽골의 침략을 피해 아나톨리아로 이주했다. 메카에서 성지순례를 마치고 다마스쿠스를 거쳐 라렌데(현 튀르키예의 카라만)에 7년 거주하다가, 셀주크 술탄 알라에딘 케이쿠바드 1세의 초청을 받아 1228년에 아나톨리아의 중부도시 코니아에 정착했다. 루미가 세상에 태어날 즈음 아나톨리아 셀주크 왕조는 네 차례의 십자군 전쟁을 직 · 간접적으로 겪은 후였고,

몽골의 유라시아에 대한 침략과 정복이 가동되어 아나톨리아로 집단 이주가 시작되던 시기였다. 언제 어떻게 십자군 전쟁이 다시 일어나고 몽골이 침략해올지 모르는 전쟁의 공포와 두려움으로 백성들이 심각한 사회적 트라우마를 겪던 시기였다. 루미는 이처럼 사회가 어려울 때 대중의 삶에 파고들어 신의 끝없는 사랑의 메시지를 전하며 민중을 위로한 이슬람 철학자이자 신학자, 그리고 수피의 성자이고 시인이 된 인물이다.

루미의 아버지는 '학자의 왕(술탄 울레마, Sultan-ul Ulema)' 이라는 별칭을 가질 만큼 학식이 매우 넓은 사람으로 명성이 있었다. 루미는 아버지의 학식과 가르침에 영향을 받고 학자와 예술인이 넘치는 좋은 환경을 가진 도시에 살면서 높은 안목의 교육을 받은 지성인으로 성장했다. 그의 아버지가 1231년에 사망하자 루미는 방랑 생활을 하다 1240년에 다시 코니아에 돌아왔다. 그로부터 4년 후, 그의 인생을 바꾸는 만남이 일어났다. 페르시아의 떠도는 수피 학자이자 시인인 샴스 타브리즈를 만나 3년 동안 지내면서 루미는 그로부터 신과 합일, 즉 신과의 사랑에 도달하는 경지를 경험했다. 루미는 스승 샴스와의 영적 교류를 통해 신을 보는 새로운 지평을 열게 되었다. 그는 샴스와 나눈 정신적 사랑을 『타브리즈의 샴스 시집』이라는 시집으로 남겨놓았다.

루미는 아랍어로 된 쿠란의 구체적인 내용은 모르더라도 신의 절대성에 복종하며 신(알라)과 일체감을 느끼게 되는 영적 경험의 과정을 세마라는 춤을 통해 체계화하고, 코니아에서 메블라나 종단을 창시했다. 세마 춤은 흰옷을 입은 수도사들이 두 손을 펼쳐 오른손을 하늘로 왼손을 땅으로 향하여 원을 그리며 도는 동작을 반복하며 무아지경에서 자신과 신이 일치한다는 것을 느끼도록 했다. 세마 춤은 경전 중심의 이슬람 가르침에 반대하는 민중들에게 크게 환영받았다. 루미는 종단의 세마 춤이나 자신의 시에서 신과의 합일을 향하는 열망을 사랑이라는 언어로 표현했다. 루미에게 사랑은 전쟁의 극단적 폭력성에 떠는 사람들, 그리고 무슬림이든 비무슬림이든 모든 이를 품어 안는 위로이자 편안함이었고 영적 엑스타시(무아의 경지, 황홀감)를 상징화하는 말이었다.

제3부

오스만제국

제8화

오스만제국의 역사

1. 아나톨리아 변방에서 발칸으로

오스만의 꿈

13세기 몽골의 침략으로 아나톨리아 셀주크 왕조는 멸망했고, 그 자리에 튀르크 토후국들이 우후준순처럼 생겨났다. 아나톨리아반도에 세워진 토후국 중에 반도의 서부에 자리한 오스만 토후국이 얼마 후 탄생될 오스만제국을 열게 한 역사의 주인공이 되었다. 오스만의 토후국은 규모가 작았지만 비잔티움의 수도에 가까이 있었고, 오스만(Osman)*이라는 걸출한 장군의 특출한 기량으로 1300년대 아나톨리아 서부 변경에서 오스만 국가를 탄생시켰다. 오스만제국은 오스만(오스만 1세)의 꿈으로 시작한다. 꿈의 줄거리는 간단하다.

* 오스만은 오스만 가지 또는 오스만 1세라고도 불린다. 이후 오스만 이름을 가진 술탄으로는 제16대 오스만 2세(재위 1617~1622년), 제25대 오스만 3세(재위 1754~1757년) 등 두 명이 더 있다.

"셰이흐 에데발리의 집에 머물던 가지(Ghazi: 무슬림 전사)** 오스만이 어느 날 자다가 꿈을 꾸었다. 오스만의 옆에 있던 셰이흐의 가슴에서 달이 떠오르더니 그 달이 오스만의 가슴에 내려앉았다. 그러자 그의 허리에서 나무가 나왔고, 그 나무가 자라 온 세상을 덮었다."

** 가지(Ghazi, Gazi)는 무사라는 뜻의 아랍어 가자완(ghazawan)에서 나온 것으로 이슬람 세계에서 적들과 싸운 사람, 전장에서 승리를 거두고 돌아온 사람 등을 말하며, 오스만제국 초기에는 변방에서 이교도인 비잔티움과 싸운 무사들에 대한 칭호로 사용되었다. 튀르크인들은 이슬람을 받아들이기 이전에는 알프(Alp)라는 칭호를 사용했다. 알프는 용감한 사람이라는 뜻으로 부족장의 지도자, 군주에 대한 칭호로 사용되었다. 가즈나 왕조의 건국자 알프 테긴, 대셀주크 제국의 건국자 알프 아르슬란이 그 예이다.

오스만의 꿈은 영적 지도자인 셰히흐 에데발리의 해몽으로 오스만제국의 미래를 예측하는 길몽이 되었다. 에데발리는 가슴에서 나온 나무가 온 세상을 덮은 것은 길조이고, 오스만이 위대한 통치자가 될 것을 암시하는 것이라 했다고 한다. 이 꿈 이야기는 오스만 역사가인 아쉭파샤자데(Aşıkpasazade, 1400~1484년)가 『위대한 오스만 역사』에 기술해놓았다. 오스만제국이 건국된 지 한 세기 반이 지난 무렵에 나온 책이다. 공식적인 기록은 아니었지만, 건국 초기 역사 기록이 워낙 희귀하여 아쉭파샤자데의 기록은 오스만제국 초기 역사 서술에 많이 인용되고 있다. 한 세기 반 동안의 초기 역사 기록이 빈약하다고 걱정할 필요는 없다. 오스만제국과 관련이 있는 39개 국가에 오스만제국의 사료가 남아 있기 때문이다.

오스만 1세(재위 1299~1326년)는 1299년 비잔티움 수도에서 가까운 도시 빌레지크, 야르히사르, 이네괼, 예니히사르, 쾨프뤼히사르를 차례로 정복했다. 아시아 지역에 있는 비잔티움의 주요 도시였던 이들 도시를 한꺼번에 정복한 1299년을 오스만제국이 창건한 해로 정했다. 아나톨리아 셀주크 왕조의 술탄인 케이쿠바드 3세가 몽골제국 일한국의 허수아비 술탄이긴 했지만, 오스만 1세를 토후국의 통치자로 인정하는 칙령을 보내주었기 때문이기도 했다. 공식적으로는 셀주크로부터의 독립이었다. 오스만 1세를 따르는 전사의 무리가 늘어나자 마르마라해 남쪽의 비잔티움 영토를 공격하기 시작했다. 1302년에는 코윤히사르(비잔티움명 바페우스)를 정복하고, 1303년에는 부르사(Bursa)를 포위했다. 국가체제를 갖추기도 전에 오스만 1세는 보스포루스해협 건너 콘스탄티노플을 정복하기 위해 아시아 쪽에 있는 비잔티움 영토를 하나씩 정복하기 시작했다. 상당히 무리한 시도였지만, 성전과 전리품을 내세운 오스만 1세의 정복사업에 많은 튀르크 전사들이 그를 따랐다.

당시 오스만 1세의 전사적 명성에 관해 비잔티움의 역사가 게오르기우스 파키메레스(1242~1310년)는 "오스만의 명성은 파프라곤야(현 카스타모누)까지 퍼졌고, 가지(전사)들이 오스만의 깃발 아래 몰려들었다"라고 기록했다. 파키메레스의 기록으로 당시 비잔티움의 절망적 상황을 보면, 오스만의 기세가 얼마나 위협적이었는지 가늠할 수 있다.

"계속해서 들어오는 불행한 소식에 황제는 생각할 시간도 없었다. 그들(오스만 군대)을 막거나 저항하는 것은 불가능했다. 비잔티움 군대가 이미 약해졌기 때문이다. 병사들은 서쪽으로 도망갔고, 그저 자신들의 목숨을 구하는 것에만 관심을 둘 뿐이었다. 다른 특혜를 준다 해도 병사를 구할 수가 없었다. 상황을 극복하기 위해 약정을 맺는 것도 튀르크인들의 특성상 할 수 없는 일이었다. 적들은 수가 많았고 군대의 성격도 특이했다. 수장은 무리에게 약탈과 전리품 취득을 허용했고, 설령 약탈 명령이 없을지라도 약탈과 전리품을 위해 그들은 방법을 찾아 나섰다." *

* Georges Pachymeres, Bizanslı Gözüyle Türkler, 튀르키예어 번역: İlcan Bihter Barlas, İstanbul: İlgi Kültür Sanat, 2009, p.79.

파키메레스는 끊임없는 오스만 군대의 침략에 비잔티움 황제는 신을 원망하며 희망을 잃은 채 교회 예배에도 참석하지 않고 오직 자신을 위해서만 기도했다고 전했다. 그러나 1305년 이후부터 구전의 역사서에는 오스만 1세의 활동에 대한 언급이 거의 나타나지 않는다. 아쉬파샤자데는 그 이유를 오스만의 발에 통풍이 생겨 활동을 못했기 때문이라고 기록했다.

유럽으로 가는 관문 발칸 진출

오스만 1세의 아들 오르한(재위 1326~1360년)도 모든 동력을 아나톨리아 서북부 비잔티움 영토를 정복하는 데 쏟았다. 1326년 오르한은 부르사를 정복하고 그곳을 수도로 선포했다. 유목국가와 다름없는 오스만 토후국이 수도와 국경을 가진 국가로 탄생했다. 통치자로서 오르한의 위상은 즉위 3년 후 비잔티움의 황제 안드로니코스 3세와 벌인 펠레카논(현 말테페) 전투에서 승리함으로써 높아졌다. 오르한은 1331년에 니케아(현 이즈니크), 1337년에는 니코메디아(현 이즈미트)를 정복했다. 그리고 얼마 안 가 비잔티움의 상황은 오르한에게 유리하게 진행되었다. 비잔티움 황실에서 내분이 일어났다. 1341년 안드로니코스 3세가 9세밖에 안 된 아들 요안니스 5세 팔레올로고스에게 제위를 물려주고 사망하자 1347년까지 비잔티움 황실은 내분에 휩싸였다. 비잔티움의 황위 다툼에서 오르한은 요안니스 6세 칸타쿠제노스를 지원했고, 요안니스 6세가 황제로 즉위한 후 그의 딸 테오도라와 정략결혼을 했다.* 튀르크 용병을 고용해 정적을 눌렀던 요안니스 6세는 1352년에 비잔티움에서 다시 내전이 일어나자 이번에도 군사지원을 요청해왔다. 그 대가로 오르한은 겔리볼루반도 북쪽에 있는 전략기지 침페 성을 넘겨받았다.

오스만과 오르한 시기 60여 년 만에 오스만 토후국은 아나톨리아 서부 비잔티움 영토를 거의 정복한 상태가 되었다. 마치 이전 셀주크제국이 페르시아와 중동 지역을 빠르게 정복했듯이 말이다. 보스포루스해협이 비잔티움과 오스만 토후국의 자연 국경이 되었다. 콘스탄티노플에 대한

* 오르한은 테오도라와의 결혼식을 1346년 여름 셀림브리아(현 튀르키예의 실리브리)에서 올렸다. 오르한은 30척의 배로 기병 및 수많은 행정관리 등 축하 사절을 보냈다. 결혼식은 비잔티움 풍속대로 진행되었다. 셀림브리아에는 나무로 만들어진 단이 세워졌다. 테오도라는 정해진 시간에 금사와 실크로 만든 커튼으로 가려진 채 단위로 올라왔다. 다른 일행들은 말에서 다 내려왔지만 칸타쿠제노스는 말을 타고 지켜보고 있었다. 음악이 시작되자 손에 램프를 든 시녀들이 무릎을 꿇고 커튼을 열었다. 참석자들은 테오도라에게 찬사의 말을 건넸다. 의식이 끝날 때쯤 칸타쿠제노스는 참석자들에게 음식을 제공했다. 그 후 테오도라가 신랑 오르한을 만나기 위해 오스만제국 영역 안으로 걷기 시작했다. 오르한과 칸타쿠제노스가 사위와 장인 관계로 처음 직접 만난 것은 1347년 봄이었다. 칸타쿠제노스가 오르한을 만나는 행사를 스쿠타리(현 위스퀴다르)에서 가졌는데, 오르한은 네 명의 아들과 같이 참석했다. Rustam Shukurov, The Byzantine Turks 1204~1461, 2016, pp. 221~222.

직접적인 공략이 어려운 상황에서 오스만제국(아직 제국은 아니지만 편의상 이렇게 적기로 한다)이 비잔티움으로부터 침페 성을 얻은 것은 천군만마를 얻은 것과 같았다. 침페 성을 차지하고 2년 후인 1354년 오스만 군대는 겔리볼루반도*를 정복했다. 겔리볼루반도는 발칸반도 정복의 전략기지가 되었다. 1362년 무라드 1세(재위 1362~1389년)가 겔리볼루반도를 통해 발칸으로 들어가 콘스탄티노플 뒤에 있는 아드리아노플(현 에디르네)을 정복했다. 아드리아노플 정복으로 세르비아와 불가리아로 연결되는 비잔티움 통행로가 차단되었다. 그리고 수도를 아드리아노플로 정했다. 1371년 마케도니아에서 오스만제국이 세르비아 군대를 굴복시키자 오스만제국의 발칸 진출의 문은 더 활짝 열렸다. 오스만제국의 유럽 진출에 대한 심각성을 깨닫기 시작한 유럽은 연합군을 조직했다.

빠르게 서진하고 있는 오스만제국은 세르비아에 대한 마지막 전투를 치렀다. 1389년 8월 10일, 프리슈티나 북서쪽인 코소보 평원이었다. 유럽 연합군과의 코소보 전투에서 승리함으로써 오스만제국은 발칸에서의 지배력을 확고히 다지게 되었다. 그러나 이 전투에서 무라드 1세와 세르비아의 라자르 왕이 전사했다. 무라드 1세의 사망 소식은 콘스탄티노플, 피렌체, 베네치아, 파리 등지에 알려졌고 유럽은 환호했다. 하지만 오스만제국이 정교회를 믿는 세르비아를 완전히 정복(1459년)하는 데는 이후 70년이 더 걸렸다.

그리고 코소보 전투 7년 후인 1396년, 발칸반도에서 오스만제국의 패권을 확인해주는 전투가 벌어졌다. 불가리아의 니코폴리스에서 오스만제국의 바예지드 1세(재위 1389~1402년)가 이끄는 군대는 헝가리 왕이 지휘하는 유럽 연합군에 맞서 싸워 결정적인 승리를 거두었다. 니코폴리스 전투는 중세 말기 오스만제국과 서구 기독교 세력 간의 대전투였다. 이슬람과 기독교 세계의 최전선이 점차 헝가리왕국에 가까워지자 유럽인들은 튀르크인들을 '야만인' 이라고 부르기 시작했다. 니코폴리스 전투 승리로 발칸 지역에 대한 지배력을 키운 오스만제국에게 '콘스탄티노플 정복' 은 임박한 과제였다. 1394년부터 8년째 콘스탄티노플을 포위하

* 겔리볼루반도는 차낙칼레(Çanakkale)와 사로스(Saros)만 사이에 남쪽으로 길게 뻗은 반도를 말한다. 겔리볼루의 옛 이름은 케르소네소스(Khersonesos)였다. 케말파샤자데(Kemalpaşazâde)의 역사서에 따르면, 이곳의 원래 이름은 칼리폴리(Kalipoli)로 폴리(poli)는 그리스어로 도시라는 뜻이고, 칼리(Kali)는 비잔티움 총독의 딸 이름이다. Tevâ î ı-i Âl-i Osmâm II, p.126.

고 압박하고 있는 상황에서 바예지드 1세의 콘스탄티노플 정복은 어려운 일이 아닌 듯했다. 건국 100여 년이 지난 즈음이었다.

그런데 또 다른 힘의 구심점이 티무르*를 중심으로 회오리치고 있었다. 바예지드 1세의 힘과 권위가 하늘을 찌르며 콘스탄티노플을 포위하고 있을 때, 몽골제국의 부활을 꿈꾸는 티무르(티무르 왕조의 제1대 황제)가 자신이 아나톨리아를 지배한 일한국의 후계자임을 자처하며 아나톨리아를 향해 진군했다. 아나톨리아 동부로 전진해오는 티무르의 군대 때문에 바예지드 1세는 콘스탄티노플 포위를 해제해야만 했다. 티무르는 아나톨리아에 들어오기 전에 바그다드를 침략하여 2만여 명의 인명을 살상했다. 1402년 7월 더운 여름날, 바예지드 군대와 티무르 군대는 앙카라 근처 추북(Çubuk) 평원에서 맞붙었다. 바예지드 1세나 티무르는 재위기에 영토 확장을 위해 원정사업에만 매달린 군주였다. 전쟁 기술에는 바예지드 1세도 달인의 경지에 있었지만, 앙카라 전투에서 오스만 군대는 참패하고 바예지드 1세는 생포되었다.

* 티무르는 이란과의 시스탄 전투에서 오른손과 오른 다리 부상으로 절름발이가 되었고, 이로 인해 '절름발이'라는 별명을 얻었다. 티무르는 칭기즈 칸의 직계가 아니라서 칸이라는 칭호를 사용하지 못하고 귀르칸(Gurkân)이라는 칭호를 사용했다.

오스만제국의 콘스탄티노플을 정복하기 위한 사업은 티무르의 침략으로 잠시 중단되었다. 티무르와의 앙카라 전투 이후 오스만제국은 바예지드 1세의 아들 사이에 벌어진 패권투쟁으로 인한 유혈 내전 상태가 11년이나 계속되었다.** 비잔티움은 오스만제국의 내전 상태로 최대 수혜자가 되어 내전을 부추겼다. 내전 중인 형제들은 비잔티움, 아나톨리아 토후국, 베네치아, 제노바, 세르비아, 불가리아 등 외세의 지원을 받아 상대를 누르려고 했다. 1413년 7월 최후 승자가 된 메흐메드 1세(재위 1413~1421년)가 술탄의 자리에 올랐다. 메흐메드 1세와 그의 아들 무라드 2세(재위 1421~1451년)는 티무르 침략 이전 상태로 영토와 통치권을 회복했다. 무라드 2세가 바르나 전투(1444년), 2차 코소보 전투(1448년)에서 승리를 거두자 발칸 지역에서 오스만제국의 전진을 막을 세력은 없게 되었다.

** 오스만제국에서는 1402년부터 1413년까지 11년 동안 술탄이 없는 '술탄 유고' 내전의 위기 사태가 장기간 계속되었는데, 튀르키예 역사에서는 술탄의 부재에 의한 정치 공백 시대라는 뜻으로 '페트레트 데브리(Fetret Devri)'라고 부른다.

2. 콘스탄티노플 함락

메흐메드 2세와 콘스탄티노스 11세

로마제국이 동서로 분열된 이래 콘스탄티노플은 동방정교회의 중심지가 되어 정치, 종교, 문화적으로 서방과는 다른 정체성을 가지게 되었다. 콘스탄티노플에는 동방정교도(그리스인)들이 가장 많이 거주했고, 갈라타 지역에는 가톨릭을 믿는 베네치아인들과 제노바인들이 살고 있었다. 유대인, 아랍인, 무슬림도 도시 구성원이었다. 콘스탄티노플에 다민족 사회가 구성된 이유는 이곳이 아시아, 유럽, 아프리카를 잇는 역사적 항구도시이자 상업 중심지라는 지정학적 특징 때문이었다. 콘스탄티노플의 상업적 · 전략적 가치 때문에 그간 아랍제국과 오스만제국이 수차례 콘스탄티노플을 공략했으나 번번이 실패로 끝났다.

1451년, 무라드 2세가 아드리아노플에서 사망하자 아들인 메흐메드 2세(재위 1444~1446, 1451~1481년)가 19세에 술탄에 즉위했다. 비잔티움에서는 바로 이전인 1449년, 요안니스 8세가 후사 없이 사망하자 형제간 제위 분쟁에서 무라드 2세의 지지를 받은 콘스탄티노스 11세(재위 1449~1453년)가 황제로 즉위했다. 거의 같은 시기에 오스만제국의 술탄, 비잔티움의 황제로 등극한 메흐메드 2세와 콘스탄티노스 11세가 통치할 나라는 정반대의 상황이었다. 오스만제국은 발칸 지역에서 무인지경을 가듯 당당한 기세를 보였다. 그러나 콘스탄티노스 11세가 즉위할 무렵 비잔티움은 쇠퇴할 대로 쇠퇴하여 펠로폰네소스반도의 일부 섬과 수도 콘스탄티노플만을 영토로 갖는 형국이 되었다. 비잔티움은 사실상 이름밖에 남지 않아 오스만제국을 위협할 군사력도 없는 상태였다. 이는 오스만제국에 황금 같은 기회였다. 말할 필요 없이 메흐메드 2세의 최우선

콘스탄티노플 함락 콘스탄티노플은 메흐메드 2세에 의해 1453년 5월 29일 화요일에 함락되었다. 철옹성의 콘스탄티노플 성곽은 오스만 군대가 무거운 돌덩어리를 폭탄으로 쏘아 보내는 청동 대포에 의해 파괴되었다. 콘스탄티노플 함락으로 비잔티움제국은 종말을 고했고, 기독교 세계의 중세도 끝나게 되었다. 이스탄불; 1453파노라마박물관 전시 일부. 사진 박용덕.

과업은 콘스탄티노플 정복이었다. 메흐메드 2세는 유럽 진출 사업에 가장 방해가 되는 곳이 콘스탄티노플이라고 믿었다. 콘스탄티노플이 언제라도 십자군을 끌어들일 수도 있기 때문이었다.

1453년 5월 29일

메흐메드 2세는 우선 오스만제국의 적수인 헝가리와 베네치아를 중립으로 두기 위해 그들에게 유리한 평화조약을 체결했다. 아나톨리아 내부의 적수인 카라만 토후국과도 잠정 평화조약을 체결했다. 보스포루스해협을 통제하기 위해 루멜리 성을 축조하고, 400여 척의 갤리선 전함을 건조했다. 헝가리 전문가를 고용하여 대포도 제작했다. 메흐메드 2세의 콘스탄티노플 공략 준비에 맞서 비잔티움도 성벽 방어 태세를 강화하고, 오스만 함대가 들어오지 못하도록 골든 혼 해저에 철퇴를 깔았다. 궁지에 몰린 비잔티움 황제는 가톨릭교회와 동방정교회의 통합을 호소하며 유럽에 지원을 요청했다.

모든 준비를 마친 메흐메드 2세는 비잔티움 황제 콘스탄티노스 11세에게 최후통첩을 보냈다. 비잔티움 황제가 이를 거절하자, 1453년 4월 6일 콘스탄티노플 포위 작전이 시작되었다. 메흐메드 2세는 53일간의 포위 작전 끝에 5월 29일 콘스탄티노플을 함락시켰다. 난공불락의 3중 성벽*이 대포의 위력에 무너지자, 천년 고도 콘스탄티노플도 무너지고 말았다. '콘스탄티노플 함락(Fall of Constantinople)' 이후부터 메흐메드 2세와 그 뒤의 술탄들은 자신들을 로마제국의 승계자라고 생각했다.

튀르크인들에게는 '빨간 사과(Kızıl Elma, red apple)' 라는 전설이 있다. '빨간 사과' 는 생각하면 생각할수록 멀어지는, 멀어질수록 더 끌리는 이상이나 꿈을 상징한다. 그들에게 빨간 사과는 로마였는데, 로마제국은 사라지고 동로마제국이 계승했으니 콘스탄티노플이 곧 로마였다. 메흐메드 2세는 빨간 사과를 손에 넣었다. 성 소피아 교회 앞에 서 있던 오른손에 세계를 들고 있는 유스티니아누스 1세의 동상은 파괴되었다. 메흐메드 2세 이후 술탄에게 빨간 사과는 신성로마제국의 수도이자 합스부르크가의 수도인 빈이었다. 메흐메드 2세의 이름은 유럽, 중동, 아프리카 등으로 알려졌고, 세계는 그를 '정복자 메흐메드(Mehmed the Conqueror)' 라고 불렀다.

* 콘스탄티노플은 약 22.5km의 성벽으로 둘러싸여 있었는데, 특히 육지에 면한 5.5km의 테오도시우스 성벽은 3중 성벽으로 되어 있어 도시를 방어하는 제1 방어선을 형성함으로써 콘스탄티노플이 '난공불락 도시' 라는 별명이 붙게 하였다. 5세기 초에 건설된 테오도시우스 성벽은 금각만(golden horn)과 면해 있는 7km의 해안 성벽, 마르마라해와 면한 7.5km의 성벽과 함께 천혜의 입지조건에 건축되어 외부의 공략이 쉽지 않은 성벽 구조였다.

콘스탄티누스 1세가 로마제국의 수도를 로마에서 콘스탄티노플로 옮기고, 러시아 표트르 대제가 모스크바에서 천도하여 상트페테르부르크 도시를 건설한 것처럼, 메흐메드 2세도 수도를 에디르네에서 개명된 이스탄불로 옮기도록 칙령을 내렸다. 이스탄불을 이슬람제국의 수도로 만들 상징적인 모스크, 마드라사, 시장, 한(여행자 숙소) 등의 건축물이 세워졌다. 비잔티움 멸망 시 제국 곳곳에 피신한 모든 비무슬림들의 자유롭고 평화로운 삶을 보장한다는 약속도 천명했다. 이스탄불 인구의 다수를 차지한 동방정교도들에게는 골든 혼 연안의 페네르 지역에 거주지를 정해주었고, 그들의 언어, 종교 등 문화적 자치성을 인정했다. 동방정교 공동체를 책임질 총대주교도 임명했다. 비무슬림 소수민족 종교 공동체에 대한 자치 허용은 이후에 아르메니아 기독교 공동체, 유대교 공동체에도 주어졌다. 이것은 오스만제국에 편입된 다양한 종교 공동체에 대한 관용정책의 상징인 밀레트(millet)* 제도였다. 메흐메드 2세는 발칸, 흑해, 지중해, 크림 등 정복지에서 그리스인, 아르메니아인, 이탈리아인, 유대인 들을 이스탄불로 데려와 정착시켰다. 콘스탄티노플을 정복한 이후 오스만제국은 길고 긴 정복과 영토 확장의 시대로 들어가게 된다.

* 밀레트(millet)는 아랍어 밀라(millah, 공동체)에서 유래하며, 오스만제국에서는 종교 공동체라는 뜻을 갖는다. 밀레트 제도는 비무슬림 인구에 대한 관용정책인 딤미 제도를 계승한 것으로 쿠란에서 밀레트는 종교, 민족, 공동체, 의례 등의 뜻으로 사용되었다.

3. 세계제국으로 팽창

이슬람 세계의 지도자

메흐메드 2세의 뒤를 이은 바예지드 2세(재위 1481~1512년)는 군사 원정에 적극적이지 않았다. 술탄의 선천적인 성격이기도 했지만, 내부 권력 다툼 문제로 군사 원정이 쉽지 않게 되었다. 바예지드 2세가 술탄에 즉위하자 동생인 젬이 형의 술탄 즉위를 인정하지 않았다. 젬의 반란은 내전으로 이어졌고, 형제간의 대전에서 패한 젬은 이집트 맘루크 왕조로 피신했다. 젬의 신변은 맘루크에서 지중해의 로도스 기사단으로 넘어갔고, 급기야 프랑스를 거쳐 로마 교황에게 인도되었다. 젬의 신변이 이동하면서 서방은 오스만제국을 위협하는 수단으로 젬을 활용했다.

그러나 바예지드 2세의 아들 셀림 1세(재위 1512~1520년)는 달랐다. 셀림 1세는 메흐메드 2세처럼 매우 공격적인 정책으로 정복사업을 추진했다. 그는 자신의 통치와 지배에 대해 도전을 받지 않도록 형제들과 그 자녀들까지 모두 교살했다. 나중에 자신의 권위에 도전할지도 모르는 황실의 '핏줄'을 제거한 셀림 1세는 아나톨리아 동부 이란의 사파비 왕조에 대한 원정을 첫 사업으로 선정했다. 시아파의 사파비 왕조는 16세기 초에 세워졌는데, 세력이 커지면서 오스만제국의 위협 세력으로 등장했다. 셀림 1세는 1513년 가을 시아파를 이단으로 규정하고 4만 명에 이르는 시아파 추종자를 처단했다. 사파비 왕조와의 전쟁을 반대하는 관료들도 처형했다. 이렇게 셀림 1세는 자신에게 반기를 드는 경우는 모두 제거하여 냉혈한(야브즈, Yavuz)이라는 별명을 얻었다.

셀림 1세는 정복정책 수행에서 이전의 술탄과는 달랐다. 이전의 술탄들은 정복의 목표를 유럽이 있는 서쪽에 두었다. 그러나 셀림 1세는 정복

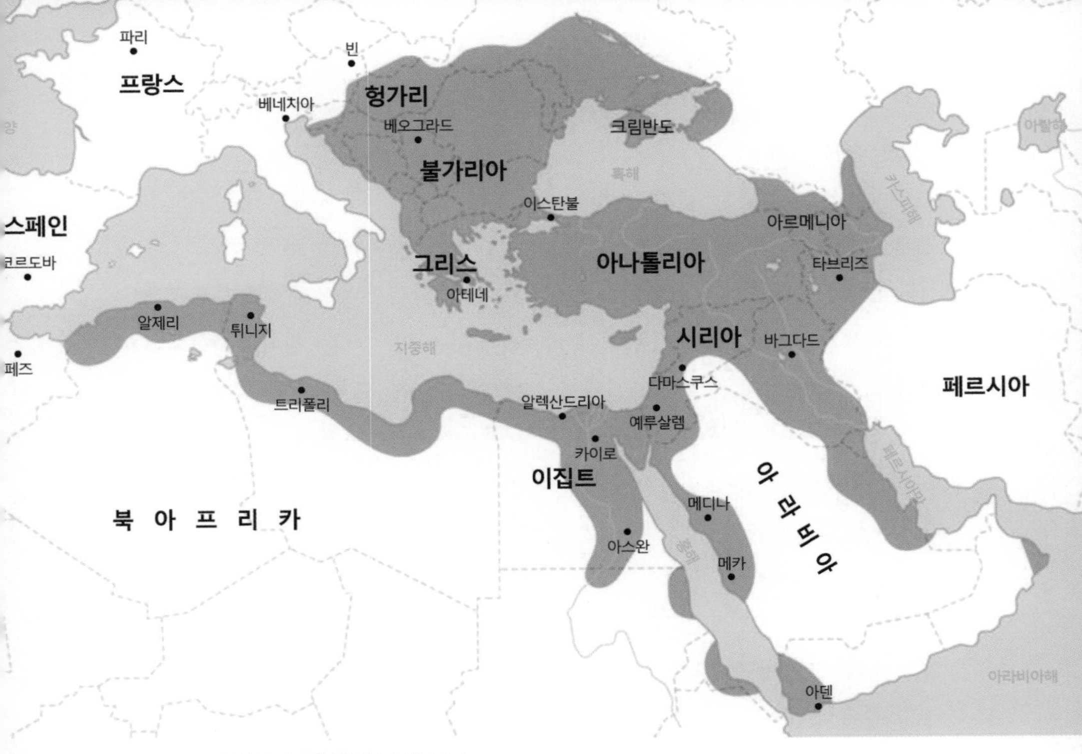

16세기 오스만제국의 최대 영역

의 방향을 동쪽에 두었다. 1514년, 셀림 1세는 사파비 왕조의 이스마일 1세가 이끄는 군대와 반 호수 근처 찰드란에서 전투를 치렀다. 찰드란 전투에서 압도적인 승리를 거둔 셀림은 오스만제국 동부 전선에서 사파비 왕조의 종교적 선동을 잠시 잠재울 수 있었다. 셀림 1세는 1517년, 다음 목표였던 이집트의 맘루크 왕조(1250~1517년) *를 정복했다. 셀림 1세는 맘루크 왕조를 정복하여 다마스쿠스, 헤자즈, 이집트를 포함하는 지역을 제국의 영토에 추가했다. 아랍 세계의 중심지역이 오스만제국의 영토가 되었다. 셀림은 중동의 지배자가 되었고, 이슬람 세계의 지배자가 되었다. 그는 칼리프라는 칭호를 얻고 이슬람 수니파의 지도자와 메카와 메디나로 연결되는 성지 순례길의 보호자가 되었다. 셀림 1세는 통치 기간이 8년으로 매우 짧았지만, 오스만제국 역사에서 놀라운 영토 확장을 한 영웅 중의 한 사람이 되었다.

* 맘루크 왕조는 노예군인(맘루크)들이 이집트와 시리아를 영토로 세운 나라였다. 우마이야 왕조와 아바스 왕조에서는 튀르크인 노예군인을 용병으로 채용했다. 특히 이들은 아바스 왕조에서 정치적인 힘을 가진 세력으로 성장하여 권력을 휘두르고 수시로 반란을 일으켰다. 아바스 왕조 멸망 직전, 튀르크 용병 장군들은 이집트와 시리아에서 노예군인들로만 구성된 맘루크 왕조를 건설했다.

장엄한 술탄 쉴레이만

셀림 1세의 아들인 쉴레이만 1세(재위 1520~1566년)는 즉위하자마자 신성로마제국의 황제이자 스페인의 왕인 카를 5세, 프랑스왕국의 프랑수아 1세와 함께 유럽 정치사의 주역이 되었다. 쉴레이만 1세는 재위하는 46년 동안 수많은 원정을 지휘하면서 오스만제국의 영토를 두 배로 확장했다. 1521년 베오그라드를 거쳐 1522년 로도스섬 정복, 1526년 모하치 전투 승리를 시작으로 1566년 8월 13번째이자 마지막 원정이 된 헝가리 시게트바르(튀르키예어 지게트바르) 원정에서 71세로 눈을 감을 때까지 원정을 멈추지 않았다.

쉴레이만 1세는 헝가리를 넘어 합스부르크 왕조의 수도인 빈까지 진출했고, 동부 전선에서는 사파비 왕조와 이라크 지역의 패권을 놓고 경쟁했다. 지중해에서는 북부 아프리카를 정복하여 지중해의 강력한 패권국으로 부상했다. 그의 지배 영역은 아시아, 아프리카, 유럽 등 세 대륙에 걸치게 되었다. 쉴레이만 1세가 재위하는 동안 오스만제국의 국력과 군사적 · 정치적 힘은 정상에 올랐다. 그는 '장엄한 술탄 쉴레이만(Sultan Stileyman the Magnificent)' 이라는 별칭을 얻었다. 쉴레이만 1세는 강한 목소리에 건장한 체구를 지닌 자신감이 넘치는 군주로 자신의 말에 책임을 지는 사람이었다. 그는 모든 신민의 평등한 권리를 보장하기 위해 세제, 토지소유권, 범죄에 관한 법을 제정하고 공정하게 시행하여 '법의 제정자(Lawgiver, 튀르키예어 카누니 Kanuni)' 라는 별칭도 있다. 지상에 평화가 있다면 그 평화는 오스만제국의 쉴레이만 대제가 이룰 수 있다는 팍스 오스만(Pax-Ottoman) 시대가 열렸다.

오스만제국은 쉴레이만 1세의 탁월한 영도 아래 지리적인 팽창과 함께 문화적 · 경제적으로 괄목할 만한 성장을 이루었다. 계속되는 원정에서 승리하자 전리품 획득도 늘어 국가 재정도 탄탄해졌다. 쉴레이만 1세 재위기에 오스만제국의 건축은 고전기를 이루었다. 제국의 위상과 술탄의 권위를 나타낼 수 있는 기념비적인 건축물을 세우고자 했던 쉴레이만

쉴레이만 1세 16세기 오스만제국의 경제, 군사, 정치적인 힘을 최정상으로 이룬 제10대 술탄이다. 쉴레이만은 이슬람력 10세기(900년)의 10년째 해에 태어났다. 이슬람교에서 10은 완전함의 상징이었다. 그의 재위기에 오스만제국의 예술, 문학, 건축 분야도 황금기를 이루었다. 메카, 다마스쿠스, 바그다드 같은 이슬람 문화도시에 모스크, 다리, 수로교 같은 공공시설물을 세웠다. 궁정화가 레브니가 그린 초상화. 귈 이레프올루, 레브니: 자수 · 시 · 색깔, Levni: nakış, şiir, renk, 튀르키예문화부, 1999, p.90.

1세의 뜻에 따라 황실 가족뿐만 아니라 조정의 고위관료도 종교적이고 사회 공익 목적의 건물을 짓는 데 적극적으로 나섰다. 특히 궁정 수석건축가인 미마르 시난(Mimar Sinan)은 오스만제국의 건축이 전성기를 이루도록 한 건축 명장이었다. 그는 이스탄불과 제국 전역에 300여 개에 달하는 건축물을 세웠다. 1575년에 에디르네(구 아드리아노플)에 완공된 셀리미예(Selimiye) 모스크는 그의 대표적인 건축물 중 하나이다.

쉴레이만 시대의 문화발전도 괄목할 만한 것이었다. 그의 후원으로 건축뿐만 아니라 그림, 제책, 필사본 등 여러 분야에서 문화적인 발전을 이루었다. 톱카프 궁전의 공방(Ehl-i Hiref, 에흘리 히레프)에는 다양한 분야의 장인들이 고용되어 일했고, 필경사가 필사로 기록한 내용과 삽화가 함께 들어간 '술탄의 기록물' 도 체계적으로 만들어지기 시작했다. 니가리, 나수흐, 마트락츠 같은 당대 유명한 세밀화(미니어처) 화가들은 책에 들어갈 삽화를 만들어 기록물의 정보 전달력을 높였다. 그리고 샤 쿨루, 카라 메미 같은 채식가(彩飾家)들은 아름다운 채색 그림과 시각적인 장식으로 책을 아름답게 만들었다. 쉴레이만 1세 시대는 오스만제국의 '문화 황금기' 였다. 1566년 쉴레이만의 사망 이후 오스만제국은 서서히 영토를 잃어가기 시작했고, 지중해 지배력도 유럽의 도전을 받았다.

셀림 2세, 위기의 징조

쉴레이만 1세에 이어 그의 아들 셀림 2세(재위 1566~1574년)가 술탄으로 등극했다. 그는 오스만제국의 황금기를 만든 아버지와는 다른 성격의 소유자였다. 할아버지 이름을 따 셀림이 되었지만, 통치 기간이 8년으로 같다는 것 외에는 셀림 1세와도 심리와 행동이 전혀 다른 인물이었다. 국사나 원정에는 관심이 없고 하렘(harem)에서 보내는 시간이 많아 나태하고 쾌락만을 찾는 사람이라는 비난을 받았다. 술고래라는 별명이 있을 정도로 술(포도주)을 좋아하는 무능력하고 나태한 술탄을 대신했던 사람은 국정 운영 능력이 있는 대재상 소콜루 메흐메드 파샤였다. 소콜루 메흐메드가 국정을 맡는 동안 제국의 운영에는 차질이 생기지 않았다. 일부 역사가들은 셀림 2세가 오스만제국에 '쇠퇴의 씨앗' 을 뿌렸다고 평가하기도 한다.

셀림 2세 재위기인 1570년에 오스만제국은 베네치아령 키프로스섬을 정복했다. 오스만제국이 베네치아령 키프로스섬을 정복하자 교황 비오 5세가 이를 종교개혁으로 분열된 유럽국가를 단합시키는 기회로 삼으려

레판토 해전 1571년 10월 7일 레판토 해전은 유럽의 신성동맹과 오스만제국이 그리스 인근 레판토에서 맞붙은 역사적 해전이다. 양측에서 총 400척이 넘는 갤리선과 10만 명이 넘는 병력이 동원된 4시간 동안의 전투는 신성동맹군의 승리로 끝났다. 레판토 해전의 승리로 유럽 세계는 오스만제국에 대한 열등감에서 벗어나기 시작했다. Tommaso Dolabella, 1632년.

했다. 교황은 거의 모든 기독교 유럽국가가 참여하는 신성동맹을 결성했다. 1571년 10월 유럽의 신성동맹 함대는 그리스 레판토에서 오스만 함대와 대격전을 벌였다. 결과는 오스만제국의 대참패로, 200여 척의 오스만 함대가 침몰하고 3만여 명의 사상자가 생겨 괴멸했다. 레판토 해전은 유럽에서 기독교 세력과 이슬람 세력 간의 대결로 인식되었고, 이 전투에서의 승리로 오스만제국에 연패하던 기독교 세력의 사기는 높아졌다. 혹자는 레판토 해전의 참패를 오스만제국이 쇠퇴하는 최초의 신호라고 평가한다.

4. 중앙통치의 위기

사회 혼란의 17세기

오스만제국의 전성기라 할 수 있는 15~16세기의 제국의 상황과 17세기의 상황은 정치, 경제, 사회, 대외관계 측면에서 극적으로 대비된다. 오스만제국의 17세기는 위기(crisis)의 세기였다. 위기는 갑작스럽게 발생한 주변 환경의 변화를 수용하지 못하면서 발생했다.

우선 이전에 제국을 최강국으로 만드는 데 효자 노릇을 했던 토지 제도(티마르)와 상비군(예니체리)이 시대 변화에 맞지 않아 효율성이 떨어졌다. 재정적자와 대량실업으로 민심이 떠나더니 16세기 말부터는 반란이 계속되었다. 오스만제국의 최대 적수인 오스트리아 합스부르크제국과 이란 사파비 왕조와의 전쟁을 계속해야 하는 상태에서 정부의 만성적인 재정적자는 17세기 내내 계속되었다. 오스만제국의 경제 여건은 빠르게 진행된 유럽의 변화에 영향을 받았다. 신대륙 발견 이후 대량의 은이 유럽에 유입되었고, 교역을 통해 축적된 유럽의 상업자본주의는 오스만제국의 정치, 경제, 사회 등 모든 분야에 큰 타격을 입혔다.

쇠퇴의 길, 빈 전투

1683년 7월, 오스만제국의 대재상 카라 무스타파가 이끄는 20만 대군이 합스부르크제국의 수도 빈에 도착하여 성채를 포위하기 시작했다. 신성로마제국의 황제인 레오폴트 1세는 로마 교황청과 기독교 국가에 지원군 파견을 호소했다. 두 달여 포위 끝에 9월 11일 결정적인 전투가 빈 교외의 칼렌베르크 언덕에서 벌어졌다. 빈의 수비군이 필사적으로 저항하는 가운데 폴란드의 왕 얀 3세 소비에스키가 지휘하는 2만 7000명의 기독교 신성동맹군은 후방에서 오스만 군대를 공격했다. 빈에 도착한 오스트리아, 독일 제후의 연합군도 오스만 군대를 전방에서 공격했다. 뜻밖의 협공으로 궁지에 몰린 오스만 군대는 9월 12일 빈 포위전을 포기하고 퇴각해야만 했다. 오스만제국의 잔여 수명을 재는 모래시계를 거꾸로 놓는 순간이었다.

오스만 군대는 막대한 전투 장비를 남겨둔 채 철수하는 과정에서 큰 인명손실을 보았다. 기독교 연합군 세력에 맞서 싸운 빈 전투(Battle of Vienna)는 오스만제국의 대참사로 끝났다. 1571년 레판토 해전의 재판이었다. 오스만제국은 세계 강국으로서의 위상이 땅에 떨어지는 수모를 겪었다. 오스만제국은 1529년에 합스부르크제국의 수도 빈을 처음 공격했으나 실패한 적이 있었다. 1683년의 시도는 150여 년 만의 재시도였으나 뜻을 이루지 못했다. 제2차 빈 원정의 패배는 300년에 걸친 오스만제국과 유럽의 관계에서 중요한 전환점이 되었다. 유럽은 이 사건을 계기로 오스만제국을 더는 공포의 대상으로 여기지 않고, 방어가 아닌 공격적인 태세를 취하게 되었다.

변화 모색의 18세기

18세기 초 오스만제국의 술탄 아흐메드 3세(재위 1703~1730년)는 대재상 이브라힘과 함께 프랑스 모델의 서구화를 추진했다. 오스만제국 역사상 처음으로 유럽을 배우고자 하는 시도였다. 1718년부터 1730년까지의 비교적 평화로웠던 시기로 불리는 튤립 시대(Tulip Era)였다. 당시 튤립 재배가 대유행이었는데 술탄이 튤립으로 궁전과 저택을 장식하여 붙여진 이름이다. 이 시기에 오스만제국에서는 예술과 건축이 꽃을 피우고 혁신적인 개혁도 이루어졌다. 최초로 인쇄소가 문을 열었고, 유럽에 문화 대사를 파견했다. 유럽을 배우고 근대화를 시도하기 위해서였다. 그러나 유럽풍 문화를 즐기는 고위관료들의 향락적이고 사치스러운 생활

사냥파티를 즐기는 아흐메드 3세 장 바티스트 반무어(Jean Baptiste Van Mour, 1671~1737년) 작품. 반 무어는 플랑드르-프랑스 화가로 오스만제국의 최초 개화기를 연 아흐메드 3세(재위 1703~1730년) 시대에 궁정, 고위관리, 하렘, 여성 등에 반영된 개화기의 모습을 그린 것으로 유명하다. Hunting party of Sultan Ahmed Ⅲ, 1710년, 캔버스에 유채.

은 대중의 비난 여론에 휩싸였다. 반개혁 여론에 편승한 알바니아계 파트로나 할릴이 반란을 주도했다. 이 반란으로 아흐메드 3세는 폐위되고 대재상은 처형되어, 유럽의 외양을 모방하려는 일시적인 유럽풍의 개혁은 중단되었다. 이 시기에 유행한 튤립은 현재 튀르키예의 국화이자 문화의 상징물이 되었다.

17세기에도 그랬듯이 18세기에도 유럽은 기술혁신으로 임금노동에 의한 생산 활동이 활발해졌고, 기계생산과 기술발전으로 경제와 무역도 급속도로 성장했다. 유럽의 기술발전과 생산물량 증가에 따른 수출선(輸出線) 확보 경쟁은 오스만제국의 경제에도 직간접으로 영향을 주었다. 과학기술에서 오스만제국은 유럽에 비하면 뒤처져 있었다. 오스만의 기술이 유럽에 뒤지고 있다는 것은 전장에서 확인되었다. 1683년 빈 전투에서는 유럽의 머스킷 소총과 화약 무기에 제압당했고, 1770년 체쉬메 해전에서도 오스만 함대는 러시아 함대에서 쏘아대는 대포의 위력에 참패를 당했다. 그러나 오스만 사회는 전통적으로 유럽의 기술이 우월하다고 인식하지 않고 자신들이 '기술'을 제대로 활용하거나 사용하지 않았기 때문이라고 믿었다. 오스만제국은 유럽의 기술을 도입하는 데 보수적인 태도를 보였다. 외국 기술은 필요한 분야나 목적에 따라 제한적으로 도입되고 적용되었다.

튤립 시대를 경험한 오스만제국은 군사기술 분야에서 변화를 시도했다. 오스만제국은 군사 분야에서 유럽 전문가의 도움을 받았다. 군사기술 교육을 위한 군사학교, 신속포병부대, 포병·공병 장교 육성을 위한 군사학교, 해군과 조선기술 교육을 위한 해군학교 등은 유럽의 것을 모델로 하여 조직되거나 설립되었다. 18세기 말과 19세기 초를 열면서 즉위한 셀림 3세(재위 1789~1807년)는 18세기 오스만제국의 개혁을 결산하는 성격의 개혁을 집행했다. 그는 새로운 질서(니자므 제디드, Nizam-ı Cedid)라는 이름 아래 군사 분야 개혁을 단행했다. 예니체리 상비군이 있었지만, 셀림 3세는 유럽식 복장과 무기를 갖춘 '니자므 제디드' 군대를 조직했다. 당차게 추진한 셀림 3세의 개혁사업은 반개혁주의자들의 벽에 부딪혀 성과를 내지는 못했다. 18세기의 유럽식 개혁은 군사 분야에서 시작하여 행정, 경제, 문화 분야에서도 이루어졌다. 18세기 개혁은 술탄을 중심으로 중앙정부 관료들에 의해 실행된 이른바 위로부터의 개혁이었기 때문에 일반 신민들은 중앙정부의 개혁 의지를 이해하지 못했다. 특히 군 개혁은 장기간 기득권을 누려왔던 예니체리의 강한 반발로 발목을 잡혔다. 유럽식의 급진적 개혁에 반대하는 이슬람 보수주의자들과 기득권을 잃지 않으려는 예니체리는 모든 개혁의 추동력을 단절시켰다.

19세기, 유럽 열강의 간섭

19세기가 열리면서 오스만제국의 미래를 예측할 수 있는 봉기가 발칸반도의 세르비아에서 일어났다. 1804년의 세르비아 반란은 오스만제국에서 최초로 일어난 민족주의 반란이었다. 1789년 프랑스 혁명으로 자극받은 소수민족들은 오스만제국으로부터 독립하려는 민족주의 운동을 시작했다. 오스트리아와 러시아가 세르비아의 반란을 선동했다. 그리스인들도 가만히 있지 않았다. 그리스인들의 구호는 다른 소수민족들과 달랐다. 그들은 비잔티움의 영토를 회복하자는 '메갈리 이데아(Megali Idea, Great Idea)'를 외치며 독립전쟁을 일으켰다. 당연히 슬라브족과 그리스정교회의 보호자를 자처하는 러시아가 그리스 문제에 개입했다. 술탄 마흐무드 2세(재위 1808~1839년)는 러시아가 그리스 문제에 개입하자 러시아에 선전포고하고 1828~1829년 발칸과 캅카스 두 전선에서 전쟁을 치렀다. 러시아의 상승세를 꺾지 못한 오스만제국은 1829년 러시아와 아드리아노플(에디르네) 화약을 체결하고 그리스의 독립을 인정해야만 했다.

19세기는 유럽 열강의 개입과 간섭이 노골화되는 시기였다. 유럽 열강이 오스만제국을 바라보는 시각이 노출된 국제회의가 1815년 빈에서 열렸다. 나폴레옹 전쟁 이후 유럽의 질서를 수습하기 위해 유럽 열강이 모인 빈 회의에서 동방문제(Eastern Question)가 처음으로 대두되었다. 동방문제란 오스만제국의 쇠퇴가 점차 뚜렷해지자 자국의 이익에 따라 오스만제국의 미래와 영토를 처리하려는 유럽 열강의 복잡한 정치 외교적 대립을 일컫는 말이었다. 오스만제국에 대한 유럽 열강의 이해관계는 유럽국가 간 세력균형에 따라 수시로 변했지만, 유럽 열강은 유럽에서 오스만을 몰아내려고 했다. 다른 열강보다도 비잔티움의 부활을 원하는 러시아가 적극적이었다. 러시아가 슬라브 민족주의와 그리스정교회의 보호를 내세우며 오스만제국에 압박을 가했다.

19세기를 지나면서 오스만제국은 경제가 악화한 상황에서도 개혁을 시도하며 갱생을 꾀했다. 유럽 제국주의 열강의 군사, 경제, 정치적 압력에 직면하여 위기를 느낀 개혁론자들은 행정, 토지, 교육, 사법 등 다양한 분야에 걸친 개혁을 실행했다. 민족과 종교를 초월하여 제국 내 모든 사람에게 평등한 법적 권리를 부여하려는 개혁은 탄지마트(Tanzimat)* 라는 이름으로 1839년부터 1876년까지 계속되었다. 비무슬림에 대한 평등한 권리를 보장한다는 개혁은 계속되고 있었지만, 러시아가 동방정교회의 보호자를 자처하며 성지 관할권을 요구하면서 1853~1856년 크림

* 탄지마트는 오스만 튀르크어로 '질서있게 놓기', '재조직'이라는 의미가 있으며, 1839년부터 1876년까지의 개혁 전체를 상징하는 단어가 되었다.

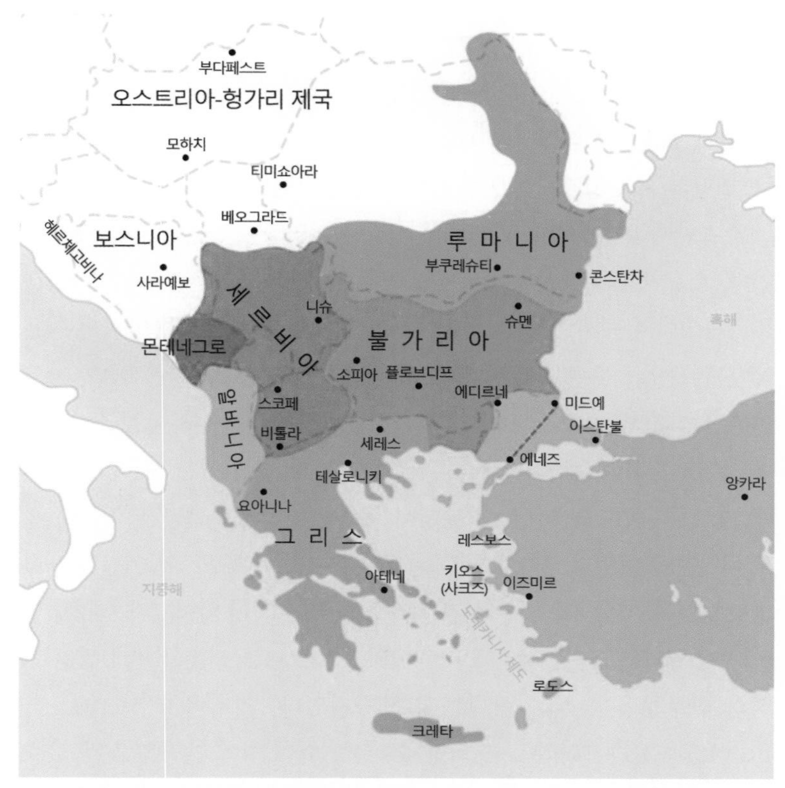

발칸 전쟁 후 오스만제국 영토 제1차 발칸전쟁에서 패전한 오스만제국은 1913년 5월 30일 런던 조약에 따라 오스만제국의 서부 경계는 흑해의 미드예(Midye)와 에게해의 에네즈(Enez)를 연결하는 선으로 할 것을 요구 받았다. 제1차 세계대전 후에 세워진 튀르키예 국민정부는 이 경계를 인정하지 않았다.

전쟁이 발발했다. 크림 전쟁은 프랑스와 영국의 지원으로 오스만제국이 승자가 되었지만, 막대한 전비 지출로 오스만제국의 경제는 파탄 지경에 이르렀다.

한편 러시아의 범슬라브주의 운동은 영국의 이해와 충돌했다. 1876년에 영국은 특유의 외교력을 발휘하여 오스만제국, 프로이센, 러시아, 프랑스, 이탈리아 등 열강을 이스탄불 회의에 소집했다. 이스탄불 회의에서 세르비아, 몬테네그로가 독립하고 불가리아와 보스니아 · 헤르체고비나의 자치가 허용되었다. 유럽 열강이 오스만제국을 해체하려는 의도를 분명히 한 결과였다. 유럽 열강이 발칸 지역을 독립시킬 것이라고 예상한 오스만제국의 압뒬하미드 2세(재위 1876~1909년)는 이스탄불 회의 시작 전에 오스만제국 역사상 최초로 헌법에 기초한 의회정치를 공표했으나, 열강의 회의 결정에는 어떤 영향도 주지 못했다.

오스만제국의 몰락은 발칸에서 시작하여 발칸에서 종지부를 찍게 되었다. 오스만제국에서는 헌정 공표 이후 국내 정치가 혼란해졌고, 1911~1912년 리비아에서 벌인 이탈리아와의 전쟁에서 패배하자 발칸의 작은 국가들이 발칸 동맹을 결성했다. 러시아가 배후에서 역할을 했다. 세르비아, 불가리아, 그리스, 몬테네그로가 발칸 동맹에 참여하여 오스만제국에 선전포고했다. 발칸 전쟁은 두 차례에 걸쳐 일어났다. 제1차 발칸 전쟁(1912.10~1913.5)에서 발칸 동맹이 승리했고, 오스만제국은 유럽 쪽 영토 대부분을 잃었다. 제1차 발칸 전쟁이 끝나자 마케도니아 지방에 대한 영토 배분 문제로 제2차 발칸 전쟁(1913.6~1913.7)이 일어났다. 제2차 발칸 전쟁 결과 오스만제국은 트라키아와 에디르네를 되찾았지만, 발칸 지역의 대부분을 상실한 상태는 마찬가지였다. 리비아 전쟁(1911.9~1912.10)과 발칸 전쟁으로 오스만제국은 25만여 명의 인명을 잃었고, 수 세기에 걸쳐 소유한 발칸의 영토는 영구히 잃게 되었다. 제2차 발칸 전쟁이 끝나고 1년 후, 발칸에서 오스트리아-헝가리와 세르비아의 갈등으로 시작된 제1차 세계대전(1914~1918년)에서 오스만제국은 독일과 같이 동맹국 편에서 싸웠다. 그 결과 오스만제국은 독일과 함께 패전국으로 전락하여 몰락하고, 1923년 현재의 튀르키예공화국이 탄생했다. 튀르키예공화국은 같은 해 7월 스위스에서 체결된 로잔 조약으로 주권 국가로서 국제적으로 인정받게 되었다.

제9화

오스만제국의 거버넌스

1. 최고 통치자 술탄

국가는 왕가의 공동재산

오스만제국의 최고 통치자는 술탄(Sultan)이었다. 술탄은 정치 · 군사 · 종교 · 사법 부문에서 최고의 권위를 가진 통치자로, 이론상 그는 군과 행정 관리들의 삶과 죽음을 결정할 수 있는 사람이었다. 튀르크인들은 통치자의 권력은 하늘이 내려준다고 했는데, 이것을 쿠트(kut)라 했다. 튀르크인들은 이슬람을 수용하기 전에는 하늘의 신 '텡그리(Tengri)' *를 숭배했다. 텡그리 신앙은 유목 생활을 하는 튀르크인들의 삶에 뿌리내린 토착 신앙이기도 하면서, 통치자의 절대 권력에 정당성을 부여하는 신화적 원천이었다. 통치자의 권력은 하늘의 신으로부터 받은 것이라는 믿음이 있었기 때문이다. 유목 생활을 하던 튀르크인들의 조상인 흉노와 돌궐에서 국가는 통치자의 가문에 의해 통치되었다. 유라시아 대륙의 평원과 산악의 광활한 영토는 동서로 분리되어 통치자의 가문이 지배하고 통치했다. 유목 생활 시기에 통치자에게는 획득할 수 있는 '땅' 이 최대 관심 대상이었다. 국가의 기본 재산이 '땅' 이었기 때문에 통치자의 승계 문제는 차선의 문제였다. 유목 생활을 하던 튀르크인들은 땅의 주인이 누구인지는 약속해놓았지만, 통치자(지도자)의 승계 문제에 대해서는 어떤 약속도 해놓지 않았다.

* 텡그리(tengri)는 중앙아시아나 동아시아의 유목민들이 숭배한 하늘의 신(천신, 天神)이다. 텡그리는 하늘, 신이라는 두 가지(이중) 의미의 명사로 흉노, 돌궐 등 튀르크계 유목민들은 하늘의 신을 최고의 신으로 믿었다. 중국 『한서(漢書)』에 따르면, 흉노제국의 우두머리를 탱리고도선우(撑犁孤塗單于)라 했는데, 이때 '탱리' 는 '탱그리(Tängri)' 의 음차이다. 돌궐인들이 남긴 비문에 기록된 쾩 텡리(Kök Teŋ i)는 글자 그대로 '푸른 하늘' 을 의미하지만, 문맥에 따라 푸른 하늘과 천신으로 해석되기도 한다.

이슬람을 수용한 이후에 튀르크인들은 유일신 알라를 숭배했다. 그리고 일정한 영토 안에서 대내외 자주권을 행사하는 통치 조직을 갖게 되었다. 이른바 통치자가 포괄적 지배권을 행사할 수 있는 국가를 갖게 된 것이다. 카라한, 가즈나, 티무르, 셀주크, 오스만 등은 모두 튀르크계 왕조들이다. 튀르크인들이 국가를 형성하는 시기에 튀르크계 왕조에서는 "국가란 통치자와 그 가문의 공동재산"이라는 전통적인 원칙이 있었다. 이 원칙에는 한 가지 큰 문제가 있었다. 국가가 왕족 가문의 공동재산이라 했으므로 멀고 가까운 혈연을 내세워 재산인 땅(영토)을 놓고 당연히 권력투쟁이 일어났고, 이 때문에 국가의 수명은 짧을 수밖에 없었다. 예를 들어 카라한 왕조는 통일국가였으나 내전으로 동서로 분열되었고, 셀주크제국도 내부 권력투쟁으로 네 개의 다른 나라로 분열되었다. 셀주크제국이 몽골에 의해 멸망하자 셀주크제국이 있던 아나톨리아에는 수많은 튀르크계 토후국들이 생겨났다. 튀르크계 왕조에서 내부 권력투쟁으로 몰락하는 일련의 반복적인 과정은 왕권 상속에 대한 법적인 규정을 두지 않아 생긴 일이기도 했다. 오스만제국에 이르러 제3대 술탄인 무라드 1세가 "국가는 통치자와 그 아들의 공동재산"이라는 원칙을 두었다.* 무라드 1세가 "국가는 공동재산"이라는 원칙의 내용 일부를 수정한 것은 권력투쟁이 일어날 수 있는 친족의 범위를 줄인다는 의미였다. 그렇다고 권력투쟁이 사라지지는 않았다. 땅도 중요했지만, 그보다도 절대 통치자가 되기 위한 권력투쟁은 여전히 일어났다. 오스만제국은 바예지드 1세(재위 1389~1402년) 이후 11년간, 영토를 나누어 가진 바예지드 아들들이 절대 통치자가 되려고 벌인 유혈 내전을 겪었다.

* 튀르크인들은 전통적으로 "국가란 통치자와 그 가문의 공동재산(Devlet hükümdar ve ailesinin ortak malıdır)"이라 했고, 오스만제국의 무라드 1세는 이를 "국가는 통치자와 그 아들의 공동재산(Devlet hükümdar ve oğullarının ortak malıdır)"으로 수정했다.

형제살해의 유형

오스만제국의 전성기인 쉴레이만 1세(재위 1520~1566년) 때 일어난 일이다. 쉴레이만은 사파비 왕조 원정을 위해 수도 이스탄불을 떠났다. 원정에 나서기 전 술탄은 아마스야 총독으로 있는 아들 무스타파에게 사파비 원정에 참여하라는 전갈을 보냈다. 무스타파는 이에 따르기로 하고 술탄이 머무는 야전 캠프에 도착했다. 무스타파가 말에서 내려 술탄에게 존경의 인사를 했지만, 화살을 손에 든 술탄은 무스타파에게 "감히 어떻게 나에게 인사하느냐?"며 소리쳤다. 술탄의 명에 따라 세 명의 언어장애인이 무스타파를 채어 목을 잡았다. 무스타파는 빠져나가려 안간힘을 썼지만, 그들에게 제압되어 교살되었다. 술탄의 야전 캠프 밖에서 대기하던 무스타파의 수행원들도 살해되었다.*

이 이야기는 이스탄불대학교 신학대 자히트 앗츨(Zahit Atçıl) 교수의 논문에 예시된 것으로, 술탄 쉴레이만이 아들 무스타파를 죽이는 현장이 묘사되었다. 무스타파는 쉴레이만과 그의 첫 번째 아내 사이에서 태어난 아들이었다. 쉴레이만의 애첩이자 후궁인 휘렘은 무스타파가 살아 있는 한 자기 아들이 술탄에 등극하는 것은 불가능한 일이기 때문에 무스타파를 제거할 음모를 꾸몄다. 휘렘의 음모극으로 쉴레이만이 자기 아들을 죽이게 되었다는 슬픈 이야기다.

이는 오스만제국 황실의 남자 승계자를 죽이는 일종의 형제살해(fratricide)의 한 사례이다. 형제살해는 오스만제국에서만 일어난 일이 아니었다. 로마제국이나 비잔티움, 아시아의 다른 왕조에서도 그 사례는 얼마든지 찾을 수 있다. 구약에 따르면 인류 최초의 살인자는 카인이었다. 카인은 하느님이 자신과 동생 아벨의 제물을 차별한 데 대한 분노로 피를 나눈 친동생을 살해했다. 이처럼 형제살해의 역사는 뿌리가 깊다.

오스만제국에서는 건국 초기부터 형제살해가 시작되었다. 건국 시조인 오스만 가지(오스만 1세)는 술탄이 되기 전인 1298년 삼촌 뒨다르가 비잔티움 지방 총독과 내통하여 자신을 폐위시키려 했다는 이유로 삼촌을 살해했다. 아이러니하게도 술탄이 되기 위해 외세를 끌어들였던 뒨다르의 '방식'은 이후 술탄 자리에 오르려는 왕자들에게도 차용되어 유사한 일들이 많이 벌어졌다. 제3대 술탄인 무라드 1세의 아들 사브즈는 아버지가 원정에 나서 자리를 비운 사이에 반란을 일으켰으나 진압되어 처형되었다. 이 사건은 아들도 믿을 수 없다는 사례를 남겼다. 제4대 술탄 바예지드 1세는 아버지가 전사하자 함께 참전한 동생 야쿠브를 바로 교살하고 술탄에 즉위했다. 바예지드 1세가 티무르와의 전투에서 인질로 잡히고 얼마 후에 병사하자, 이번에는 그의 아들 네 명이 권력투쟁을 벌였다. 형제간의 유혈 충돌로 오스만제국은 술탄의 유고 사태가 11년이나 계속되었다. 이 사례는 형제가 살아 있는 한 권력투쟁은 끊이지 않는다

* Zahit Atçil, Why Did Süleyman the Magnificent Execute His Son Şehzade Mustafa in 1553?, Osmanli Araştirmalari / The Journal of Ottoman Studies (XLVIII), 2016, p.68.

는 교훈을 남겼다.

이처럼 술탄 권력에 도전할 수 있는 가족은 친형제와 사촌 형제, 그리고 삼촌들이 있었다. 그중에서도 친형제가 술탄 권력에 직접적인 도전 세력이 되었다. 술탄 자리를 찬탈하기 위한 행위를 시도하고 계획했는지, 아니면 실제로 실행했는지 등 두 가지 중에 하나에 해당하면 형제살해의 정당성을 얻을 수 있었다. 술탄 자리를 찬탈하는 행위는 분명 이슬람 율법에 반하는 것이었기 때문에 율법을 깨는 자에 대한 처형은 정당했다. 문제는 쿠데타를 일으킬 계획이나 시도도 없었고, 실제로 실행한 일도 없었는데 왕권을 위해 목숨을 바쳐야 하는 경우였다. 즉, 현행범으로 체포되어 처형받을 범법 행위의 구성 요건이 없는데도 살해되어야 하는 경우가 생겼다. 이를 가능하게 한 것이 '형제살해법' 이었다.

메흐메드 2세의 카눈나메

제7대 술탄 메흐메드 2세는 자신이 제정한 법령(카눈나메)에서 세계 질서를 위해 형제를 살해하도록 하는 법 규정을 만들었다. 바예지드 1세 이후 형제간에 벌어졌던 10여 년의 내전이 또 일어나지 않을 것이라는 전망도 쉽지 않은 상황에서, 그런 싹이 트지 않도록 하는 방법을 찾은 것이다. 메흐메드 2세는 '카눈나메' 중에 한 문장으로 형제살해법을 규정해 놓았다. 형제살해의 대의명분은 세계질서(니자미 알렘)였다. 현실정치의 통치력이 완벽해야 글로벌 리더가 될 수 있다는 그의 비전을 볼 수 있는 대목이다. "형제 중에서 어느 누가 술탄이 될 경우, 세계질서를 위해 죽일 수 있다. 울레마(이슬람 율법학자)도 승인했으므로 즉시 시행하라." 이 법조문에도 하나의 허점은 있었으니 그것은 승계원칙을 명시하지 않은 것이었다. 튀르크인들의 전통을 따라 그렇게 해놓았는지는 정확히 알 수 없으나, 승계원칙에 대해서는 모든 가능성을 열어놓은 셈이었다. 법조문으로만 본다면, 죽임을 당하지 않고 살아남은 형제가 있다면 그들 중 누구든지 강력한 지지자나 추종자들에 의해 술탄에 오르는 등용문을 통과할 수 있는 길을 열어놓았다. 상황이 그러했지만, 형제살해가 법적으로 정당화되어 술탄에 즉위하면 친형제든 사촌 형제든 미래의 도전자들은 모두 죽일 수 있었다.

형제살해의 최악의 사례를 남긴 술탄은 제13대 메흐메드 3세였다. 그는 할례를 한다는 명목으로 형제들을 모두 황실로 불러들였다. 할례를 치르는 것이므로 두려워할 이유도 없었다. 그러나 그 옆방에는 형제들을 살해할 사람들이 대기하고 있었다. 옆방으로 한 명씩 불려간 형제들은 비단으로 된 활시위로 목이 졸려 살해되었다. 왕가의 피는 신성하므로 형제살해는 피를 흘리지 않는 교살로 이루어졌다. 19명의 형제가 한순간에 살해되었다. 이렇게 150년 동안 80여 명의 형제(삼촌과 사촌 포함)들이 살해되었다. 형제살해와 관련하여 이름(메흐메드)이 같은 두 명의 술탄이 형제살해법의 시작과 끝에서 그 이름을 각인시켰다는 것도 아이러니하다.

메흐메드 2세가 내전을 뿌리 뽑기 위해 형제살해법을 공표했지만, 공교롭게도 그의 사후 그의 아들 바예지드와 젬 간 내전이 일어났다. 바예지드가 내전에서 승리하자 젬은 서방으로 도망갔다. 바예지드는 30년간 통치하면서 재위 말기에는 아들 셀림과 내전을 겪어야만 했다. 바예지드가 승자가 되자 바예지드에게 등을 돌린 예니체리는 반란을 일으키고 셀림을 술탄으로 앉혔다. 메흐메드 2세의 형제살해법은 바예지드 2세(제8대), 셀림 1세(제9대), 쉴레이만 1세(제10대), 셀림 2세(제11대), 무라드 3세(제12대) 등 6대에 걸쳐 140여 년간 이어졌다. 메흐메드의 형제살해법은 즉위한 술탄이 상황에 따라 적용하는 것도 다르게 나타나기도 했지만, 아무리 강력한 법이 있어도 최고의 권력 자리를 놓고 싸우는 투쟁은 그칠 줄 몰랐다. 형제살해 제도가 계속되는 동안 비인륜적인 행위를 비판하는 목소리도 점차 커졌다.

아흐메드 1세의 카페스 제도

메흐메드 3세의 끔찍한 형제살해를 목격한 제14대 술탄 아흐메드 1세는 형제살해를 근절하기 위한 두 가지 대책을 내놓았다. 첫째는 형제살해 제도를 폐지하고, 술탄의 형제들을 궁전 내 별실에 거주하게 하는 카페스 제도를 시행한다는 것이었다. 카페스(kafes)는 '새장' 또는 '철창'의 뜻으로 일종의 소리 없는 감옥과 같은 가택연금 제도였다. 둘째는 가문에서 정신이 건전한 연장자가 술탄 자리를 승계할 수 있다는 '연장자 승계원칙' 이었다. 이에 따라 술탄의 아들이면 다 술탄이 될 수 있는 자격이 생겼다. 권력투쟁의 여지는 여전히 남아 있었지만, 비인도적인 형제살해의 관행은 사라지게 되었다. 그러나 형제살해법이 폐지되고 가택연금 제도가 시행되자 이번에는 더 심각한 문제가 발생했다.

형제들은 카페스에 있는 동안 제한된 자유를 허락받는 대신 추종자를 결집하여 반란을 시도할 수도 없었고, 더 가혹한 것은 가족을 가질 수도 없었다. 카페스에서 지내는 형제들은 파란빛의 스테인드글라스 창문을

카페스 제도의 실제	
제17대 무라드 4세 재위 1623~1640년	흡연, 음주, 커피 음용 등을 금지하고 옷을 갈아입고 칙령을 위반하는 자를 광적으로 처형
제18대 이브라힘 재위 1640~1648년	21년간 카페스에서 생활하다 즉위해 겨우 문자 해독을 할 정도여서 주로 궁정 내실(하렘)에서 여흥을 즐김
제19대 메흐메드 4세 재위 1648~1687년	7세로 등극해 재위하는 39년간 하렘 내 권력투쟁이 절정에 이름
제20대 쉴레이만 2세 재위 1687~1691년	40년간 카페스에서 생활하다 45세에 즉위해 세상 물정에 어두움
제21대 아흐메드 2세 재위 1691~1695년	48세에 즉위하기까지 43년을 카페스에서 생활, 대재상이 사실상 통치

통해 하염없이 보스포루스해협을 바라볼 자유는 있었지만, 외부 출입은 제한되었다. 스테인드글라스 창문을 통해 빛이 들어오는 방에 '감금' 된 형제는 이곳에서 고립된 생활을 했다. 카페스 제도는 잔인한 형제살해의 악습을 철폐하려고 생긴 제도지만, 결과적으로는 행정 경험이 부족하거나 성적으로 무능력하고 때로는 정신이 온전치 않은 술탄을 배출하기도 했다. 카페스 제도는 술탄의 통치 능력을 사전에 점검하거나 사회성이나 정치적 전문 지식 같은 자격 요건을 배양하는 것과는 거리가 멀었다. 1603년부터 1908년까지 300여 년 동안 22명의 술탄이 궁전 카페스에서 지내다가 술탄이 되었다. 특히 17세기 술탄의 정신건강은 중요한 문제로 등장했다. 제15대 무스타파 1세(재위 1617~1618, 1622~1623년), 제18대 이브라힘(재위 1640~1648년), 제19대 메흐메드 4세(재위 1648~1687년)도 카페스에서 나와 술탄이 되었는데, 정신건강 문제나 외골수적인 행동으로 '미쳤다' 는 소리를 들었다.

2. 노예 제도

오스만제국 시대의 노예 제도

노예의 역사는 그 뿌리가 깊다. 노동과 노예는 불가분의 관계가 있었고, 노동이 있는 곳에는 늘 노예가 있었다. 수메르 시대부터 고대 그리스·로마 시대, 이슬람제국 시대, 비잔티움 시대에도 노예 제도는 있었다. 오스만제국도 예외는 아니었다. 기원전 4세기 고대 그리스 철학자 아리스토텔레스는 노예제를 옹호했다. 그에 따르면 여성과 노예의 본성은 시민이 되기에 적절치 않았다. 지금 생각하면 누가 봐도 부당한 일이지만, 아리스토텔레스가 그런 주장을 한 뒤로도 이 부당함은 2000년 이상 지속되었다.*

*마이클 샌델, 이창신 옮김, 정의란 무엇인가, 김영사, 2009, p.280.

노예는 두 가지 방법으로 공급되었다. 첫 번째는 전쟁이었고 두 번째는 거래였다. 고대와 중세에 전쟁이 일상이었을 때는 전쟁이 노예의 공급원이었다. 전쟁 포로들은 전리품인 노예로 공급되었다. 이슬람제국이 탄생한 이후 이슬람 세계에서도 노예무역이 성행했다. 노예가 사고 팔리는 노예시장도 생기게 되었다. 이슬람교의 경전 쿠란에서 노예란 자유가 없는 이교도 사람으로, 사회구성원으로서의 노예의 존재를 인정했다.** 이슬람교의 율법인 샤리아에 따르면 움마(이슬람 공동체) 밖의 사람은 노예로 만들 수 있었고, 노예는 소유되고 사고팔고 거래할 수 있었다. 이슬람교에서 노예는 인간(human beings)으로 대우하고 학대와 혹사를 금지한다는 점에서 유럽의 경제적 동기에 의한, 이를테면 대서양 노예무역과는 성격이 달랐다.

** 쿠란에는 여러 차례 노예가 언급되는데, 노예 조항은 다음과 같은 것이 있다. 사회구성원으로서의 노예의 존재(2:178, 16:75, 30:28), 노예 처우 개선(2:177), 노예 해방 (4:92), 노예·종에 대한 대우(2:221, 4:25, 24:32), 노예·종과의 성적 관계 허용(23:5~6, 70:29~30) 등.

오스만제국에는 노예 제도인 쿨(kul) 제도가 있었다. '쿨' 이라는 말은 노예로 번역되지만, 넓은 뜻으로는 술탄의 모든 백성을 뜻하고, 좁은 뜻으로는 술탄에 봉사하는 군인이나 관료를 말한다. 쿨 제도는 이교도 노예 출신의 사람들이 군사나 행정 요직에 등용되는 제도였다. 쿨 제도는 엘리트 노예계층을 형성했고, 이렇게 형성된 엘리트 노예계층은 지배계층으로 군림했다. 같은 맥락에서 궁정의 하렘에서 일하는 여성들도 이교도 엘리트 노예계층이었다. 오스만 사회에서는 종교 논리적으로 모든 백성은 술탄의 노예였으므로 술탄은 이교도 노예의 노동, 재산, 삶에 대한 절대적 권력을 장악했다. 그런데도 노예라는 신분은 군부나 행정에서 상위의 지위와 정치적 힘을 가지는 사회적 신분 이동의 수단이 되었다. 노예 출신의 남성은 쿨 제도로 술탄의 친위대인 예니체리가 되어 통치자와 공생공존의 관계가 되었고, 하렘에서 교육받은 여성들은 황실에서 공적 존재로서의 위상을 가졌다. 하지만 하렘에서의 일부다처제의 축첩 관습은 동정(童貞)과 성욕 억제를 최고의 덕목으로 삼은 중세 기독교 신학자들의 비판 대상이 되기도 했다.

데브쉬르메 제도

데브쉬르메(Devşirme) 제도는 쿨 제도의 구체적인 실행이었다. 데브쉬르메는 오스만 튀르크어로 모집, 소집이라는 뜻이다. 건국 초기 오스만제국은 국가 규모 커지면서 전문적인 상비군이 필요해졌다. 무라드 1세(재위 1362~1389년)는 펜치크(Pençik) 법령으로 전쟁 포로의 5분의 1은 국가에 배당되도록 했다. 국가는 훈련과 교육을 통해 이들을 병사로 육성했다. 그런데 1402년 티무르와의 앙카라 전투 후 10년이 넘는 내전 시기에는 외부와의 전쟁이 없었으므로 포로도 없었다. 무라드 2세(재위 1421~1451년) 때 재개된 원정사업으로 병력 충원이 긴박해지자 오스만 영토 내 비무슬림 소년들을 징집하기 시작했다. 이교도 가정의 소년을 징집하는 데브쉬르메 제도는 무라드 2세 때 법제화되어 기독교 가정의 소년이 징집되었다. 징집 공무원은 술탄의 칙령과 판관이 발행한 징집 대상지 확인서를 소지하고 징집 대상지에서 임무를 수행했다. 주로 발칸 지방의 알바니아인, 보스니아인, 그리스인, 불가리아인, 세르비아인, 크로아티아인 등의 가정에서 징집했고, 튀르크 무슬림과 쿠르드, 유대인, 아르메니아인 가정은 징집 대상에서 제외되었다. 징집 대상은 8~15세의 기독교 가정의 소년이었고, 외아들은 징집 대상이 아니었다. 소년을 공납한 세대는 세금이 면제되었다. 데브쉬르메 제도는 병력 수요에 따라 3, 5, 7년마다 시행되었는데, 대외 전쟁이 많은 14~16세기에 전성기를 이루었다.

데브쉬르메 제도로 징집된 소년들은 먼저 아나톨리아에 있는 튀르크 가정에 보내졌다. 현대식으로 말하면 홈스테이였다. 기독교 소년들은 튀르크 가정에서 지내며 튀르크어와 이슬람 예법을 배웠다. 홈스테이 교육과정을 마치면 신병교육대에서 군사와 인문, 체력 단련 등 다양한 과목의 교육과 실습을 받았다. 홈스테이 과정과 심신 단련 훈련을 성공적으로 수료하면 예니체리 신병 교육대 입소 자격을 취득하고 예니체리 병사나 간부가 되었다. 최우수 교육이수자는 엔데룬(Enderun) 내 궁정학교에 입교하여 고위관료가 되었다. 엔데룬 궁정학교는 궁정 내 엘리트 관료 양성 학교였다. 7~8년의 예비 교육 기간을 포함 평균 14년간의 교육 기간* 에 이슬람, 시, 음악, 천문학, 기하학, 지리학, 역사, 논리학, 문학, 철학, 외국어 등 다양한 인문 과목이 포함된 강도 높은 전인 교육을 받았다.

* Gulay Yilmaz, Becoming a Devsirme : The Training of Conscripted Children in the Ottoman Empire, Children in Slavery Through the Ages, Ohio: Ohio University Press, 2009, p.123.

신분 상승의 사다리

데브쉬르메는 비무슬림 가정 소년들에게 신분 상승의 사다리가 되었다. 신분 상승이라는 가능성 때문에 비무슬림 가정에서도 징집을 피하지 않았다. 데브쉬르메 출신은 술탄의 근위대인 예니체리 부대나 중앙과 지방 정부의 요직에서 일했다. 데브쉬르메 출신이 관료로 일하게 된 것은 메흐메드 2세 때부터로, 술탄의 근위대와 정부의 고위관료에 무슬림이 아닌 이교도 인재를 발탁해 임용했다. 군부와 공직사회의 주요 채용 경로가 데브쉬르메였다. 오스만 정부는 데브쉬르메 제도로 왕가의 핏줄을 이어받은 혈통이나 특정 지방과 연계가 없는, 오직 술탄에 충성하는 사람들을 군부와 공직에 배치할 수 있었다. 이로써 오스만 정부는 중립적인 관료사회와 군부를 보유하게 되었다. 제국 초기 150년간은 튀르크 출신이 대재상이 되었지만, 데브쉬르메 제도 시행 이후에는 주로 비무슬림 출신이 대재상이 되었다. 대재상은 술탄 다음의 정치 의전 서열로 막강한 정치 권력을 행사했다. 19세기에 국제관계를 협상과 외교로 풀어나가야 하는 상황에서 대재상의 역할이 커지자 대재상 공관은 오스만제국의 정치 중심지가 되었고, 그 공관은 바브알리(Bâb-ı Âli, 위대한 문)로 불렸다. 오스만제국 말기에 유럽인들은 바브알리를 '튀르키예 정부'를 지칭하는 말로 사용했다.

그러나 16세기 말부터 무슬림 청소년들이 데브쉬르메로 입영하면서 데브쉬르메 제도는 부패하기 시작했다. 데브쉬르메 제도가 본래 취지에서 벗어나게 된 데는 인구·경제·군사적인 이유가 있었다. 16세기 내내 제국의 인구가 증가(16세기 말 3500만 명 추정)한 데다, 신대륙(아메리카)으로부터 막대한 양의 금·은이 유입되면서 유럽의 물가가 폭등한 것이 오스만 경제에 타격을 주었다. 그러나 무엇보다 오스만제국에 고통을 준 것은 유럽의 군사적인 발전이었다. 군사기술에서 열세에 몰린 오스만제국은 해결책으로 병력을 증강하기 위해 무슬림 장정을 데브쉬르메로 받아들였다. 무슬림 가정에서 뇌물 수수 등 온갖 불법적 수단과 방법을 동원하여 아들을 예니체리 병사로 만들어 출세시키려는 사회 풍조도 데브쉬르메의 성격 변화에 가세했다. 무슬림 가정의 신분 상승 욕구가 데브쉬르메 고유의 특징을 퇴색시키는 데 한몫했다. 경제 사정이 악화하면서 1670년에 이르러 예니체리의 연간 봉급 수준이 100년 전의 절반 수준으로 떨어지자, 예니체리는 반란의 온상이 되었다. 유명무실해진 데브쉬르메 제도는 예니체리가 폐지된 1826년까지 계속되었다.

국가의 중추 예니체리

예니체리(Yeniçeri)는 오스만 튀르크어로 '새로운(yeni)'과 '군인(çeri)'이 합쳐진 말로 '새로운 병사'라는 뜻이며, 오스만제국의 군대 중 하나이다. 예니체리는 능력을 검증받아 선발된 병사들로 이루어진 최정예 부대인 만큼 중앙상비군 중의 핵심 부대이자 국가의 중추였다. 예니체리 부대는 3개월마다 봉급을 받는 전문 직업군인으로, 예니체리 제복을 입고 군악대(메흐테르, mehter)의 연주에 맞추어 행진하는 등 다른 부대와는 차별성이 있었다. 예니체리 병사들은 이슬람 수니파 신비주의 교단인 벡타쉬(Bektashi)파의 신자가 되어 엄격한 규율하에 생활했기 때문에 병사 간 유대 관계는 매우 돈독했다. 예니체리는 오스만제국의 최정예 부대로 술탄과 함께 원정에 나가 탁월한 용맹성과 전투 능력을 발휘했다. 오스만제국의 영토 확장 과정에서 역사상 가장 무시무시한 전쟁기계(war machine) 같은 예니체리의 기여와 영향력은 막강했다.

그러나 16세기 중반부터 예니체리의 기강이 해이해지기 시작했다. 이와 동시에 오스만제국과 유럽 간의 무기체계에 격차가 생기기 시작했다. 유럽이 소총 같은 화기로 무장하자, 오스만제국은 무기체계를 발전시키는 대신에 예니체리 병사 수를 늘리는 것으로 유럽에 맞서려고 했다. 매년 예니체리 병사 수가 늘어나자 예니체리 신병 교육이 소홀해졌다. 결혼은 금지되었지만, 16세기 후반부터는 결혼한 병사가 늘기 시작했다. 게다가 무슬림들도 예니체리 부대에 들어오고, 결혼한 예니체리 병사들은 상업적인 일에 손을 대는 등 예니체리의 엄격한 기강과 규율이 사라져 갔다. 술탄을 폐위하고 옹립할 수 있는 정치적 힘을 가진 예니체리가 각종 비리의 온상이 되면서 "생선은 머리부터 썩는다"라는 말이 유행했다. 예니체리 병사들은 술탄에 항거하거나 반란을 일으킬 때면 밥솥을 걸어내 시위장소까지 들고 나왔다. 술탄이 주는 '밥'을 안 먹는다는 뜻이었다. 예니체리는 초기 200여 년 동안 오스만제국의 영토 확장을 이룬 영웅이었지만, 17세기 이래 군 기강이 도를 넘게 해이해지면서 변화나 새로움을 꾀하지 않는 나태한 타성과 아무도 막을 수 없는 도덕 불감증에 빠져 국가 운영에 큰 부담이 되었다.

18세기부터 오스만제국은 변화를 거듭하는 유럽에 맞서 군대 조직과 훈련을 유럽식으로 근대화하려고 했다. 그러나 중앙정부의 유럽식 근대

오스만 군악대 메흐테르 메흐테르는 평시에는 바이람 행사, 세자의 할례의식 등 술탄을 위한 특별한 행사나 메카로 성지 순례단이 떠날 때 동원되었다. 전시에는 적군에게 공포를 조장하고 아군에게는 사기를 북돋게 하였다. 18세기 오스만 궁정화가 레브니는 『베흐비의 축제의 책(Surname-i Vehbi)』이라는 책에서 메흐테르의 모습을 삽화로 남겨놓았다. 톱카프궁박물관(TSM) fol.172a. 미리암 그린블랏트, 장엄한 쉴레이만과 오스만제국(Süleyman the Magnificent and the Ottoman Empire), 뉴욕: 벤치마크 북스, 2003, p.64.

화는 기득권층 예니체리의 반대로 번번이 무산되고 말았다. 언젠가는 안하무인인 예니체리도 '임자'를 만나게 되어 있는 법. 1826년 제30대 술탄 마흐무드 2세는 목숨을 건 결단을 내렸다. 그는 치밀한 계획과 실행으로 근대화의 최대 걸림돌인 예니체리를 해체하는 데 성공했다. 오스만제국의 근대화는 예니체리가 폐지되고 나서야 본격적으로 시작되었다. 유럽에 비교하면 매우 늦은 시작이었다. 예니체리 폐지 후에 유럽식 복장을 한 '아사키리 만수레이 무함메디예(무함마드의 승리의 군대)'가 창설되었다.

군악대 메흐테르

1299년 셀주크의 술탄 케이쿠바드 3세는 오스만제국의 시조 오스만 1

오늘날의 오스만 군악대 메흐테르

세에게 오스만 토후국을 승인하는 뜻으로 큰 북과 통치자의 상징인 투우(tuğ, 깃발)를 보냈다. 중앙아시아 튀르크인들에게 북은 국가, 독립, 주권을 상징하는 악기였다. 오스만제국의 군악대는 건국 초기부터 있었다. 예니체리가 조직되면서 군악대 메흐테르가 정규 병과로 개설되었다. 메흐테르는 전쟁 때마다 선두에서 천둥과 번개를 연상시키는 북소리로 심장박동과 같은 전율을 느끼게 하여 아군의 전투력을 고취했고, 공포를 느끼게 하여 적군의 사기를 떨어뜨렸다. 메흐테르는 전장에서뿐만 아니라 궁전의 의전행사에서도 연주했다. 메흐테르 군악대의 악기로는 쾨스(큰 팀파니), 다불(큰 북), 주루나(피리), 보루(트럼펫), 심벌즈, 트라이앵글 등이 있었다. 오스만 군악대의 큰북과 심벌즈의 강렬한 합주 소리는 모차르트와 베토벤 같은 유럽의 음악가들에게도 영감을 주었다. 메흐테르는 1826년 예니체리 폐지와 함께 해단되었다가, 1908년에 전통을 살리는 취지로 국립군사박물관에 다시 조직되었다. 근래에 오스만 군악대 메흐테르는 '튀르키예 문화 사절' 로서의 역할을 하고 있다.

3. 황실 하렘과 여성

톱카프 궁전

비잔티움의 성채가 있던 자리에 세워진 톱카프 궁전(Topkapı Palace)은 400년간 오스만제국 술탄의 관저이자 행정중심지였다. 메흐메드 2세가 콘스탄티노플을 정복한 후 6년이 지난 1459년에 비잔티움의 폐허 위에 건축이 시작되어 1478년에 완공되었다. 콘스탄티노플을 정복한 메흐메드 2세는 비잔티움이 남긴 궁전 건축물을 사용하지 않았다. 그는 1453년에 먼저 현재 이스탄불대학교 총장실이 있는 부지에 술탄이 거주할 작은 왕궁을 지었다. 이 궁전은 몇 년 후 톱카프 궁전이 건축되면서 톱카프 궁전과 구별하기 위해 '사라이 아틱(Saray-ı Atik, 구궁전)' 이라는 이름이 붙었고, 톱카프 궁전은 신궁전이라는 뜻으로 '사라이 제디드(Saray-ı Cedid)' 라 불렸다. '사라이 아틱' 은 오스만제국이 이스탄불에 지은 최초의 궁전이었으나, 톱카프 궁전의 위용과 명성에 밀려 존재감을 잃고 현재는 실체가 없이 기록만 남아 있다.

'신궁전' 을 '톱카프 궁전' 으로 부르기 시작한 것은 마흐무드 1세(재위 1730~1754년) 때인 것으로 알려진다. '톱카프' 는 '대포(top)의 문(kapı)' 이라는 뜻이다. 궁전 입구 양쪽에 대포가 배치된 데서 연유한다. 톱카프 궁전은 세 개의 출입문, 네 개의 중정(courtyard), 하렘으로 구성되고, 내각회의실, 알현실, 도서관, 주방, 무기고, 보석관, 성물관 등 15가지 정도의 기능을 겸한 부속 시설물로 이루어져 있다.

톱카프 궁전은 유럽의 호화로운 궁전과는 구조와 장식 면에서 확연하게 차별된다. 외관과 내부 장식이 매우 소박하고 검소하다. 메흐메드 2세는 궁전의 외양보다는 비잔티움의 성곽처럼 적의 침입을 막을 수 있는 방어력을 극대화하는 데 힘을 모았다. 그래서 궁전은 보스포루스해협의 고지대를 선택하여 골든 혼과 마르마라해가 한눈에 보이는 곳에 세워지고 높은 성벽으로 둘러싸이게 되었다.

오스만제국이 다국적 · 다문화 사회인 것과 같이 톱카프 궁전은 글로벌 다문화 현상의 시발점이었다. 톱카프 궁전은 최고 통치자 술탄이 야심 찬 궁전관리들, 아름다운 궁녀들, 교활한 환관들과 같이 사는 곳으로 다국적 네트워크가 자연스럽게 연결되는 곳이었다. 톱카프 궁전에 있는 네 개의 중정은 각기 다른 기능을 하고 있다. 제1 중정은 종교 행사나 궁전 축제가 있을 때 일반인의 입장이 자유롭게 허락된 곳이다. 제2 중정에는 하렘과 디반(내각회의가 열리던 곳), 황실 주방이 있다. 궁전의 의전 행사가 열리던 곳이다. 제3 중정은 술탄의 사적인 공간으로 출입이 매우 제한된 곳이었다. 이곳에는 궁정학교, 외국 대사가 술탄을 접견하는 알현실, 아흐메드 3세의 도서관이 있다. 제3 중정은 별도의 출입문 없이 보스포루스해협이 한눈에 들어오는 제4 중정으로 연결된다.

톱카프 궁전에 재상들이 참석하는 내각회의 건물과 술탄이 외국 사절을 접견하는 알현실을 둔 것은 이곳이 국가통치와 행정의 중심이라는 설명을 가능하게 한다. 내각회의에 술탄은 직접 참석하지 않고 커튼 역할을 하는 창문을 통해 회의를 경청했다. 술탄이 내각회의 결정에 동의하지 않으면 창문의 커튼을 내렸다. 술탄의 거부권 행사였다. 술탄이 거부한 의제는 재심의해야 했다. 내각회의가 열리는 날은 예니체리의 경호가 강화되었다. 예니체리의 봉급일과 외국 사절이 술탄을 알현하는 날이 같을 경우, 예니체리는 궁전에서 배급하는 수프를 먹을 수 있었다. 예니체리가 수프를 먹는 광경은 외국 사절에게 큰 볼거리였기 때문이다.

톱카프 궁전은 국가행정을 집행하는 일 외에도 사법권을 관장하고 형을 집행하는 곳이기도 했다. 19세기 들어 톱카프 궁전이 국제의전 수요를 맞추지 못한다는 이유로 국가통치는 돌마바흐체 궁전으로 이전하게 되었지만, 톱카프 궁전에서 있었던 전통적인 의례는 오스만제국의 마지막 날까지 톱카프 궁전에서 대부분 그대로 열렸다. 톱카프 궁전은 세밀

톱카프 궁전.

셀림 3세(재위 1789~1807년)의 여동생 하티제 술탄의 톱카프 궁전 내실 하렘 왼쪽 끝에 앉아 있는 하티제 술탄이 궁녀들을 접견하고 있고, 다른 궁녀들은 음식을 들고 기다리고 있다. 유럽과 튀르크식이 혼합된 화려한 내부장식이 돋보인다. 앙투안 이그나스 멜링의 1819년 판화. 네즐라 아르슬란 세빈, 판화에 살아 있는 오스만인들(Gravürlerde Yaşayan Osmanlı), 튀르키예 문화관광부, 2006, p.335.

화, 필사본을 비롯해 역사적 · 학술적으로 가치가 높은 30만 점의 사료를 소장하고 있다.

쿨과 하렘

하렘(harem)은 '남성의 출입이 금지된 내실'이라는 뜻으로, 술탄의 가족과 시종(여성)들의 생활공간이었다. 하렘은 우마이야 왕조나 맘루크 왕조에도 있었지만, 아바스 왕조의 이슬람 세계에서 처음으로 완전히 제도화되었다. 오스만제국에서도 톱카프 궁전에 하렘을 두었는데, 하렘에 들어간 여성들은 노예 출신이었다. 오스만제국에서 노예는 쿨(kul)이라 불렸는데, '쿨'이란 술탄의 노예로서 술탄에 봉사하는 사람들을 의미했

휘렘 술탄

다. 술탄을 위해 봉사한다는 의미에서 예니체리와 하렘의 후궁과 시종은 모두 '쿨' 이었다.

남성 '쿨' 은 데브쉬르메라는 제도로 공급되었지만, 여성 '쿨' 은 주로 노예시장에서 공급되었다. 16~19세기에 유럽에서는 흑인 노예를 수입하고 매매했다. 오스만제국도 몽골제국의 크림한국과 노예무역을 했다. 노예 수요가 많아지자 메흐메드 2세가 이스탄불에 노예시장을 개설했다. 톱카프 궁전의 하렘은 다양한 경로를 통해 입궁한 노예 출신의 여성들로 채워졌다. 그러나 오스만제국의 노예는 노동력을 공급하기 위한 것이 아닌 데다 신분 상승을 할 수 있었기 때문에 서구의 노예와는 달랐다. 기독교 가정의 소년이 특수 교육을 통해 군부나 행정의 관료가 되는 것처럼, 입궁한 여성들도 엄격한 교육과정을 통해 오스만 황실의 일원이 되었다. 술탄을 위한 남성 군대 조직 '쿨' 과 황실의 여성 세계인 하렘은 중앙행정기관의 체계적인 기구였다. 특히 하렘은 성적 쾌락만을 위해 존재한다는 서구의 편견과 오해로 잘못 알려진 면이 많은 곳이다. '쿨 제도' 가 오스만제국이 필요한 군부와 행정부의 엘리트를 양성하는 역할을 했다면, '하렘' 은 오스만 가문이 대를 이어나가도록 후손을 생산하여 왕통을 이어가는 데 핵심적 역할을 했다. 예니체리와 하렘은 군주의 포용적 통치술 아래 당대 최상의 환경에서 최고 지성의 가르침을 받는 집단이었다.

톱카프 궁전의 하렘

하렘에 대한 오스만제국 건국 초기의 기록은 매우 드물다. 건국 후 150여 년이 지난 메흐메드 2세 때부터 궁전 내 하렘 조직이 구체화되었다. 하렘은 톱카프 궁전의 제2 중정과 제3 중정에 연결되어 있다. 하렘에서 생활하는 사람들은 술탄, 술탄의 가족, 황모, 세자, 공주, 후궁과 시종 등이었다. 남자의 출입이 금지된 곳이었지만, 그렇다고 남자가 전혀 없는 것은 아니었다. 남성으로는 술탄과 그의 아들만이 하렘을 드나들 수 있었다. 하렘을 경비하는 경비수장은 거세된 흑인 남성이었고, 후궁에 봉사하는 시종들을 관리하는 시종장은 거세된 백인 남성이었다. 노예 출신 여성들이 입궁하면 까다로운 궁중 예절과 법도를 교육받아야 했고, 하렘 내에서는 엄격한 궁중 예법을 지켜야 했다. 후궁과 시종들 사이에도 엄격한 규율과 서열이 존재했다. 후궁이 아들을 낳으면 '하세키 술탄' 이라는 칭호를 얻었고, 딸을 낳으면 '하세키 카든' 이라는 칭호를 얻었다.

우크라이나 노예 출신으로 쉴레이만 1세의 왕비가 된 휘렘(록셀라나)은 하렘 역사상 전설적인 인물이다. 그녀는 크림한국의 타타르인들에게 납치되어 이스탄불 노예시장을 거쳐 쉴레이만 1세가 즉위하던 해에 입궁했다. 술탄 쉴레이만 1세의 후궁이 된 휘렘은 아들을 낳아 '하세키 술탄' 이라는 칭호를 얻고 황실의 일원이 되었다. 술탄과 휘렘의 관계는 매우 각별했다. 술탄은 휘렘과의 결혼식을 궁전에서 성대하게 치렀는데, 노예 출신과 궁전에서 결혼식을 거행한 술탄의 결단에 사람들은 놀라움을 금치 못했다. 황실 규정상 후궁은 아들을 한 명만 낳는 것이 허락되었지만, 휘렘은 쉴레이만 1세의 특별한 배려로 5명의 아들을 낳았다. 휘렘은 수시로 원정을 나가 있는 술탄에게 사랑과 그리움을 표현하는 편지를 보냈고, 술탄 역시 사랑을 주제로 한 많은 시를 남겼다. 휘렘은 궁핍한 사람들을 돕는 자선사업도 많이 했다. 명장 건축가 시난을 통해 하세키 술탄 모스크와 하세키 휘렘 하맘(목욕탕)을 이스탄불에 건축했다. 휘렘은 1558년에 사망하여 쉴레이마니예 모스크 영묘에 안장되었다.

황모 '발리데 술탄'

하렘 내 실질적인 권력자는 술탄의 어머니인 황모였다. 황모에게는 '발리데 술탄(Valide Sultan)' 이라는 칭호가 붙여졌다. 역대 36명의 술탄 중 23명 술탄의 어머니가 발리데 술탄이 되었다. 술탄이 새로 등극하면 톱카프 궁전의 하렘에서 살던 술탄 가족들은 '구궁전' 으로 이전하여 '방' 을 비워줬다. 황모는 정부로부터 고위관료보다도 높은 수준의 일당을 받을 만큼, 황모의 의전상 위상은 매우 높았다. '발리데 술탄' 은 거대한 조직체인 하렘과 하렘의 모든 구성원을 관리하고 궁전이 안전과 평온 속에 유지되도록 감시하는 권한이 있었다. 아들과 동침할 여성을 정하는 것도 발리데 술탄의 임무 중 하나였다. 술탄의 아들을 낳으면 일단 '발리데 술탄' 이 될 가능성은 있었다. 최초의 발리데 술탄은 쉴레이만 1세의 어머니인 아이셰 하프사였다. 그녀는 크림한국의 타타르 출신으로 1520년 아들의 술탄 즉위에 따라 입궁했다.

오스만제국과 하렘이 동의어처럼 여겨진 시기가 있었다. 16세기 중반부터 17세기 중반까지 하렘의 황모 '발리데 술탄' 을 중심으로 한 정치 권력이 막후에서 부상했다. 휘렘(재임 1534~1558년)을 시작으로 투르한 하티제(재임 1651~1683년)까지 150여 년간으로, 이 시기는 황실 여성의 섭정시대(Sultanate of Women)가 되었다. 거의 같은 시기에 프랑스 황실에서도 카트린 드 메디시스, 마리 드 메디시스, 안 도트리슈 같은 왕비의 섭정 시대가 있었다. 모성애와 모성 본능의 힘을 강조하는 종교적 믿음 아래, 하렘의 발리데 술탄은 막후에서 국정에 깊이 간여했다. 발리데 술탄이 국정에 개입하는 일은 휘렘 때부터 시작되었다. 그러나 휘렘은 발리데 술탄이 되지는 못했다. 아들 셀림 2세(재위 1566~1574년)가 술탄에 즉위했을 때 그녀는 이미 세상을 떠난 뒤였기 때문이다. 그녀는 '하세키 술탄' 신분으로 발리데 술탄 같은 정치적 힘을 발휘했다. 휘렘은 쉴레이만 1세의 가장 가까운 국정 자문관이었다. 쉴레이만은 국사를 휘렘과 논의하고 의견을 구했다. 휘렘이 쉴레이만보다 먼저 세상을 떠나자, 쉴레이만은 딸 미흐리마에게 크게 의지했다. 미흐리마는 아버지를 따라 원정에 나섰고 어머니 휘렘처럼 국정을 주도할 뿐만 아니라 외국 군주와도 외교적 관계를 갖는 등 아버지를 돕는 일에 적극적이었다. 휘렘은 궁정정치에서 빼놓을 수 없는 음모와 술책에 능했다는 부정적인 평가도 함께 받았다. 한 예로 휘렘은 자신이 낳은 아들이 술탄을 승계하도록 교묘한 책략을 꾸며 쉴레이만의 전처의 아들인 무스타파가 처형되도록 했다.

황모의 실질적 권력은 어떠했을까? 1640년 베네치아 대사가 대재상에게 서신을 황모에게 전달해달라고 요청했다. 이를 불쾌하게 여긴 대재상이 거절하긴 했지만, 황모의 보이지 않는 정치적 힘이 의전서열 2인자를 넘어섰다는 방증이었다. 셀림 2세의 후궁이자 무라드 3세의 어머니인 누르바누, 무라드 3세의 후궁이자 메흐메드 3세의 어머니인 사피예, 아흐메드 1세의 하세키 술탄이자 무라드 4세의 어머니인 쾨셈, 이브라힘 1세의 하세키 술탄이자 메흐메드 4세의 어머니인 투르한 등이 막후에서 정치권력을 행사한 하렘의 여성들이었다. 누르바누가 권력을 행사하던 시기에는 토지 제도의 근간인 티마르가 무너지기 시작하고, 뇌물청탁과 부정부패의 징후가 곳곳에서 나타나기 시작했다. 사회가 불안정해지면서 하렘의 권력이 하렘의 담장을 넘기 시작했다.

메흐메드 3세는 황모인 사피예의 일당을 대폭 인상하여 극진하게 대우했고, 원정에 나가면 국고를 사피예에게 맡길 정도로 황모에게 의존했다. 아들인 술탄의 파격적인 대우만큼 황모 사피예의 권한도 만만치 않았다. 그녀가 추천한 사람들이 관리가 되었고, 그녀의 눈에 벗어나면 해임되었다. 사피예에게 선물을 전하려는 사람들이 서로 경쟁했고, 술탄보다도 황모의 심기를 살피는 시종들이 늘어났다. 무라드 4세는 11세의 어린 나이에 즉위하여 즉위 전반에는 어머니인 쾨셈이 영향력을 행사했다.

메흐메드 4세도 7세의 어린 나이에 즉위하여 황모인 투르한이 국정을 운영하는 수렴청정을 했다. 궁정 내에서 넓은 정보망을 수립한 투르한은 1651년부터 1683년까지 32년간 '발리데 술탄' 자리를 지키며 가장 오랜 섭정을 했다.

술탄의 결혼 관례

오스만제국에서 술탄의 어머니(황모)와 술탄의 아내(황후)는 대부분 튀르크인도 아니고 무슬림도 아닌 사람들이었다. 예니체리 부대에 배치할 장정을 기독교 가정에서 선발해 오는 것처럼, 황모와 황후의 출신 국적도 다양했다. 오스만제국의 건국 초기 술탄은 비잔티움 황제, 아나톨리아 토후국의 태수, 발칸의 공국 군주의 딸과 정략결혼을 했다. 제7대 술탄 메흐메드 2세가 콘스탄티노플을 정복하고 하렘의 규모가 확대되면서 궁전 하렘에는 대부분 노예 출신의 비무슬림계 여성들이 거주하게 되었다. 하렘 여성의 출신 지역으로는 그루지야, 그리스, 루마니아, 아르메니아, 알바니아, 세르비아, 불가리아, 우크라이나, 러시아, 캅카스 등 다양했다. 이슬람 율법에 따라 노예는 주인의 재산이기 때문에 술탄은 결혼

후궁의 서열		시종의 서열	
하세키 술탄 (haseki sultan)	세자를 낳은 여성	우스타 (usta)	책임시종
하세키 카든 (haseki kadın)	공주를 낳은 여성	칼파 (kalfa)	주임시종
이크발 (ikbal)	결혼이 가능한 여성	자리예 (cariye)	견습시종
괴즈데 (gözde)	눈에 든 여성	아제미 (acemi)	수습시종

식 같은 형식은 필요하지 않았다. 이슬람 법학자의 수장인 셰이훌이슬람이 남편과 아내 관계의 약혼을 인정하는 때도 있지만, 이 절차도 필수적인 것은 아니었다. 예외적으로 쉴레이만 1세가 휘렘과 궁전에서 공식적인 결혼식을 거행했다. 이슬람 율법에 따라 술탄은 네 명의 처를 갖는 것은 허용되었다. 그러나 실제로는 네 명 이상의 처를 갖는 경우도 많았다. 압뒬하미드 2세(재위 1876~1909년)는 13명의 처를 두었다. 술탄의 후궁들은 정식으로 결혼한 아내의 대우를 받았다. 네 명의 처도 제1부인, 제2부인 등으로 불려 서열이 존재했다. 술탄의 첫 번째 아내는 바쉬카든(Başkadın)으로 불려 술탄의 수석 부인임을 나타냈다.

제10화

이슬람의 사회

1. 튀르크인들의 이슬람 수용

아랍 세계와의 접촉

7~8세기경 튀르크인들은 중앙아시아의 시르다리야강과 아무다리야강 사이의 트란스옥시아나에서 살았다. 현재의 우즈베키스탄, 타지키스탄, 카자흐스탄에 걸친 지역이다. 이곳은 사마르칸트와 부하라 등의 도시가 있어 실크로드 역사에서 가장 중요한 지역 중 하나였다. 페르시아 사산 왕조 시대에 실크로드가 지나는 트란스옥시아나는 경제적으로나 문화적으로나 부유하고 풍요로운 곳이었다. 이곳은 세계사에서 갑자기 등장한 '이슬람의 대정복 시기' 전까지 돌궐이 차지하고 있던 지역이었다. 아랍의 이슬람 세력은 642년 페르시아 사산 왕조와의 네하벤드(Nehavand) 전투에서 승리한 후 사산 왕조의 이란 전역을 평정하고 부하라를 정복하며 아무다리야강 연안까지 진출했다. 성전을 내세우며 중앙아시아 원정에 나선 우마이야 왕조의 쿠타이바 이븐 무슬림(Qutayba ibn Muslim)*이라는 명장의 군사력과 전략으로 트란스옥시아나도 아랍 세력의 영토가 되었다. 이리하여 7세기 후반에 튀르크인들은 아랍 이슬람군을 처음으로 만나게 되었다. 아랍 이슬람 세력은 튀르크인들에게 개종하거나 세금을 납부하라고 요구했다. 하지만 유목민족인 튀르크인들은 아랍 군대의 무도한 살인과 약탈 행위, 개종 압박에 끝까지 저항했다. 아랍 이슬람군의 강한 공세에 직면한 튀르크계 부족 카를루크는 중국에 사신을 보내 도움을 요청하기도 했다. 튀르크인들의 아랍 군대와의 초기 만남은 순탄치 않았다.

* 우마이야 왕조의 사령관으로 호라산 총독을 지낸 쿠타이바 이븐 무슬림(669~715년)은 칼리프 알 왈리드 재위기에 트란스옥시아나 원정을 성공적으로 이끈 명장으로 이름을 알렸다. 쿠타이바가 이끈 아랍 군대는 카슈가르, 부하라, 화레즘, 사마르칸트, 타슈켄트 등 중앙아시아의 주요 도시를 거의 장악했다. 쿠타이바의 성공적인 정복 활동으로 중앙아시아 지역에 이슬람이 전파되었다. 쿠타이바는 13년간 트란스옥시아나 지역을 지배했으나, 지배층 내분으로 새로 등극한 칼리프 술라이만에 대한 복종을 반대한 반란군에 의해 피살되었다.

튀르크인들과 아랍인들의 관계에 중요한 전환점이 된 사건은 751년에 있었던 탈라스 전투다. 카자흐스탄의 탈라스강 유역에서 고구려 출신 장

수 고선지가 이끄는 중국의 당나라군과 이슬람제국 아바스 왕조 간에 벌어진 전투였다. 전투가 벌어진 중앙아시아 지역은 중국이나 이슬람제국 양자에게 낯선 지역이었지만, 이들 제국은 풍요로운 시르다리야강 유역을 포함한 중앙아시아 지역을 지배하고자 했다. 이 전투는 당나라의 동맹으로 참전했던 튀르크계 카를루크가 전투 중 아바스 왕조로 돌아서면서 이슬람군의 승리로 끝났다. 탈라스 전투의 결과는 지역과 세계 역사에 중장기적 영향을 끼쳤고, 이슬람에 적대적이던 튀르크인들이 이슬람을 수용하는 데 결정적인 계기가 되었다. 그것은 아바스 왕조의 다양한 민족을 포용하려는 개방정책과 민족을 초월한 평등정책 때문이었다. 아바스 왕조의 관용정책의 영향으로 중앙아시아의 트란스옥시아나를 중심으로 한 페르시아계의 사만 왕조와 튀르크계의 카라한 왕조가 이슬람을 받아들였다.

튀르크인과 아랍인의 접촉은 아바스 왕조 이전의 우마이야 왕조부터 있었다. 튀르크 궁사들이 우마이야 왕실의 용병으로 고용되어 일했기 때문이다. 우마이야 왕조의 칼리프는 용감하고 충성심이 강한 튀르크인들의 전사적 특성에 매료되었다. 아바스 왕조가 창건될 때도 튀르크 전사들은 용병으로 활약했다. 아바스 왕조는 용병 고용을 일상적으로 해왔는데, 주로 튀르크인들을 고용했다. 아바스 왕조의 제2대 칼리프 알 만수르(재위 754~775년)는 튀르크인 용병들로 칼리프 직속부대를 만들었다. 튀르크인들은 아바스 왕조의 군 고위직이나 관료의 요직에 오르기도 했다. 특히 부유했던 아바스 왕조 때 중앙아시아에 산재하여 거주하는 튀르크인들이 용병으로 고용되거나 상업을 목적으로 아바스 왕조의 지역으로 이주하거나 왕래했다. 이렇게 튀르크인들은 아랍인들과의 접촉을 통해 개인적으로 자연스럽게 이슬람을 받아들였다. 튀르크인들이 집단으로 이슬람을 받아들인 계기는 앞에서 말한 탈라스 전투와 카라한 왕조의 이슬람 수용이었는데, 이슬람교를 자신들의 전통 신앙과 유사하다고 본 튀르크인들은 8세기부터 10세기에 이르는 동안 서서히 집단으로 이슬람을 받아들였다.

토착 샤머니즘과 이슬람

튀르크 유목민들의 이슬람 수용은 외부의 강압에 의해서가 아니라 자발적인 형태로 이루어졌다고 보는 것이 일반적이다. 튀르크인들이 낯선 이슬람을 큰 거부감 없이 받아들일 수 있었던 이유는 종교적 공통점 때문이었다. 튀르크인들의 토착 신앙인 텡그리 신앙의 주신인 텡그리와 이슬람의 알라는 모두 절대신이다. 텡그리(tengri)는 하늘의 신(천신)으로 날씨를 관장하고 개인의 운명을 지배하며 만물을 창조하는 신이다. 하늘신을 믿는 튀르크인들의 신앙은 유일신을 강조하는 이슬람과 유사한 면이 있었다. 선악으로 사후 세계에서 심판을 받는다는 텡그리 신앙의 윤리체계도, 좋은 행위와 나쁜 행위는 나중에 저울에 달려 심판을 받게 되고 오직 알라만이 인간의 행위와 운명에 유일한 결정권을 가진다는 이슬람의 교리와 맥이 닿았다.

무엇보다도 튀르크인들이 이슬람을 쉽게 받아들이게 된 배경에는 이슬람의 거룩한 성전(holy war, jihad) 개념이 있었다. 튀르크인의 선조들은 유라시아 평원과 산악 지역에서 침략과 약탈을 하며 생활해왔다. 튀르크인들에게 선조들의 약탈 전통과 이슬람의 성전은 다를 것이 없었다. 튀르크인들은 이슬람을 수용한 후 그들의 약탈 전통을 이슬람의 성전으로 정당화할 수 있었다. 튀르크 상인들은 아랍 상인들과 거래하면서 아랍인들의 종교적 생활관습에 동화되었다. 무슬림 상인들의 여유 있는 거래 방식도 튀르크인들에게 선한 영향을 주었다. 튀르크인들의 민속 신앙적 요소는 이슬람에서도 발견된다. 튀르크 민속에서 40이라는 숫자는 성스러운 숫자다. 사람의 영혼은 사후 40일이 지나면 육체를 떠난다고 믿었고, 영웅 신화에서 나타나는 40명의 용사, '40일 밤낮으로' 라는 표현 등 일상생활에서 40이라는 숫자는 널리 사용되었다. 이슬람에서도 40이라는 숫자는 성스러운 숫자다. 무함마드가 40세가 되던 해에 천사 가브리엘을 통해 알라에게서 계시를 받았기 때문이다. 이슬람권의 장례의식에서 무슬림은 죽은 자를 위해 40일간의 애도 기간을 갖고 사후 40일이 되는 날 쿠란을 낭송하며 고인을 추모한다.

아랍 이슬람제국에서 튀르크-이슬람제국의 탄생

아바스 왕조 후반기에 제국의 정치 · 군사력은 급격히 약화하였다. 아바스 왕조는 몽골의 침략을 받고 이슬람제국의 영토를 방어할 능력을 상실했다. 수니파의 아바스 왕조 칼리프의 권위가 약해지고 시아파 부와이 왕조도 쇠퇴하고 있을 즈음 이란 지역의 정치적 공백을 메꿀 새로운 세력이 나타났다. 아랄해 근처에서 살던 오구즈족의 일파인 튀르크계 셀주크인*들이었다. 셀주크인들은 유라시아 스텝에서 유목하던 샤머니즘을 숭배하는 민족이었다. 튀르크어를 사용하는 튀르크인들이 중동을 지배한 것은 셀주크로부터 시작되었다.

* 오구즈족은 튀르크계 유목민족의 한 분파로 오늘날 튀르크인들의 가장 가까운 선조로 여겨진다. 셀주크는 오구즈족 튀르크계 부족을 이끈 지도자의 이름이다. 셀주크와 그 가문은 중동 지역에 셀주크제국을 세웠다.

11세기 셀주크인들의 중동 지역 정복은 세계역사의 전환점이 되었다. 1055년 이슬람의 정치적 중심지인 바그다드가 튀르크인들의 수중에 들어갔다. 이슬람을 수용한 셀주크인들은 모스크를 세우고 그 외부에는 미나렛을 세우며 그들의 나라가 이슬람의 나라임을 천명했다. 이란과 중앙아시아에 이슬람이 퍼졌다. 이슬람-페르시아-튀르크 문화가 융합된 셀주크인들의 문화가 탄생하였다. 이슬람 세계에 튀르크계 셀주크가 등장한 것은 이후 튀르크인들이 정치적, 군사적으로 이슬람 중동을 수 세기 동안 지배하는 시발점이 되었다. 튀르크인들은 아랍인과 페르시아인(이란인)에 이어 이슬람 세계 중동을 지배한 세 번째 민족이 되었다.

중세 셀주크제국에 이어 건국된 오스만제국은 근대 이슬람제국 중 가장 강력한 이슬람 국가가 되었다. 오스만제국은 이슬람 세계의 상징도시를 모두 정복했다. 우마이야 왕조의 수도 다마스쿠스, 이슬람 문화도시 카이로, 이슬람 문명의 요람인 메카와 메디나를 정복하고 강력한 이슬람 제국을 건설했다. 오스만제국은 아랍 이슬람-페르시아-튀르크 문화에 비잔티움 문화까지 융합한, 동 · 서의 세계를 연결하는 튀르크-이슬람 세계를 건설했다. 이전 아랍인의 이슬람 세계가 튀르크인들의 강역으로 들어갔다. 오스만제국은 이슬람 국가이면서 동시에 튀르크인들의 국가였다. 오스만제국의 수도 이스탄불은 5세기 동안 튀르크-이슬람 세계의 상징도시가 되었다.

2. 정통 이슬람과 수피즘

이슬람 세계의 지배자 칼리프

칼리프는 '예언자 무함마드의 후계자', '신의 대리인'이라는 뜻이다. '정통 칼리프 시대'부터 시작된 칼리프는 이슬람 세계의 중심 제국이었던 우마이야 왕조에서 아바스 왕조로 이어졌다. 아바스 왕조는 750년부터 1258년까지 존속하여, 칼리프도 아바스 왕조 시기에 형식적으로 존속하기는 했다. 그러나 십자군 원정이 시작된 11세기에 이슬람 세계 내부는 수니파와 시아파의 세력 다툼이 십자군과도 연계된 복잡한 상황이었다. 아바스 왕조는 한때 시아파 부와이 왕조의 침략을 받았고, 1258년에는 몽골군이 침략해 칼리프까지 살해되며 멸망했다. 아바스 왕조의 몰락으로 칼리프의 일가가 이집트로 이주하게 되었는데, 이때 이집트 맘루크 왕조의 술탄 바이바르스가 칼리프의 일가를 보호했다. 아바스 왕조는 멸망했으나 맘루크 왕조의 보호 아래 칼리프는 명맥을 유지했다. 이집트에서의 허수아비에 불과한 '아바스 왕조' 시대는 1517년 오스만제국의 셀림 1세가 맘루크 왕조를 정복할 때까지 계속되었다.

카이로 아바스 왕조의 마지막 칼리프인 알 무타와킬 3세는 가족과 함께 이스탄불에 압송되었고, 알 무타와킬 3세는 셀림 1세에게 칼리프 직위를 넘겼다. 이로써 오스만제국은 이슬람 성지 메카와 메디나의 보호자이자 무슬림 세계의 지도자인 '칼리프' 지위를 갖게 되었다. 오스만제국의 술탄은 세속적인 정치권력과 종교적인 최고 권위자의 권력을 갖는 절대군주가 되었다. 오스만제국의 술탄은 신정일치 통치자로서 민족 · 종교에 관계없이 유대인과 기독교인의 생명과 재산을 보호하는 포용과 관용정책을 실행했다. 오스만제국 역사상 술탄은 칼리프보다는 파디샤(Padişah)나

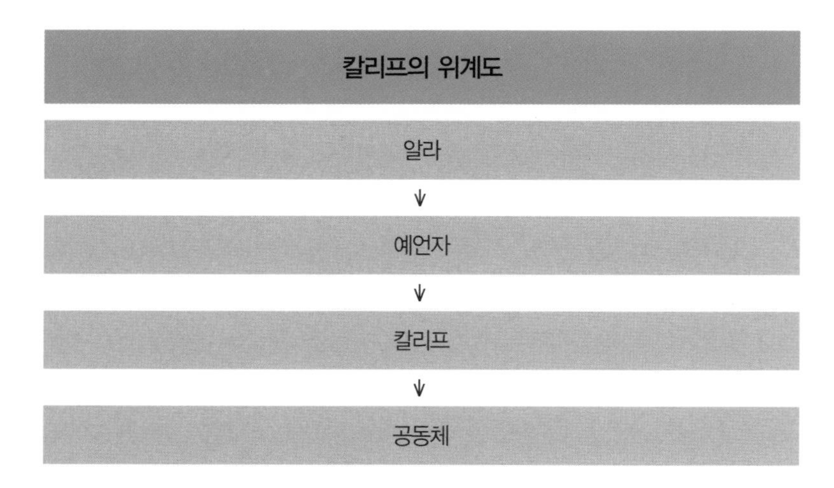

휜카르(Hünkar) 같은 칭호를 더 많이 사용했다. 파디샤는 페르시아어로 '샤 중의 샤(군주 중의 군주)' 라는 의미이고, 휜카르 역시 페르시아어로 '신, 군주, 통치자' 등의 의미가 있다. 실제로 대외관계에서 오스만제국의 술탄이 칼리프 지위를 활용한 사례는 많지 않다. 칼리프 지위를 대외에 적극적으로 공표한 술탄은 압뒬하미드 2세(재위 1876~1909년)였다. 그는 유럽 열강의 제국주의 위협과 침탈이 강화되자 무굴제국이었던 인도 무슬림의 지지를 받기 위해 스스로 칼리프임을 공표하고 전 세계 무슬림의 단합을 호소했다. 제1차 세계대전이 발발하자 술탄 메흐메드 5세(재위 1909~1918년)는 동맹국에 참전을 결정하면서 성전(지하드)을 선포했다. 오스만제국에서 칼리프인 술탄은 이슬람 세계의 지도자라는 상징성은 유지되었다. 칼리프 제도는 1924년 3월 3일 튀르키예공화국의 국회 의결로 폐지되었다.

정통 수니 이슬람

오스만제국은 정통 수니파(Sunni orthodoxy) 이슬람의 종주국이었다. '정통 수니파' 란 말은 16세기 이란 지역에 시아파 계통의 사파비 왕조가 생기면서 뚜렷하게 대비되었다. 오스만제국은 무함마드의 혈통과는 전혀 관련이 없었다. 무함마드의 혈통이 아니므로 칼리프 지위 사용도 좀 애매했다. 그러나 술탄은 신으로부터 통치 권력을 승인받았다고 하면서 통치자의 신성을 드러내 보였다. 오스만제국은 아랍 영토를 정복하고 메카와 메디나의 보호자를 자처하며 아랍인들보다 더 강한 이슬람 정체성을 가진 제국이 되었다.

오스만제국에서는 이슬람 율법 샤리아와 이슬람 율법학자 울레마가 이슬람 체제 수호를 위해 국가 권력의 정점에 있지는 않았다. 종교적으로 이슬람 국가인 오스만제국은 술탄을 정점으로 하는 이슬람 율법 샤리아와 통치자의 법 카눈*이 양립하는 이슬람 국가가 되었다. 다른 이슬람 국가에서도 그랬듯이 오스만제국에서도 이슬람은 국가의 정체성과 술탄의 통치를 정당화하는 명분을 제공했다. 이러한 맥락에서 이슬람은 국가 조직의 규범이나 법 규정, 그리고 술탄은 신민의 보호자라는 사회통합 거버넌스 정체성을 만드는 중요한 기반이 되었다. 이슬람은 국가 정체성의 기반이 되었으므로 술탄은 정책과 실행을 정당화하기 위해 정교한 이슬람의 언어를 사용했다. 수니파 이슬람의 수호자로서 오스만제국의 이슬람은 수 세기 동안 이슬람 문화의 뚜렷한 지적 흐름을 만들어냈다.

* 카눈(kanun)은 법이라는 뜻이며, 오스만제국에서 술탄은 이슬람 율법 샤리아의 범위 내에서 자신의 칙령인 법(카눈)을 공표했다. 샤리아는 가족과 개인 간 민법에 치중했고, 카눈은 토지 소유나 형사법과 같은 보다 복잡한 행위에 대한 처벌사항에 적용되었다. 전자가 변하지 않는 이슬람의 성스러운 법이라면, 후자는 세속적인 법을 말한다. 샤리아와 카눈은 상호 보완적인 성격을 가졌다.

오스만제국 전반에 걸쳐 이슬람이라는 종교는 국가와 사회를 잇는 가교 구실을 했다. 그리고 국가와 사회에서 실질적으로 다리 역할을 한 종교계층은 이슬람 율법학자를 의미하는 울레마였다. 울레마(ulema)는 아랍어 울라마(지식, 학문)에서 유래한 말로, 배움과 연구를 통해 이슬람 종교의 전문학자가 된 지식인을 일컫는다. 울레마는 이슬람 교육기관인 마드라사에서 양성되었으며, 마드라사는 중앙정부의 전폭적인 지원을 받아 운영되었다. 울레마와 마드라사는 수니 이슬람의 정통 교리를 수호하는 기관이었다. 울레마는 오스만제국 시대 전 기간에 걸쳐 국가와 사회의 가장 기본적인 조직으로서 무슬림의 전통 율법을 따르며 수니 이슬람을 지키는 파수꾼이었다. 종교 법학자이자 신학자인 울레마는 이슬람 공동체에 이슬람 경전과 율법을 정립하고 해석하는 일을 했다. 이슬람 세계에서 이슬람 교리와 법을 다루는 것은 최고의 지식인인 울레마가 수행할 수 있는 분야였다.

이슬람 법학자로는 무프티(mufti)와 카디(qadi)가 있다. 무프티는 어떤 구체적 사안에 대한 법적 견해인 파트와(fatwa)를 공표할 자격이 있는 사람이다. 무프티 가운데 최고위직에 있는 사람이 세이흐 알 이슬람(shaykh al-Islam, 튀르크어 셰이훌이슬람)이었다. 세이흐 알 이슬람은 '이슬람의 수장' 이라는 의미로 술탄의 법률상담을 맡는 최고 종교지도자이자 대재상과 함께 술탄의 최측근으로 행정 분야의 최고 책임자였다. 카디는 샤리아 율법의 판관으로 오늘날의 판사에 속했다.

이슬람 신비주의 수피즘

오스만제국의 국가와 술탄은 이슬람 경전과 율법에 따른 정통 이슬람을 정치적 원리로 삼았다. 그러나 대중은 민속적이고 신비주의적인 이슬람을 수용했다. 신비주의적 성향의 종파를 수피즘(아랍어 타사우프)이라 한다. 수피(Sufi)는 양털 옷을 입고 금욕생활을 하는 사람을 말하는데, 이슬람 경전을 통해 이슬람 지식을 얻지 않고 스승을 통해 지식을 얻고 이슬람을 포교하는 사람들이다. 이슬람 수피즘은 이슬람의 율법적이고 의례적인 가르침에서 벗어나 알라와의 합일을 추구하는 방법으로 노래, 춤, 기도 등을 통한 영적 체험을 중시한다. 수피즘의 초월적이고 신비주의적인 성격 때문에 수피즘을 신비주의라고 한다. 수피즘은 중앙정부와 거리가 먼 지역에서 성행했는데, 이슬람 사상과 역사에서 민중에 끼친 영향력은 매우 컸다. 수피들은 '타리카트' 라는 조직적이고 집단적인 종단을 형성하여 오스만제국 내에는 다양한 수피종단이 우후죽순으로 생겨났다. 현세에 대한 부정적인 태도 때문에 정통 수니 이슬람에서는 수피즘을 '극단 수니 이슬람' 으로 비난했지만, 오스만 술탄들 대부분이 각자 지지하는 수피종단을 가질 만큼 수피즘의 영향은 사회 전반에 미쳤다.

오스만제국의 수피종단은 메블레비, 벡타쉬, 낙시벤드, 할베티, 바이라미, 카디리, 누루주, 알레비 등 지역마다 다양했다. 그중 메블레비는

1273년 코니아에서 시인이자 학자인 루미가 창시했는데, 제자리에서 춤을 추듯 빙글빙글 도는 독특한 기도 방식인 세마(Sema) 의식으로 유명하다. 수피종단과 중앙정부는 유연한 협력 관계로 도움을 주고받았다. 건국 초기에 술탄은 지방의 전사를 모으기 위해 수피 지도자에게 도움을 요청했고, 중앙정부는 수피종단의 도움을 받아 정복사업을 원활히 수행했다. 제6대 술탄인 무라드 2세는 에디르네에 메블레비 수도원을 열어주었다. 16~17세기에 수피종단은 전성기에 이르렀는데, 수피종단 중 규모나 영향력이 큰 것이 메블레비 종단이었다. 각 종단은 중앙정부와 좋은 관계를 유지하기 위해 신중히 행동했다. 중앙정부로부터 얻을 물질적인 혜택 때문이었다. 그런데 17세기부터 사회가 불안해지자 중앙정부에 반대하는 수피종단들이 은밀히 생기기 시작했다. 대부분 이란 사파비 왕조의 사주를 받은 종단이었다. 중앙정부는 중앙에 항거하는 수피종단을 탄압하고 처형했다. 그 와중에도 메블레비 종단은 반정부 수피종단들과 거리를 두며 중앙정부와의 관계가 나빠게 되는 것을 피해왔다. 이 때문에 메블레비 종단이 가장 오래 살아남을 수 있었다.

일명 타리카트라 불리는 수피종단은 1925년 튀르키예공화국 건국 초기에 종교와 정치의 분리 정책에 따라 폐쇄되었다. 종교적인 성격은 사라지고 문화적인 성격만 이어지고 있는 '메블레비 세마 의식' 은 2008년에 유네스코 세계무형유산으로 지정되었다. 오스만 사회에서 성행한 수피즘의 의식에는 샤머니즘적 성격도 강하게 나타났다. 유라시아 유목민족의 민간 신앙인 샤머니즘은 이슬람 이전 튀르크인의 신앙이었다. 샤머니즘은 신령과 교통하는 샤먼(무당)을 매개로 하여 모든 인생 문제를 해결하려는 주술적인 종교 형태인데, 수피즘도 '신비적 체험' 을 경험한 영적 지도자 수피를 매개로 하여 신을 찾아가도록 한다는 점에서 샤머니즘과 공통점이 있다. 현재 튀르키예 사회에서 액을 몰아낸다는 나자르 본죽(Nazar Boncuk) 같은 부적을 사용하거나 여러 형태의 주술이 남아 있는 것은 수피즘의 환상적이고 주술적인 성격의 유산으로 볼 수 있다.

3. 비무슬림 인구와 사회

이슬람 율법에 따른 세상의 구분

고전적인 이슬람 율법에 따르면, 세상은 이슬람법이 적용되는 이슬람 영역(dar al-islam, 다르 알 이슬람)과 전쟁 영역(dar al-harb, 다르 알 하르브)으로 이분되어 있었다. 이론적으로 이슬람 영역은 무슬림(이슬람에 복종하는 사람)들만 사는 영역으로, 무슬림들이 무슬림 정부의 통치 아래 평화롭고 안전하게 사는 영역이다. 전쟁 영역은 이교도의 세계이다. 이슬람 영역과 전쟁 영역 사이에는 평화 영역(dar al-sulh)이 있었다. 글자 그대로 이슬람 국가와 평화를 유지하는 영역으로, 평화조약이나 불가침 조약으로 일시적인 평화가 있는 영역이다. 세계를 단순하게 두 개로 나누는 기준은 무슬림이냐 또는 무슬림이 아니냐 하는 종교의 문제였다. 모든 사람이 공존해야 하는 요즘 같은 다문화 시대에는 이런 이분법적 구분이 존재하지 않지만, 이슬람 세계의 정복 시대를 이해하기 위해서 언급이 필요한 부분이다.

이슬람 영역에는 무슬림 사회와 계약으로 보호를 받는 피정복지의 비무슬림 사회가 있었다. 피정복지의 비무슬림은 인두세인 지즈야(jizyah)를 내면 이슬람 영역에서 살 수 있었다. 이슬람교를 창시한 예언자 무함마드는 비무슬림과 협약을 맺었다. 알라의 계시를 받고 포교에 나선 무함마드는 여러 공동체에 이슬람으로 개종할 것을 요구하는 서신을 보냈다. 무함마드의 서신은 기독교인들의 거주지였던 나즈란의 기독교 공동체에도 전해졌다. 기독교인들이 개종하지 않자 무함마드는 나즈란의 기독교인들에게 이슬람을 설명할 자신의 측근을 보냈다. 그러자 나즈란의 기독교인 60명이 무함마드와 토론하기 위해 메디나로 왔다. 기독교인들

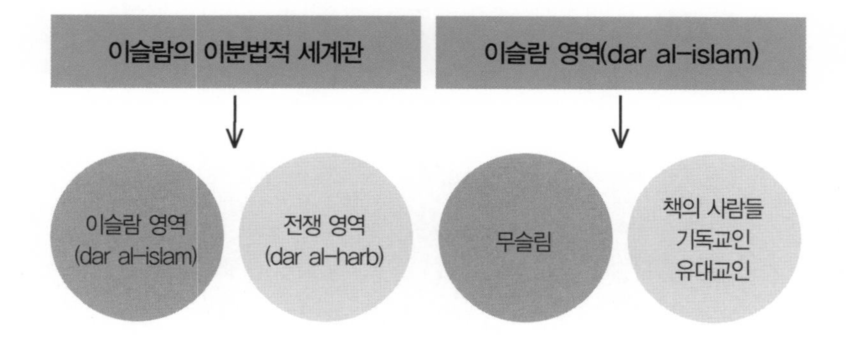

은 오히려 무함마드에게 기독교로 개종할 것을 요청했고, 양측의 논쟁은 끝이 나지 않았다. 양측은 상대를 설득하는 데 실패하자 서로 받아들일 수 있는 수준의 협약을 맺기로 했다. 이렇게 해서 나온 것이 나즈란 협약이었다. 나즈란 협약으로 기독교인들은 인두세인 지즈야를 내는 대신 종교의 자유가 허용되고 생명과 재산을 보호받을 수 있었다.

'책의 사람들' 딤미

쿠란은 성서를 가진 기독교인과 유대교인을 딤미(dhimmi)라고 했다. 딤미(또는 짐미)는 '이슬람 국가(다르 알 이슬람)의 무슬림과 함께 사는 이교도 신민', 즉 이슬람 국가에서 보호받는 '책의 사람들(People of the Book)'인 기독교인과 유대교인을 말한다. 딤미 제도는 이슬람의 관용정신을 반영한 제도로 이슬람의 지배를 인정한다는 조건에서 친절과 보호를 제공하는 것을 말한다.* '책'이란 성서를 의미하고, 성서를 가진 사람들은 계약에 따라 보호받는 사람들이다. 이슬람의 종주국인 오스만제국에서 딤미는 밀레트(millet)로 확장되어 발전했다. 오스만제국 내에는 민족적, 종교적으로 다른 20여 개의 종교 공동체가 있었다. 밀레트는 종교를 같이하는 사람들의 공동체인데, 오스만제국에서 가장 지배적인 밀레트는 무슬림 밀레트였다. 비무슬림 밀레트로는 그리스정교회, 아르메니아정교회, 유대교공동체가 3대 밀레트로 꼽힌다.

* 황의갑, 딤미 제도와 이슬람의 관용, 지중해지역연구 제13권 제3호, 2011, p.62.

각 밀레트는 종교지도자의 책임 아래 고유의 언어를 사용하며 문화적, 종교적인 자치를 누릴 수 있었다. 무함마드가 나즈란의 기독교인들에게 약속한 것처럼, 국가에 복종한다는 조건 아래 지즈야를 내면 비무슬림의 생명과 재산은 보호받았다. 비무슬림은 지즈야를 내면 병역도 면제되었다. 각 밀레트의 세금징수액은 중앙정부가 정했고, 각 밀레트의 종교지도자가 징수했다. 각 밀레트는 공공의 안전과 범법 행위를 제외한 결혼, 이혼, 상속 등 민사 법률문제에 대해서는 자체적인 법정을 운영할 수 있었다.

공존과 차별

오스만제국 건국 이후 150년 동안은 오스만 가문의 튀르크인 통치자와 튀르크인 관료들에 의해 통치되었다. 지배계층에 튀르크인들이 늘어나자 국가의 통치력은 떨어지게 되었다. 영토가 확장되자 중앙집권 통치가 절실해지면서, 데브쉬르메로 이교도들을 지배층에 받아들였다. 비아랍인에게 차별정책을 한 우마이야 왕조와는 달리, 오스만제국은 서로 다른 문화와 종교 정체성을 가진 이교도에게 종교 공동체의 자치권을 인정해주는 밀레트 제도를 시행했다. 이것은 오스만제국이 1453년 콘스탄티노플을 함락한 후 세계제국으로 가는 길을 연 것이라고 할 수 있다. 소수민족의 자치권을 인정해준 밀레트 제도로 오스만제국은 다종교 · 다문화 국가의 표상이 되었다. 가톨릭교회, 그리스정교회(동방정교회), 아르메니아정교회, 유대인 시나고그(회당) 등이 이스탄불에 함께 있었다.

이론적으로 오스만제국 영역 안에는 무슬림, 비무슬림 인구가 공존했다. 일반화하기는 쉽지 않으나 오스만제국 총인구의 40% 정도는 비무슬림이었다. 신분 제도는 없었지만, 무슬림 인구는 군대나 관료 같은 직업에 종사했고 비무슬림 인구는 공예업이나 상업에 종사했다. 무슬림은 상업에 거의 종사하지 않았다. 무슬림과 비무슬림이 공존하며 살았다는 것은 16세기 이스탄불에서 무슬림들이 이슬람 법학자인 무프티에게 질문

샤리아의 해설자 무프티(Mifti) 무프티는 이슬람 법학자로 개인 또는 판관의 질의에 대한 의견(파트와)을 내는 법관이었다. 오스만제국에서는 이스탄불 무프티가 최고의 법학자 지위에 있었다.

한 것에서 엿볼 수 있다. 한 연구 논문에 나온 예를 들면, 어떤 무슬림은 이교도에게 인사를 하는 것이 샤리아에 합당한 것인지를 물었다. 무프티는 자신의 의견을 파트와를 통해 말하기를, 비무슬림을 기분 좋게 하기 위한 것이라면 합당치 않으나 필요한 상황에서 한 것이라면 합당하다고 했다. 그 밖에도 상대방(비무슬림)이 자신에게 인사한 방식대로 인사해 주는 것이 샤리아에 합당한지, 집을 팔려고 하는데 메이하네(meyhane, 포도주 파는 술집)로 만들겠다는 비무슬림에게 팔아도 될지 등 다양한 질문이 무프티에게 접수되었다. 이렇게 다양한 생활 속의 질문이 나올 수 있었던 것은 오스만 사회가 그만큼 무슬림과 비무슬림이 공존하며 사는 사회였다는 것을 방증한다. 밀레트 제도는 국가 안의 또 다른 '국가' 였고, 공동체 사회 안의 또 다른 '공동체 사회' 였다.

그렇다면 차별은 없었을까? 밀레트 제도 안의 이교도가 튀르크인들과 똑같은 정도의 평등한 대우를 받는 것은 아니었다. 이 제도 안에도 '제한적인' 차별은 존재했다.* 밀레트 제도에 의해 자치를 누리며 사는 비무슬림들은 밀레트별로 거주지가 정해져 있었다. 확실한 경계선이 있는 것은 아니었지만 상대방에게 피해가 가지 않는 범위 내에서 서로 거리를 두고 살았다. 비무슬림은 이슬람의 종교의식을 존중하고, 자신들의 종교의식에서 소음을 피해야 했다.

비무슬림 인구가 늘어나자 밀레트를 식별할 필요가 생긴 오스만 정부는 그 방법으로 색깔을 사용했다. 1580년 칙령에 따르면, 유대교인은 빨간색, 기독교인은 흰색의 두건을 쓰도록 했다. 기독교인과 유대교인 밀레트를 구분하기 위해서였다. 그러나 오스만 정부의 색깔 지정이 일정하게 유지된 것은 아니었고 시대에 따라 변했다. 나중에 비무슬림이 사용할 수 없는 색깔은 흰색이었다. 무슬림이 아닌 사람들은 흰색 터번은 쓸 수가 없었다. 또한 비무슬림은 무슬림보다는 저렴한 재질의 의상을 입어야 했다. 그런 데는 이유가 있었다. 이교도인들은 상업활동으로 부자가 된 사람들이 많았고, 경제 사정에 여유가 있어 의상이 고급화되고 화려해졌다. 이에 가난한 무슬림들의 불만이 늘어나자 비무슬림의 의상 재질에 규제가 가해졌다. 셀림 2세는 그리스정교회, 아르메니아정교회, 유대교인 등의 의상 지침을 내렸다. 가격까지 제시하며 저렴한 천을 사용하라고 했다. 무라드 3세는 비무슬림들이 무슬림 복장을 하거나 터번을 쓰는 것도 금지했다. 무라드 3세는 평상복으로 갈아입고 거리를 돌아다니며 자신의 칙령이 지켜지는지를 확인하기도 했다. 각 종교지도자는 공동체 구성원이 이슬람의 우월성을 인정하고 무슬림을 폄훼하지 않는 친무슬림 태도를 유지하도록 감독할 책임이 있었다.

오스만제국의 시각에서 볼 때 밀레트 제도에는 종교적 공동체라는 긍정적인 성격과 언제든 분리주의자로 변신할 수 있는 민족주의 공동체라

* 이슬람의 비무슬림과의 계약 지배인 딤미(밀레트) 제도는 사실 이슬람 이전 비잔티움 제국의 지배하에서도 존재했었다. 당시 유대인들은 기도 시 소리를 내지 못했고, 예배소 근처에서 그들의 음성이 들리면 안 되었다. 게다가 예배소를 신축하거나 허가 없이 수리할 수 없었고, 모든 관공서와 군대의 출입은 금지되었다. 또한 유대인이 기독교를 비판할 수 없었고, 기독교인 노예도 부릴 수 없었다. Bat Ye' or, Der Niedergang des orientalischen Christentums unter dem Islam. Jahrhundert. 황의갑, 앞의 논문에서 재인용, p.63.

페즈 모자를 착용하고 있는 마흐무드 2세 예니체리를 폐지한(1826년) 마흐무드 2세는 1828년 의상법을 공포하고 모든 병사들에게 붉은색 원통의 페즈를 착용하도록 했다. 페즈는 서구식 개혁의 상징이었다. 이스탄불 쉴레이마니예 모스크 도서관(ISK), 나피즈 파샤 1183, y. 112.b. 세르필 바아즈 외, 오스만 시대의 회화예술(Osmanlı Resim Sanatı), 튀르키예문화관광부, 2012, p.286.

는 부정적 성격이 함께 공존했다. 오스만제국의 술탄과 중앙정부는 비무슬림 소수민족들을 '손님' 으로 여기고, 비무슬림 소수민족 종교 공동체에 폭넓은 자치권을 부여하며 우리 집에 들어온 '손님' 에 대한 최대한의 예우를 갖추었다. 무슬림에겐 돼지고기를 먹는 것이 금지되었지만, 비무슬림에게는 그들의 관습에 따라 돼지고기를 먹거나 포도주 같은 술을 마시는 것을 허용해주었다.

하지만 유럽의 변화를 촉발한 르네상스, 종교개혁, 과학혁명, 계몽주의 그리고 프랑스 혁명 등은 오스만제국 내 소수민족의 민족주의 정서에 큰 영향을 미쳤다. 18세기 들어 유럽 열강이 제국 내 기독교인들의 권리를 보장한다는 명분 아래 밀레트 구성원 개인의 자유와 권리에 대해 시비를 걸기 시작했다. 특히 1789년 프랑스 혁명의 영향으로 제국 내 소수민족이 독립하려는 민족주의 운동이 번지면서 유럽 열강의 소수민족 권리 보장 요구는 거세졌다. 러시아의 동방정교회에 대한 권리 보장 요구는 아주 집요했다. 19세기 중반 오스만제국은 탄지마트라는 이름으로 대대적인 근대화 개혁을 시도하고, 비무슬림의 평등과 권리 개선을 약속했다. 오스만 정부가 개혁을 공표할수록 유럽 열강과 종교 공동체의 요구는 더 강해졌다. 새로운 시대의 개혁을 통해 오스만 소수민족 종교 공동체의 개인은 결혼, 교육, 의복 착용, 공무 담임 등 다양한 면에서 무슬림과 동등한 권리를 갖게 되었고, 그들이 신민에서 시민(citizen)으로 지위가 바뀌면서 명목상 밀레트 제도는 폐지되었다. 그러나 이런 개혁이 실행되기에는 오스만제국의 시간이 충분하지 않았다. 러시아의 범슬라브주의에 편승한 발칸 슬라브족의 독립운동과 발칸 전쟁, 제1차 세계대전이라는 거대한 폭풍이 연이어 몰아치면서 오스만제국을 무너뜨렸기 때문이다.

제11화

오스만제국 시대 건축

1. 건축의 변화

후발자 우위

오스만제국은 전성기에 아시아, 아프리카, 유럽 등 세 대륙에 걸쳐 넓은 영토를 가진 나라였다. 건국에서 몰락까지 6세기 동안 제국의 전 영역에서 건축이 이루어졌지만, 오스만제국도 이전의 다른 튀르크 왕조들처럼 수도와 수도권에 역사적·문화적인 건축물을 세우는 데 집중했다. 튀르크인들은 아나톨리아반도에 마지막으로 진출한 후발자였다. 마케팅에 후발자 우위(late-mover advantage)가 있는 것처럼, 셀주크인들이 비잔틴 건축의 영향을 받아 남겨놓은 건축문화가 튀르크인들에게는 직접적인 영감의 원천이었다. 오스만제국의 건축은 일반적으로 모스크, 마드라사, 카라반사라이, 목욕탕 등 건축 유형은 셀주크의 건축을 따랐고, 돔 구조물 축조 등 건축 공법은 비잔틴 방식을 따랐다.

오스만 건축은 종교시설인 모스크, 이슬람 교육기관인 마드라사, 상인들의 숙박시설인 카라반사라이, 공중목욕탕인 하맘, 묘지 건축물인 영묘*

* 중앙아시아 최초의 영묘 건축물은 10세기 부하라에 세워진 사마니(Samani) 영묘로 알려져 있다. 튀르크인들은 셀주크 시대와 오스만제국 시대에 영묘 건축물을 세웠다. 초기에는 단독의 영묘 건축물을 세웠으나 오스만제국 시대에는 주로 모스크, 마드라사 건축물의 부속건물로 영묘를 두었다. 영묘의 형태는 다양하나 원통형의 몸체에 원뿔형의 고깔 돔을 덮는 형식이 주를 이룬다. 이스탄불에만 120개의 영묘가 있고, 그 외 아마스야, 부르사, 카이세리, 코니아 등 역사 도시에는 영묘 건축물이 많이 남아 있다.

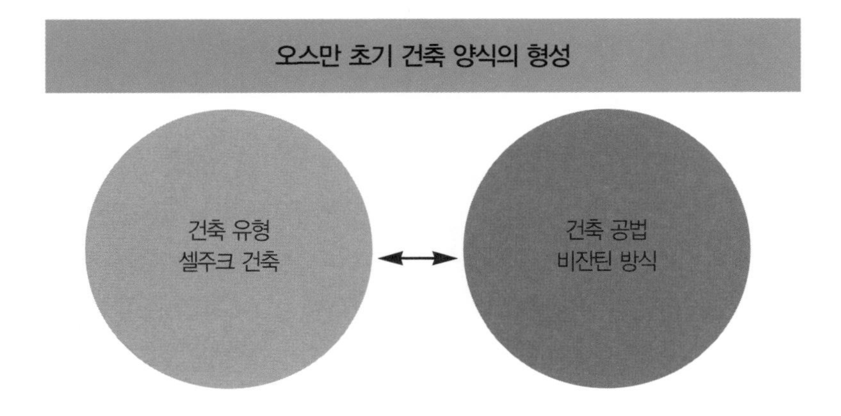

등 이슬람 특유의 종교적 표현이 잘 드러난 건축물이 주를 이룬다. 모스크, 마드라사, 목욕탕, 영묘 등은 건국 시조 오스만 1세 때부터 건설되었다. 그중 영묘는 튀르베(türbe)라 하는데, 튀르크인들은 모스크를 중요하게 여긴 것처럼 튀르베도 중요하게 생각했다. 튀르베는 통치자인 술탄과 그 가족, 유명한 이슬람 율법학자나 고위관료 들이 묻힌 무덤 건축물을 말한다. 우상 숭배를 금지하는 이슬람 율법에 따르면 영묘를 만들고 참배하는 것은 분명 이슬람의 가르침과는 모순되는 일이지만, 튀르크인들은 조상을 숭배하는 관습을 이슬람 시대에도 그대로 이어갔다.

정복지에 건축물을 세우는 전통은 빠르게 진행되어 오스만 건축은 15~17세기에 전성기를 이루었다. 이 시기에 수도인 이스탄불, 아나톨리아와 발칸에 세워진 건축물이 오스만제국의 건축과 건축문화를 대표한다. 오스만 시대 건축물도 비잔티움의 성 소피아 교회처럼 그 자체가 거대한 예술 작품으로, 오스만인들의 시대정신과 예술적 안목을 보여주는 공간이 되었다. 오스만 건축은 셀주크 왕조, 비잔티움, 페르시아 건축의 전통을 계승하여 중정, 돔, 중앙집중형 구조로 외부적으로는 건축물의 웅장함을 과시하고 내부적으로는 기하학적 형태의 아라베스크 문양과 푸른 하늘색의 세라믹 타일 등으로 오스만 건축 특유의 섬세함을 보여준다.

오스만 건축의 특징

오스만 건축의 첫 번째 특징은 오스만 이전 건축문화의 융합과 응용이다. 튀르크인들은 과거 로마인이나 이집트인처럼 한곳에 정착해 산 것이 아니라, 오랜 기간 유목 생활을 하면서 이동했다. 튀르크인들의 오랜 이동의 역사는 그들의 전통문화에 현지 문화를 입히는 문화융합에 익숙하게 해주었다. 그러므로 오스만 건축에는 중앙아시아, 메소포타미아, 중동, 페르시아 등 과거 튀르크인들이 지나온 지역의 문화 색깔이 남게 되었다. 전통적인 튀르크계의 건축은 카라한 왕조와 가즈나 왕조의 건축으

오스만 건축의 특징						
대형 돔 구조	→	재질: 석재, 벽돌	→	화려한 장식	→	스카이라인

로부터 시작한다. 튀르크계 최초로 이슬람을 수용한 카라한 왕조는 10~11세기에 부하라, 사마르칸트, 우르겐치, 메르브 등 중세 이슬람 문명 도시에 건축물을 남겨놓았다. 아프가니스탄의 강자였던 가즈나 왕조의 건축물은 오늘날까지 남아 있는 것이 거의 없으나, 라슈카르가 도시 유적은 가즈나 왕조의 문화를 가늠하게 한다. 가즈나 왕조는 11세기에 셀주크에게 거대한 영토를 빼앗겼고, 셀주크는 이란 동부를 장악하여 셀주크 제국을 건설했다. 오스만 건축은 튀르크인들의 역사로 보면 카라한 왕조–가즈나 왕조–셀주크 왕조의 유산으로 발전되었다.

오스만 건축의 두 번째 특징은 우상 숭배를 금기시하는 이슬람의 가르침 때문에 건축물 내에는 사람이나 동물을 묘사한 종교적 그림이나 조형물을 두지 않는 것이다. 조형물을 배치하지 않는 대신 내부를 아름답게 꾸미는 장식 예술이 발달했다. 주로 이즈니크와 퀴타히아에서 생산되는 푸른색과 흰색의 타일과 기하학적인 디자인으로 내부를 장식했다. 17세기 초에 세워진 이스탄불의 술탄 아흐메드 모스크(일명 '블루 모스크')는 모스크 안 벽면을 2만 1000개의 푸른색 도자기 타일로 마감하여 단순하면서도 절제된 오스만 건축 내부 장식의 특징을 보여준다. 세 번째 특징은 거대한 반구형의 돔으로, 돔 구조야말로 오스만 건축의 상징이라고 할 수 있다. 돔 구조는 다수의 신도가 모여야 하는 모스크 건축에 주로 사용되었고, 마드라사와 영묘에도 사용되었으나 대형 돔은 모스크 건축에만 사용되었다. 가장 반경이 큰 돔은 1574년에 에디르네에 건축된 셀리미예 모스크다. 오스만 건축은 중앙의 주 돔과 여러 개의 세미 돔을 사용하여 웅장하고 육중한 외관 미를 추구했다.

오스만 건축의 시대적 구분

오스만 건축의 발전 과정은 세 단계로 구분할 수 있다. 먼저 건국 초기인 14~15세기는 이슬람제국으로 성장하려는 종교적 이념에 따라 모스크, 마드라사 등 종교적 상징 건축물이 건설된 시기이다. 비잔티움 도시인 이즈니크, 부르사, 에디르네를 정복하여 기독교 도시를 이슬람 도시로 변화시키는 과정이었다. 새로 정복한 도시에서는 튀르크인들의 정착화와 도시조성사업이 추진되었다. 첫 번째 수도였던 부르사는 오스만 건축이 시작된 곳이다. 부르사와 두 번째 수도였던 에디르네에는 이슬람제국의 상징 수도, 왕도의 위상을 갖추기 위해 모스크, 마드라사, 기도소(메스지드, 작은 모스크), 테케(수피종단 회당), 목욕탕 등이 셀주크 건축 양식으로 세워졌다. 실크로드의 거점 도시였던 부르사에는 대상들이 머물 숙박 시설과 옥내 시장 등도 설립되었다. 오스만 건축 양식의 상징이 된 돔이 모든 건축물에 적용된 것은 이 시기의 뚜렷한 특징이었다.

오스만제국의 전성기였던 15~17세기는 오스만 건축의 고전 시대로, 문화 확산을 위한 건축물이 양산되었다. 건축사업은 이스탄불에 집중되었으며, 건축물 유형으로는 모스크와 마드라사를 비롯하여 다목적 공공 시설인 퀼리예(külliye)가 주를 이루었다. 고전 시대는 셀주크 양식을 벗어나 오스만 특유의 공법과 건축 양식이 개발된 시기였다. 이 시기에는 대형 돔이 있는 모스크 건축이 유행했고, 그 규모가 대형화하여 모스크의 연계 시설로 복합단지 퀼리예가 함께 건립되었다. 유럽에서는 르네상스 시대에 돔 건축 양식이 점차 줄어들었으나, 오스만제국에서는 이와는 반대로 돔 건축의 전성기를 이루었다. 로마 건축의 전통을 계승한 비잔티움의 성 소피아 교회를 제외하면, 로마와 비잔틴 양식을 계승한 건축물은 이 시기 이스탄불의 오스만 건축물에서 볼 수 있다. 멀리서도 보이는 대형 돔 건축물과 보스포루스 연안을 배경으로 세워진 다수의 모스크가 이스탄불의 스카이라인을 이루었다.

17~19세기는 오스만 건축의 서구화 시대로, 고전 시대의 전통 양식을

성 소피아 교회와 블루 모스크 이스탄불에는 골든 혼과 보스포루스해협이 만나는 마르마라해 연안 반도에 비잔티움제국의 상징 건축물인 성 소피아 교회와 바로 맞은편에 오스만제국의 상징 건축물인 블루 모스크(술탄 아흐메드 모스크)가 공존하고 있다. 그래서 이스탄불은 기독교와 이슬람이 평화롭게 공존하는 곳이라는 평가를 받는다.

탈피하여 서양 건축 양식이 도입된 시기이다. 서양 문물을 배우려는 시도가 튤립 시대(1718~1730년)에 시작되어 해안에 유럽식의 작은 궁전이 건축되었고, 바로크식 모스크가 이 시기에 처음으로 선을 보였다. 서구화 시대에는 모스크와 같은 종교적 성격의 건축은 줄어들고 궁전 같은 세속적 건축이 늘어났다. 이탈리아의 바로크 양식, 파리의 로코코 양식을 받아들여 튀르크식 바로크 · 로코코 건축물을 양산하던 시기다. 바로크 양식은 조화와 균형을 파괴한 개방적 성격의 건축 양식이고, 로코코 양식은 화려한 색채와 섬세한 장식을 강조한 양식인 점에 비추어보면, 오스만 건축 양식에 많은 변형이 왔음을 짐작할 수 있을 것이다. 정치 · 경제적으로 매우 어려운 시기였지만, 국력이 약해지는 것과 반비례하여 새로 신축되는 건축물은 고전 시대보다 더 대형화하고 화려해졌다. 바로크 · 로코코 양식의 건축은 단독 돔을 사용하고 첨탑 수를 최소화하면서 이즈니크 타일, 프레스코화 등으로 장식한 것이 특징인데, 랄렐리 모스크, 누루오스마니예 모스크, 베일레르베이 모스크 등이 대표적이다.

19세기에는 프랑스의 장식 예술인 앙피르 양식을 모방하여 꽃과 꽃잎 문양 등으로 실내 장식에 치중했다. 모스크 양식도 전통 모스크 양식과 다르게 첨탑이 본체와 분리되고 중정이 없는 자유로운 분위기의 형태가 되었고, 건물 외관과 실내에 장식적 요소가 많이 가미되었다. 보스포루스해협 연안의 오르타쾨이 모스크와 돌마바흐체 모스크는 장식 요소가 강조된 아름다운 건축물이다. 톱카프 궁전과 함께 오스만제국의 주요 궁전으로 꼽히는 화려한 돌마바흐체 궁전은 프랑스 베르사유 궁전을 모델로 19세기 중반에 세워진 대표적인 건축물이다.

오스만 시대의 모스크

오스만제국 시대의 모스크는 오스만 건축의 기본 골격이었다. 수니 이슬람의 종주국으로서 술탄은 이스탄불, 부르사, 에디르네, 코니아, 마니사 등 주요 도시에 모스크를 세웠다. 셀주크 시대에는 바실리카 양식의 모스크였으나, 오스만 시대에는 돔 형태로 변화되었다. 오스만 시대에 모스크가 대형화되면서 모스크를 중심으로 여러 사회복지시설이 들어서는 복합단지 개념의 퀼리예가 번성했다. 모스크가 단지 기도만 하는 곳이 아니라, 가르치며 배우고 가난한 자를 위한 복지의 장소가 되었다. 15세기에 대표적인 퀼리예인 파티흐 퀼리예, 바예지드 퀼리예가 각각 이스탄불과 에디르네에 세워졌고, 이스탄불에 있는 쉴레이마니예 퀼리예, 소콜루 메흐메드 파샤 퀼리예, 셰흐자데 퀼리예 등은 건축 거장 시난이 설계했다. 퀼리예는 규모가 매우 커 모스크와 함께 퀼리예가 위치할 자리도 신중히 고려해서 선정해야 했다. 이스탄불의 스카이라인을 위해 퀼리예는 다른 지형보다 높은 곳에 위치시켰다.

2. 모스크, 퀼리에, 그랜드 바자르

비잔티움과 오스만제국의 공존

이스탄불에는 6세기에 건축된 성 소피아 교회와 17세기 초에 건축된 술탄 아흐메드 모스크(일명 '블루 모스크')가 서로 마주 보고 서 있다. 장엄한 돔 구조를 가진 성 소피아 교회는 비잔티움의 대성당으로 거의 1500여 년 동안 같은 모습을 유지하고 있고, 블루 모스크는 400여 년 동안 오스만제국의 건축 유산으로 자리를 지키고 있다. 비잔티움의 대성당과 오스만제국의 모스크는 전통과 역사를 고스란히 간직하고 있는 역사유적이자 당대의 건축 기법과 기술을 보여주는 문화유산이다. 성 소피아 교회와 블루 모스크는 이스탄불의 제1 언덕에 위치하여 이스탄불의 랜드마크가 되었다. 블루 모스크는 성 소피아 교회의 복제판처럼 보이는데, 비잔티움의 건축 공법과 문화가 오스만제국에 이어졌기 때문이다. 성 소피아 교회와 블루 모스크는 역사적인 제국이었던 비잔티움과 오스만제국의 공통의 수도였던 이스탄불에 다문화의 유산으로 공존하고 있다.

오스만 모스크의 외부는 주 돔과 세미 돔(semi-dome), 첨탑인 미나렛으로 구성되어 있다. 내부는 메카 방향을 표시하는 아치형의 움푹 들어간 벽감인 미흐랍과 계단 모양의 설교단인 민바르로 구성되어 있다. 아치형의 미흐랍은 비잔틴 건축의 바실리카 교회 양식에서 앱스와 유사한 용도로 이용되었다. 모스크 내부는 인물상이나 동물상을 둘 수 없어 기하학적 문양이나 채색 타일로 장식되었다. 15세기에 모스크는 마드라사, 하맘, 보건치료소, 이마레트(공동식당), 음수대, 튀르베(영묘) 등 사회공공시설을 포함하는 종합단지로 변모했다. 모스크가 사회, 종교, 문화, 교육 기능 등을 수행하고 사회적인 소통을 위한 중요한 공간이 되었다.

소콜루 모스크의 내부 쉴레이만 1세 시대 대재상인 소콜루 메흐메드 파샤를 위해 1571년 시난이 설계하고 건축했다. 소콜루 모스크는 파란색의 이즈니크 타일로 내부를 아름답게 장식한 대표적인 모스크다. 왼쪽 벽의 벽감은 메카 방향을 가리키는 미흐랍이다. 할릴 이날즉 & 귄셀 렌다 편저, 오스만 문명(Ottoman Civilization 2), 튀르키예문화부, 2003, p.674.

쉴레이마니예 퀼리예

대표적인 퀼리예인 쉴레이마니예 퀼리예의 주 건축물인 쉴레이마니예 모스크는 쉴레이만 1세가 궁정 수석건축가 시난에게 자신의 이름으로 된 모스크를 건축하도록 명하여 세워졌다. 1550년에 건축이 시작되어 7년 만에 완공되었다. 퀼리예의 가장 중심 부분은 모스크이고 그 외 마드라사, 병원, 의과 학교, 영묘, 목욕탕, 초등학교, 도서관 등 15개 부속 시설이 6만km^2 넓이의 퀼리예 단지를 이루고 있다. 모스크에 있는 4개의 첨탑

쉴레이마니예 퀼리예 궁정 건축가 시난이 1557년에 완공한 건축물로 이스탄불의 제3 언덕에 세워져 골든 혼을 중심으로 이스탄불의 매력적인 도시위상과 경관을 창출한다. 교육센터인 마드라사, 병원, 무료급식소, 숙소, 목욕탕 등 15개 다른 기능의 시설이 모인 다목적 복합시설 퀼리예의 대표적 걸작이다. https://www.diyanethaber.com.tr/bilgi-kosesi/suleymaniye-camii-ve-kulliyesi-h19054.html

은 정복자 메흐메드 2세 이후 쉴레이만이 네 번째 술탄이고, 4개의 첨탑에 있는 10개의 발코니는 오스만제국의 열 번째 술탄이라는 의미가 부여되었다. 쉴레이마니예 퀼리예에는 쉴레이만 1세, 황후 휘렘과 건축 거장 시난이 영묘에 안치되어 있다.

쉴레이마니예 모스크의 주 돔의 반경은 27.5m이고 높이는 53m이다. 주 돔은 성 소피아 교회처럼 두 개의 작은 돔의 지지를 받고 있다. 모스크 내부에는 무슬림 신도들이 한자리에 모여 단체 기도를 할 수 있는 길이 59m, 폭 58m의 넓은 공간이 있고, 모스크 안에 있는 128개의 스테인드글라스를 통해 자연채광이 가능하도록 만들었다. 쉴레이마니예 퀼리예의 4개의 마드라사는 당시 오스만 내 최고 수준의 교육기관이었다. 의술을 배우는 의과 학교는 18세기에 의사를 배출하는 전문학교가 되었다. 쉴레이마니예 퀼리예는 40~50명의 환자를 받을 수 있는 병원(다뤼쉬쉬파), 의과 학교, 목욕탕 등의 시설을 갖추어 보건의학 분야에서도 선도적인 역할을 했다.

이스탄불의 옥내 시장인 그랜드 바자르 메흐메드 2세가 콘스탄티노플을 정복한 직후 세워졌다. 그랜드 바자르는 이스탄불이 처한 지리적 위치 때문에 아시아 · 유럽 · 아프리카를 연결하는 상업 중심지가 되었다. 시장의 형태와 규모는 크게 변하지 않고 현재에 이르고 있다.

이스탄불 그랜드 바자르

이스탄불의 그랜드 바자르는 세계에서 가장 거대하고 오래된 옥내 시장 중 하나이다. 콘스탄티노플을 정복한 메흐메드 2세의 명령에 따라 공사가 시작되어 1461년에 완공되었다. 메흐메드 2세가 열고자 한 시장은 옷감과 직물을 파는 베데스텐(bedesten)이었다. 이스탄불에 베데스텐이 생기기 전에 이미 부르사와 에디르네에도 베데스텐이 열렸다. 베데스텐이 들어선 자리는 비잔티움 시대에 인파가 북적대던 상업 중심지였다. 오스만제국에서 공공시장은 종교적 자선재단인 와크프(vak1f)에 의해 운영되었다. 시장은 술탄 가문이나 부유한 사람들이 재단에 희사한 자금으로 건설되었고, 시장 상인들로부터 받은 임대료 수입은 성 소피아 교회(당시는 모스크로 개조)와 다른 모스크 건축물의 운영과 보수 경비, 모스크에 딸린 학교, 병원, 식당 등의 운영비와 인건비 등에 사용되었다. 시장에는 개인 자격으로 입주하는 것이 아니라 유럽의 길드와 같은 동업자 조직인 아히(ahi)*의 조합원이어야 입주할 수 있었다. 시장은 동업자 아히 조직의 윤리적인 운영 방식으로 질서가 매우 엄격했다. 아히 조직은 상품의 품질, 상점의 표준 모델, 최고 가격 등 시장의 운영을 감독하고 규제했다. 동업자 간에는 형제애와 같은 유대 의식이 있어 경쟁과 이익을 내는 것은 조직에 위협으로 여겼다. 시장은 업종과 품목별로 구역이 할당되었다.

베데스텐은 시간이 지나면서 많은 상인이 모이고 규모가 커져 지붕으로 덮인 거대한 옥내 시장 그랜드 바자르가 되었다. 쉴레이만 1세 시대에 그랜드 바자르는 현재 크기의 시장으로 성장하여 국내 상업은 물론 국제 무역의 중심지가 되었다. 그랜드 바자르에서는 보석, 직물, 무기, 카펫, 비단, 향신료, 농산물 등이 거래되었다. 시장 안에는 여행자가 물품을 보관하거나 숙박할 수 있는 한(han, 숙소)이 생겼다. 그랜드 바자르는 이스탄불 시내의 또 다른 '도시'였다. 밤이 되면 성채처럼 수백 명의 병사가 경비를 보았다. 이스탄불은 14세기 이래 서양 상인들의 활동 무대가 되

* 아히(ahi)는 아랍어로 '나의 형제'라는 뜻으로, 오스만제국 시대 소상인과 공예인의 동업자 조직이다. 아히 조직은 유목민족인 튀르크인들이 정착 생활로 이전되는 시기에 정착을 돕기 위해 생긴 소상인 동업자 조직이었다. 조직이 확대되면서 소상인 동업자 조직에 공예인 동업자들도 포함되었다. 도시는 물론이고 지방에 이르기까지 세포조직처럼 광범위하게 조직된 아히 조직은 소상인 간 자조 협동과 공동체 윤리, 집단적 도덕성을 보편적 행동지침으로 삼은 동종 업자의 결사체였다. 아히 조직은 종교·문화적 유대를 통해 도시 형성에 이바지했고, 전쟁 시 군대가 필요로 한 보급물자

를 제공하는 등 종교 · 정치 · 경제 · 사회 · 문화적으로 국가 건설에 이바지했다.

19세기 그랜드 바자르 속 상인들의 모습 귈 풀한 편저, 튀르키예의 세계유산, 튀르키예문화관광부 출판부, 2009, p.59.

었다. 14~15세기에는 이탈리아의 베네치아, 제노바, 피렌체의 상인들이 오스만제국과 체결한 무역 특혜조약으로 상업 활동을 했다. 16세기에는 프랑스와 이탈리아, 17세기 초에는 네덜란드가 무역 특혜조약을 체결하여 유럽 국가와의 교역이 늘어났다. 이스탄불 시장에는 3%의 낮은 관세로 수입된 외국산 물산이 넘쳐났고, 이스탄불의 그랜드 바자르는 상업과 국제무역, 금융의 중심지가 되었다.

3. 거장 건축가 시난

석공 출신 왕실 수석건축가

오스만제국 건축의 고전 시대를 만든 건축가는 미마르 시난(Mimar Sinan, 1490~1588년)이었다. 그의 초년 시절에 관해 확실하게 전해지는 기록은 없으나, 1490년 카이세리 근처의 작은 마을에서 태어났으며 아르메니아인 또는 그리스인이라는 설이 있다. 석공이었던 시난은 데브쉬르메로 징집되어 이슬람으로 개종한 후 1512년 예니체리에 입대했다. 징집되었을 때 톱카프 궁전의 엔데룬 멕테비(Enderun Mektebi, 궁정학교)에 입교하기에는 나이가 너무 많아 다른 학교에서 교육을 받았다고 한다. 시난은 1514년부터 1538년까지 셀림 1세와 쉴레이만 1세가 지휘한 주요 전투에는 거의 참전했다. 그러던 중 그에게 기회가 왔다. 1538년 몰다비아 원정 때 단기간에 다리를 건설하여 건축 기사로서의 재능과 자격을 인정받았다. 1539년, 49세의 시난은 궁정 수석건축가가 되었다.

시난과 쉴레이만 1세의 관계는 아주 특별했다. 그는 궁정 수석건축가가 된 후 황후 휘렘의 요청에 따라 하세키 술탄 모스크(1539년)를 성공적으로 건축했다. 22세의 젊은 나이에 사망한 쉴레이만 1세의 아들 메흐메드를 위하여 셰흐자데 모스크(1548년), 딸 미흐리마를 위하여 미흐리마 술탄 모스크(1565년)를 건축했다. 이들 모스크는 건축가로서의 초기 작품이었지만, 구성의 치밀함으로 이전의 모스크와는 다른 느낌을 자아냈다. 건축가로서의 경력이 쌓였을 때, 술탄 쉴레이만의 이름으로 된 쉴레이마니예 모스크(1557년)를 건축했고, 경력이 완숙 단계였을 때 쉴레이만 1세의 아들 셀림 2세를 위해 셀리미예 모스크(1574년)를 건축했다. 여기에 쉴레이만 1세의 딸 미흐리마의 남편인 뤼스템 파샤를 위한 뤼스템 파샤 모

미마르 시난(Mimar Sinan) 흉상 이스탄불 일드즈공과대학교(Yildiz Technical University) 건축대학의 정원에 있는 동상. 미마르 시난은 제국의 최전성기의 술탄 쉴레이만 1세를 시작으로 셀림 2세, 무라드 3세에 걸쳐 돔과 첨탑을 가진 오스만 특유의 모스크와 퀼리예 건축 양식을 완성한 거장 건축가이다. 그의 대형 건축물에서는 오스만제국의 위용이 극적으로 표현되었다. 사진 이희철

스크(1563년)까지 쉴레이만 가를 위해 기념비적인 건축물을 남겼다.

시난은 학습보다는 현장 중심의 경험과 실습으로 성장하여 고전 시대의 대표적 건축가가 되었으며, 유럽의 르네상스 시기 건축가 브루넬레스키나 미켈란젤로에 비유되기도 한다. 그의 건축기술의 진화 단계는 도제 시기, 직인 시기, 장인 시기 등 세 시기로 나눠진다. 그는 모스크, 마드라사, 쿠란 학교, 영묘, 구휼원, 병원, 수로, 다리, 카라반사라이, 궁전, 목욕탕 등 생애 360여 개의 건축물을 남겼는데, 그중 100여 개가 이스탄불에 있고 이스탄불 근교까지 넓히면 200여 개가 그의 작품이다.

시난의 걸작 건축물

시난의 기본 건축 개념은 돔으로, 그의 건축물은 모두 돔 구조를 기본으로 만들어졌다. 시난은 비잔티움의 성 소피아 교회의 돔 구조와 다른

성 소피아 교회의 중앙 돔 성 소피아 교회 건축물의 핵심은 기능적이면서 균형 잡힌 아름다움을 가진 중앙 돔에 있다. 4개의 펜덴티브로 지지된 중앙 돔은 오스만제국의 명장 건축가 시난에게 오스만의 건축예술을 위한 예술적 영감의 원천이었다.

셰흐자데 모스크의 중앙 돔 시난이 도제 시기에 건축한 최초의 대형 모스크로, 20대 초에 죽은 쉴레이만 1세의 아들 메흐메드를 위해 건축한 명품 건축물이다. 시난은 셰흐자데 모스크를 건축하기 위해 성 소피아 교회의 설계를 면밀하게 연구했다. 1548년에 완공된 셰흐자데 모스크의 주 돔은 4개의 세미 돔과 코끼리 다리형 기둥으로 지지되었다. 할릴 이날즉 & 귄셀 렌다 편저, 오스만 문명(Ottoman Civilization 2), 튀르키예문화부, 2003, p.666.

지역의 돔 구조 건축물에 대한 부단한 관찰과 실험을 거쳐 자신만의 새로운 돔 구조 기법을 창조했다. 그의 최대 관심은 대형 돔을 안전하게 지지할 구조를 만드는 것이었다. 시난은 주 돔의 내부를 4각형, 6각형, 8각형 양식으로 만들어 돔의 하중을 지지하는 기둥, 보, 외벽 등 하부구조와 자연스럽게 연결하여 건축물의 안정감을 극대화함으로써 돔 구조 건축기술을 완성했다. 그는 돔 구조를 자유자재로 구사하여 성 소피아 교회의 돔 구조보다 더 안정적인 돔 구조물을 완성하면서 '돔 구조물의 장인' 이라는 평가를 받았다.

시난이 자신의 기술을 개발하는 데 주로 참고한 건축물은 성 소피아 교회였다. 주 돔과 세미 돔, '코끼리 다리' 라고 부르는 굵은 기둥 4개가

셀리미예 모스크 셀림 2세를 위해 시난이 에디르네에 세운 걸작 중의 걸작이다. 하늘 높이 치솟는 연필형 첨탑은 오스만제국의 군사적, 문화적 힘이 정상에 있음을 상징했다. Hesperos, Leipsia, 1881~1882. 파티흐 데미르한, 판화와 사진으로 보는 튀르키예(Gravü'rlerden Fotograflara Türkiye), 튀르키예문화관광부, 2008, p.246.

시난 건축의 기본 개념이었다. 이는 전통적인 오스만 건축 방식과는 다른 것이었다. 주 돔과 연결된 굵고 짧은 4개의 기둥은 측면 벽과도 연결되어 외관상으로도 편안하고 아름답게 보인다. 도제 시기에 건축한 셰흐자데 모스크는 시난이 건축한 최초의 대형 모스크다. 주 돔은 4개의 세미돔으로 지지했다. 코끼리 다리형의 굵은 기둥 4개가 건축물의 안정감을 더해준다. 직인 시기 대표작인 쉴레이마니예 모스크는 성 소피아 교회를 연상하게 한다. 장인 시기 대표작인 셀리미예 모스크는 이스탄불이 아닌 에디르네에 건설되었다. 에디르네는 셀림 2세가 세자 시절에 머물며 사냥을 즐기던 곳이었다. 무엇보다도 에디르네는 발칸에 인접하고 유럽이 가까워 유럽 여행가들이 자주 방문하는 곳이었기 때문에 셀리미예 모스크는 오스만제국의 위대함을 과시하는 건축물이 되었다. 셀리미예 퀼리예는 축구경기장의 두 배 규모로 도시를 압도했다. 시난은 성 소피아 교회 돔의 크기를 능가하는 건축물을 만들려 했지만, 그 목표는 달성하지 못했다.

제12화

오스만제국 시대 예술

1. 이슬람 서예와 제책술

이슬람의 서예

비잔티움 시대에 이콘은 우상 숭배라는 논란 속에서도 그리스도의 성스러운 초월성을 드러내는 영적 도구로 활용되었다. 초월자 그리스도와 교리적 가르침을 전하는 시각화된 성경인 이콘은 인간과 절대자를 이어주는 영적 매개체였다. 이콘을 바라보는 사람들은 이콘의 형상을 통해 신의 숭고함과 전지전능함을 인지했다. 이슬람 세계에서도 기독교의 이콘 같은 것이 있었다. 아랍어 서체였다. 기독교의 이콘과 아랍어 서체는 초월적인 성스러움을 예술적으로 표현한다는 공통점이 있다. 아랍어 서체로 기록된 것은 무슬림의 경전이자 신의 말씀인 쿠란이었다. 아름다운 아랍어 서체로 쿠란을 옮겨 적으면서 아랍어 서예는 이슬람 예술로 승화되었고, 쿠란은 아랍어 서체로 절대적 신성함이 더해졌다. 이슬람 세계에서 아랍어는 쿠란을 기록한 계시 언어이기 때문에 무슬림은 아랍어를 신성시한다. 이 때문에 아랍어 서예는 종교적으로 중요한 의미가 있는 예술 형태이다.

서예(calligraphy)의 어원은 그리스어 kallos(아름다운)와 graphos(쓰기)의 합성어로 '아름다운 글씨나 그림' 이라는 뜻이다. 아랍어로는 카트(Khatt), 튀르키예어로는 하트(hat)라고 한다. 아랍어 서체는 신의 말씀을 담은 쿠란을 중심으로 발달했다. 아랍어 서체에는 쿠파체, 술루스체, 나스크체 등이 있다. 쿠파체는 이라크 쿠파의 지명에서 유래한 최초의 아랍어 서체로, 예루살렘의 '바위의 돔(Dome of the Rock)' 내부 장식과 초기 쿠란 필사본에 사용되었다. 쿠파체는 가장 오래된 서체로 모나고 묵직하며 장중하다. 술루스체는 세로획이 가로획보다 세 배가 긴 예술적인

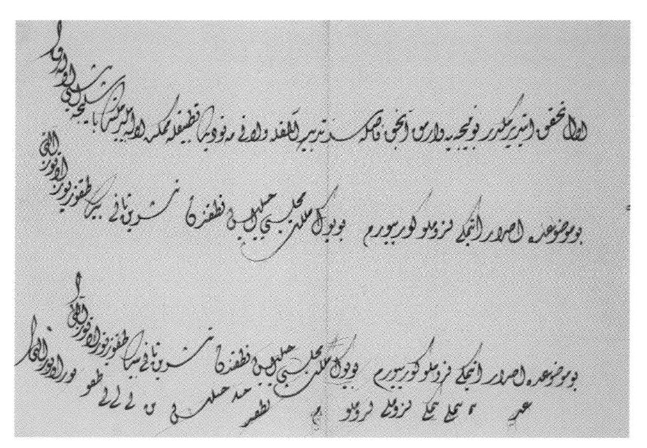

오스만제국의 디완체로 작성된 공문 이슬람 서체에는 쿠파체, 나스크체, 술루스체 등이 있지만, 오스만 정부에서는 술탄의 칙령이나 중요한 공문서를 작성하기 위해 디완체를 개발했다. 특히 파발꾼이 지방에 전달하는 술탄의 칙령은 배달 과정에서 위조나 변조를 방지하도록 빠르게 쓰는 흘림체로 글자에 공간이 생기지 않도록 주의를 기울인 것이 특징이다. 알리 르자 외즈잔 편저, 서예와 제책 예술(Hat ve Tezhip Sanatı), 튀르키예문화관광부, 2012, p.40.

서체다. 나스크체는 둥글고 우아한 필기체로 주로 책 필사와 행정 문서에 사용되었고, 현재 아랍어 서체의 모체가 되었다.

오스만제국에서도 아랍어 서체는 다양한 장식에 사용되었다. 쿠란 필사본 제작 외에도 모스크, 영묘 등 건축물의 내외부 장식과 도자기, 공예품, 그림 등에 적용되었다. 오스만제국 당시에 사용된 아랍어 서체는 라카체, 무하카크체, 쿠파체, 술루스체 등 다양했는데, 그중 독특한 서체로는 디완체가 있었다. 오스만제국의 내각을 디완(divan)이라 했는데, 내각 행정부에서 사용하는 글씨체라 하여 디완체라는 이름이 붙었다. 술탄의 칙령 문서는 디완체로 작성되었고, 문서에는 디완체로 된 술탄의 인장(투우라, tuğra)도 찍혔다. 톱카프 궁전의 첫 번째 문인 바브 휘마윤(황제의 문) 위에 새겨진 아랍어 서예는 오스만 예술의 대표작 중 하나이다. 정복자 메흐메드 2세 때 서예가인 알리 야흐야가 메흐메드 2세의 콘스탄티노플 정복의 의의를 쓴 것으로, 직사각형 현판에 아름다운 술루스체로 새겨져 있다.*

* 바브 휘마윤 위에 새겨진 아랍어 서예의 내용은 다음과 같다. "땅의 파디샤(장군), 바다의 지배자, 이승과 저승에서 신의 그림자, 동과 서에서 신의 이름으로 도움을 주는 자, 물과 땅의 영웅, 콘스탄티니예의 정복자, 정복자의 아버지 술탄 메흐메드 한."

톱카프 궁전의 첫 번째 문 위의 아랍어 서예 톱카프 궁전으로 들어가는 첫 번째 문인 바브 휘마윤(황제의 문) 위에는 세로획이 가로획보다 세 배가 긴 술루스체로 된 두 개의 아랍어 비문이 새겨져 있다. 위에는 쿠란 15장 45~48절까지의 내용이 새겨져 있고, 아래에는 "이 위대한 성채는 신의 은총과 배려로 평화와 평정을 유지하기 위해 883년(서기 1478년) 라마단 달(9월)에 동·서양에서 신의 대리인이자 육지와 바다의 술탄이자 황제이며 콘스탄티노플 정복자인 술탄 메흐메드의 명에 따라 건립되었다"라는 톱카프 궁전의 건립 요지가 새겨져 있다. 사진 이희철.

서예와 제책

아랍어 서체는 쿠란 필사본을 만들면서 발달했다. 무함마드 사후에 제3대 칼리프 우스만이 통일된 경전을 만들자는 사업을 시작하여 암기나 기억으로 남아 있던 무함마드의 계시가 경전으로 태어났다. 그런 과정에서 아랍어 표기가 정리되고 서체가 개발되어 신에게 받은 계시들이 글로 남게 되었다. 이슬람교의 경전인 쿠란은 세상에서 가장 아름다운 책이 되었다. 아름다운 서체로 기록하고 장식, 채색, 삽화, 장정 등 전문가들의 협업으로 최상의 책을 만들었기 때문이다. 중세 초기에 쿠란 필사본을 만드는 것은 가장 성스러운 작업이었고, 이슬람 세계의 예술적 감성을 표현하는 최상의 방법이었다. 쿠란 필사본의 제작 방법은 일반 제책 분야

16세기 오스만제국의 제책 그림은 16세기 오스만제국의 쿠란 책 목차에 해당하는 부분이다. 무늬와 색상이 좌우 대칭을 이루며, 지배적인 색상은 네이비 블루, 다크 블루로 분류되는 군청색이라는 것이 특징이다. 특히 색상은 주색과 조화색으로 구성되어 있고 규칙적으로 선정된 명도, 채도, 색상의 대비와 크고 작은 기하학적 문양과 꽃 문양의 장식이 연결되면서 시각적인 리듬감을 보여주고 있다. 알리 르자 외즈잔 편저, 서예와 제책 예술(Hat ve Tezhip Sanatı), 튀르키예문화관광부, 2012, p.483.

로도 퍼져 많은 분야의 책들이 생산되었고 서점과 서적상이 등장했으며, 고급스러운 장정의 책을 갖는 것은 부와 권력의 상징이 되었다.

필사본을 묶고 책의 형태로 만드는 제책(bookbinding) 기술은 아랍어를 사용하는 이집트 맘루크 왕조에서 꽃을 피웠는데,* 15세기에는 페르시아(이란) 사파비 왕조가 으뜸이었다. 사파비 왕조의 헤라트에는 대형 도서관이 세워졌고, 제책 아카데미를 설립하여 제책 기술을 발달시켰다. 티무르제국도 제국의 말기에 이란의 기술을 전수하여 제책 기술을 더욱 고급화했다. 오스만제국에서는 메흐메드 2세가 궁전에 제책 공방을 조직하고 이란의 헤라트, 타브리즈에서 제책 기술자를 데려왔다. 셀림 1세도 1514년 이란 원정 시 타브리즈에서 공예가들을 이스탄불로 데려왔다. 오스만제국의 술탄들은 페르시아(이란) 공예가들의 기술과 경험으로부터

* 맘루크 왕조의 카이로는 당시 이슬람 세계의 문화 · 종교 · 지식의 중심지였다. 이집트 국립도서관(National Library of Egypt)은 150여 편의 쿠란 필사본을 소장하고 있는데, 이 쿠란 필사본은 이슬람 세계 전체에 걸쳐 이슬람의 서체 · 채색 · 제본 기술을 이해할 수 있는 최고의 자료들이라는 평가를 받고 있다.

도움을 받았다. 오스만제국은 낱장을 모아 표지로 감싼 다음 한꺼번에 묶는 제본 기술에 능했고, 다양한 색깔과 문양을 삽입하고 금압하는 기술이 특출했다. 아라베스크 문양과 금은 장식, 세공된 보석들로 제책을 고급화했고, 금압과 가죽 장정으로 책을 호화롭게 만들었다. 오스만제국에서 제책은 16세기에 절정을 이루었고, 15~18세기까지 고급스러운 책은 예술적 감성을 표현하는 주된 수단이 되었다.

2. 시대를 그린 세밀화

페르시아 세밀화 전통

2006년 노벨문학상 수상 작가인 오르한 파묵의 『내 이름은 빨강』은 오스만제국의 궁정 화원을 무대로 한 소설이다. 소설은 페르시아 세밀화 전통을 따르던 16세기에 불어닥친 서양 화풍을 놓고 일어난 문화적 보수주의자와 개방주의자 간의 갈등을 그리고 있다. 소설에 나온 것처럼 오스만제국의 세밀화는 페르시아 세밀화의 전통을 이어받은 것이었다. 페르시아 세밀화는 페르시아 영역을 지배한 몽골과 티무르 시대(13~16세기)에 절정을 이루었다. 페르시아는 수 세기에 걸쳐 외세의 지배를 받았는데 11세기에는 셀주크, 13세기에는 몽골, 14세기에는 티무르의 침략을 받았다. 셀주크제국의 수도 바그다드가 몽골의 침략을 받자, 이란 지역에는 타브리즈를 수도로 한 몽골의 일한국이 세워졌다. 일한국은 페르시아 문명과 문화를 그대로 수용하고 학자, 예술가, 서예가 등을 불러 모으고 중국으로부터도 화가들을 불러들여 역사, 종교, 문학에 관한 필사본을 만들었다. 타브리즈 세밀화 학파가 이때 생겼다. 몽골 일한국의 분열과 티무르의 침략 사이에 잘라이르 왕조가 바그다드를 수도로 한 세기 동안 존속했는데, 세밀화 전통은 그대로 이어졌다. 14세기에 티무르 왕조가 들어선 후 수도 헤라트(현 아프가니스탄의 서부 도시)는 15세기 100년 동안 헤라트 세밀화 학파의 중심지였다. 16세기 초에 서아시아에 이란 사파비 왕조가 들어서자 페르시아의 세밀화는 다시 타브리즈를 중심으로 부활했다.

메흐메드 2세의 메달 왼쪽은 젠틸레 벨리니(1429~1507년)의 메흐메드 2세의 메달로 1480년경 이스탄불에서 제작되었다. 뒷면의 크라운 3개는 메흐메드 2세가 정복한 코니아, 이스탄불, 트라브존을 상징한다. 옥스포드: 애슈몰린 박물관. 오른쪽은 코스탄조 다 페라라의 메흐메드 2세의 메달, 1481년 이탈리아에서 제작되었다. 메달 앞면 테두리에는 튀르크인의 황제, 오스만 가문의 술탄 메흐메드라 새겨져 있고, 뒷면 테두리에는 기동전사인 이 사람이 많은 사람과 도시들을 예속시켰다고 새겨져 있다. 데이비드 J. 록스부르그, 천년의 여행(Turks: A Journey of a Thousand Years 600~1600), 런던: 왕립예술학원, 2005, p.272.

오스만제국의 세밀화

오스만제국은 메흐메드 2세가 톱카프 궁전에 예술 공방을 설치하면서 다양한 서체의 필사본 책과 삽화로 들어갈 채색 세밀화, 외관을 아름답게 장식하는 제본 작업 등이 시작되었다. 콘스탄티노플을 정복한 메흐메드 2세는 세계제국의 통치자라는 이미지를 구축하기 위한 시도로 이탈리아 베네치아의 화가 젠틸레 벨리니와 나폴리의 화가이자 메달 제작자 코스탄조 다 페라라를 초청하여 자신의 초상화와 초상화가 있는 메달을 만들도록 했다. 메흐메드 2세처럼 자신의 이름과 업적을 남기고 싶은 욕구는 그의 뒤를 이은 술탄들도 마찬가지였다. 메흐메드 2세의 다음 술탄인 바예지드 2세는 골든 혼에 건설할 다리의 디자인을 위해 르네상스 시대의 탁월한 예술가 다빈치와 미켈란젤로를 초청했다. 이 사업은 성사되지는 않았으나 오스만제국의 개방성을 보여준 사례다. 다음 술탄인 셀림 1세는 강력한 카리스마를 발휘한 술탄으로 단기간에 극적인 확장을 이루었다. 그는 1514년 사파비 왕조와 벌인 찰드란 전투에서 승리한 후에 페르시아의 문화도시 타브리즈에서 데려온 예술가들과 공예가들을 톱카프 궁전 공방에 투입했다. 이는 오스만제국의 필사본 제작, 세밀화와 제본 기술이 발전하도록 크게 도움을 주었다. 세밀화 학파가 헤라트에서 타브리즈로, 타브리즈에서 이스탄불로 연결되었다. 세밀화 예술은 오스만제국의 힘과 위엄이 절정에 이르고 문학과 예술의 황금기를 이룬 쉴레이만 1세와 셀림 2세 시기에 세련되게 표현되었다.

오스만제국의 궁정 공방에서는 술탄에 관한 기록을 책으로 남기기 시작했다. 이 작업에 동기를 부여한 책은 페르시아어의 아버지라 불리는 피르다우시(Firdawsi)가 1010년에 완성한 『샤흐나메(왕들의 책)』였다. 이 책은 창세부터 7세기 이슬람의 침입으로 멸망할 때까지 페르시아(이란)의 신화, 전통, 역사를 기록한 것이다. 오스만 궁정의 사가와 예술가는 피르다우시의 『샤흐나메』를 모델 삼아 오스만 술탄의 역사를 책으로 만들기 시작했다. 쉴레이만 1세 시대에는 '술탄의 책을 쓰는 사람' 이라는 뜻의 관직인 '셰흐나메지' 가 생겼다. 셰흐나메지가 쓴 '술탄의 책' 들을 '셰흐나메(şehname)' 라 칭했다. 한 권의 셰흐나메를 만들기 위해서 서예가, 세밀화가, 제본가, 채식가 등이 한 팀으로 일을 했다. 쉴레이만 1세 시대에 가장 유명한 세밀화가였던 마트락츠 나수흐는 바예지드 2세와 쉴레이만 1세의 원정 장면을 세밀화로 남겼다.

오스만제국 시대의 세밀화는 셀림 2세(재위 1566~1574년)와 무라드 3세(재위 1574~1595년) 시대에 완전한 성숙단계에 들었다. 특히 무라드 3세는 '무라디' 라는 필명으로 시를 쓰고 예술을 사랑한 술탄으로, 궁전 행사를 세밀화의 기록으로 남기는 것을 장려했다. 그의 시기에 세밀화가 나카쉬 오스만은 『쉴레이만의 승전록』, 『셀림 칸의 책』, 『술탄 중의 술탄』이라는 책에 그림을 넣었다. 오스만의 세밀화는 이전 세밀화와 달리 매우 사실적으로 묘사되었다. 무라드 3세 시기에 남겨진 『수르나메』는 사관인 로크만과 화가 오스만의 합작품으로 세자의 할례 의례를 기록한 책인데, 사실적으로 그려진 세밀화는 당시 이스탄불 사회를 엿볼 수 있는 귀중한 자료이다. 18세기 초 서양 화풍을 따른 레브니*의 등장으로 오스만제국의 전통 양식과 표현 기법의 세밀화는 쇠락기에 들어갔다.

* 오스만 회화의 마지막 거장으로 손꼽히는 레브니의 원 이름은 압될젤릴 첼레비 레브니(Abdulcelil Çelebi Levni, 1680년경~1732년)이다. 무스타파 2세와 아흐메드 3세 시대에 궁정화가였다. 오스만제국 시대 최초로 서양문화를 모방하려 했던 튤립 시대에 오스만 화가로서 전통 화법과 서양 화법을 융합한 독특한 색채와 표현 감각이 담긴 세밀화를 그렸다.

3. 오스만 세밀화의 주제

원정과 전승

오스만제국 시대의 세밀화는 술탄의 기예와 업적을 칭송하기 위해 만든 책에 사용되었다. 책의 주제가 술탄의 원정이나 전승에 관한 것이었으므로 세밀화의 주제도 원정과 전승에 관한 것이 주를 이루었다. 가장 대표적인 작품이 쉴레이만 1세의 업적을 다룬 『쉴레이만나메』로 이 책에는 69장의 세밀화가 들어가 있다. 『쉴레이만나메』는 쉴레이만의 명으로 궁전의 공방에서 만든 필사본 책으로 오스만 역사상 삽화가 들어간 최초

메흐메드 3세의 케레스테스 전투 오스만제국과 오스트리아 합스부르크 왕조 간 케레스테스(오늘날 헝가리)에서의 전투(1596년)를 묘사한 세밀화. 대포와 머스킷 총으로 대항하는 합스부르크 연합 군대도 묘사되어 있다. 할릴 이날즉 & 귄셀 렌다 편저, 오스만 문명(Ottoman Civilization 1), 튀르키예문화부, 2004, p.129. TSM A1609, fols. 50v–51r.

쉴레이만 1세의 나흐체반 원정 1554년 여름, 오스만제국과 페르시아 사파비 왕조 간 장기 전투(1532~1555년)의 마지막 전투인 나흐체반 원정에서 군대를 지휘하는 쉴레이만 1세. 『쉴레이만나메』에 수록되어 있다. 위와 아래의 사각면에는 페르시아어로 된 시가 있다. 할릴 이날즉 & 귄셀 렌다 편저, 오스만 문명(Ottoman Civilization 2), 튀르키예문화부, 2003, p.898. TSM H1517, fol.592r.

의 공식 문헌이다. 총 5권으로 된 『위대한 오스만가의 왕의 책』 중 마지막 권이 『쉴레이만나메』이다. 궁정 사관인 아리프가 쉴레이만 1세의 1520년부터 1555년까지 35년간의 활동을 서사시 형식으로 기록해놓았다.

위 두 개의 세밀화는 쉴레이만 1세의 나흐체반 원정과 메흐메드 3세의 케레스테스 전투를 묘사한 것이다. 그림은 한 장의 평면에 그렸지만, 단일 사건을 그린 것이 아니라 술탄이나 병사들의 여러 동선이 합쳐져 있다. 『쉴레이만나메』에 실린 위의 세밀화는 세 개의 다른 순간의 장면을

궁정화가 마트락츠의 이스탄불 도시를 묘사한 세밀화 그가 그린 도시 경관 중 대표적 작품이다.

합친 것이고, 『자페르나메(승전의 책)』에 실린 세밀화(293쪽)는 두 개의 장면을 합친 것이다. 멀고 가까운 원근법 없이 그려졌고, 술탄이 주인공이므로 술탄이 다른 인물보다 크게 그려졌다.

지형과 도시

16세기는 오스만제국에서 지도나 지도책 제작이 활발한 시기였다. 오스만제국의 해군 제독이었던 피리 레이스는 16세기 무렵의 지도 중에서 가장 정확한 아메리카의 지도를 그려낸 것으로 유명하다. 오스만제국의 지도와 지도책에는 도시 모습이 나타나기 시작했는데, 이는 오스만 예술사 발전에 중요한 동기가 되었다. 오스만 지도 제작 활동에 영향을 받아 오스만 세밀화에서도 지형을 그리기 시작했다. 그 선구자가 마트락츠 나수흐(1480~1564년)였다. 마트락츠 나수흐는 역사가이자 수학자, 서예가, 세밀화가였다. 그는 수학과 기하학에 관한 책을 써 셀림 1세에게 증정했고, 쉴레이만 1세의 페르시아 원정에 관한 책도 썼다. 마트락츠는 저술뿐만 아니라 그림에도 탁월한 능력을 보였다. 마트락츠는 도시와 자연 풍경을 세밀하게 묘사하는 데 능력을 나타내 '마트락츠 스타일'이라는 말

시리아 북부 알레포 성채 도시를 그린 마트락츠의 세밀화 성채로 연결되는 다리와 성채 안의 모습이 촘촘하게 묘사되어 있고, 도시에 접한 유프라테스강과 해안 목초지의 모습도 보인다. 첨탑이 있는 모스크와 함께 당시 전통적인 도시 경관이 잘 묘사되어 있다.

이 생길 정도로 세밀화의 새로운 분야를 개척한 화가이기도 했다.

마트락츠는 이스탄불, 타브리즈, 바그다드, 알레포 등 자신이 본 도시와 풍경을 아주 꼼꼼하게 묘사해놓았다. 도시 풍경에는 주요 건물과 길의 형태 등이 그려져 있다. 그가 그린 이스탄불 지도는 걸작으로 꼽힌다. 골든 혼을 사이로 왼쪽에는 경사면 위에 있는 갈라타 타워가 그려져 있고, 오른쪽 위쪽에는 성 소피아 교회와 히포드롬이 잘 나타나 있다. 이브라힘 파샤 궁전, 파티흐 모스크 등 이스탄불의 주요 건물과 광장도 잘 표현되었다.

위의 그림은 1543년 바르바로사 하이렛딘 제독이 프랑스 왕을 지원하기 위해 프랑스 니스 항에 정박한 역사적 사실과 관련한 것으로, 시리아 북부 성채 도시를 묘사한 양면 세밀화이다. 성채로 연결되는 다리와 성채 안의 모습이 촘촘하게 묘사되어 있고, 도시에 접한 유프라테스강과 해안 목초지의 모습도 보인다. 첨탑이 있는 모스크와 함께 당시 전통적인 도시 경관이 잘 묘사되어 있다.

무라드 3세의 아들 메흐메드를 위해 52일간 계속된 할례 의례를 묘사한 세밀화. 『수르나메』에 수록. 할릴 이날즉 & 귄셀 렌다 편저, 오스만 문명(Ottoman Civilization 2), 튀르키예문화부, 2003, p.908. TSM H1344, fol. 1r.

의전과 전례

오스만제국에서 술탄이나 그 가족의 결혼, 할례, 출생 같은 통과의례는 매우 중요한 행사였다. 1524년 쉴레이만 1세는 기독교 노예 신분에서 대재상으로 발탁된 이브라힘 파샤를 위해 8일간의 축제를 열었다. 이 행사는 이교도 노예 출신을 중앙행정부로 영입하는 오스만제국의 개방형 지배층 체제를 대내외에 알리는 정치적이고 상징적인 의미가 있었다. 1530년 쉴레이만 1세는 아들의 할례* 의례를 위해 3주간의 축제를 열었

* 할례는 남자아이 성기의 귀두 포피를 수술로 자르는 것이다. 이슬람에서 성인이 되는 통과의례로 인식되는 할례는 쿠란에는 명시되어 있지 않고 무함마드의 언행록 하디스에 언급되어 있다. 그러므로 이슬람 세계에서 할례의 목적은 개인적 위생과 청결이라는 것도 있지만, 무함마드의 언행을 따른다는 종교적 이유가 우선한다. 할례를 언제 하는지 정해진 것은 없으나, 일반적으로 7세 때 많이 하는 것으로 알려져 있다.

다. 술탄이 주최하는 축제에는 다양한 행사가 열리고 이스탄불 신민과 외교사절들이 참여했다. 궁정의 축제를 잘 기록한 것으로는 1582년 무라드 3세의 아들 메흐메드의 할례 의례를 기록한 『수르나메』가 있다. 할례 의례는 오스만 사회상을 잘 보여주는 최고 수준의 이벤트였다. 『수르나메』에는 오스만제국 축제 역사상 가장 성대한 축제 중 하나였던 52일간의 행사가 개최된 시간 순서대로 기록되었다. 무라드 3세의 아들 할례 의례는 인티잠(필명)이 튀르크어로 기록했고, 삽화로 들어간 250개의 세밀화는 나카쉬 오스만과 10여 명의 궁정 화가들이 그렸다. 축제 기록 백서는 1588년 3월에 술탄에게 증정되었다.

또 다른 축제 기록은 1720년 술탄 아흐메드 3세의 아들 네 명의 할례 의례를 기록한 『수르나메이 베흐비』이다. 15일간 계속된 축제는 베흐비가 기록했고, 137개 삽화는 대부분 레브니가 그렸다. 『수르나메이 베흐비』는 튤립 시대를 묘사하고 당시 사회의 전통과 관습을 보여주는 중요한 사료이자, 오스만제국 시대의 마지막 필사본이라는 특징도 있다. 레브니는 화면 구성과 색상 선택 면에서 고전 세밀화 기법과는 다르게 하여 자신만의 독특한 화법을 창조한 화가다. 특히 인물의 밝은 표정과 밝은 색상의 의상은 전통 화법과는 다른 것이었고, 여성 인물의 표정을 표현하는 데 새로운 창의성을 보였다. 한편 술탄의 즉위식, 술탄이 외교사절을 접견하는 모습, 궁전에서 개최되는 종교 행사인 바이람(Bayram)의 의전 등은 술탄의 업적을 기록한 다양한 책에 포함되어 있다. 축제를 묘사한 삽화는 당시 사회 모습을 이해하는 데 중요한 단서를 제공한다.

제13화

튀르크 문화의 유럽 전파

1. 튀르크 커피의 유럽 전파

예멘에서 가져온 커피

2013년에 튀르크 커피문화는 우리나라 김장문화와 함께 유네스코 세계무형유산에 등재되었다. 한 잔의 커피를 만드는 데 '손'이 많이 갈 뿐만 아니라, 마실 때도 가루를 가라앉히면서 천천히 마시는 것이 튀르크 커피문화의 특징이다. "한 잔의 튀르크 커피는 40년 동안 기억하게 한다"라는 튀르크 속담*이 있다. 튀르키예에서는 커피가 단순히 마시는 음료가 아니라 사회관계를 잇는 상징적 의미를 지닌다는 것을 알 수 있다.

커피는 수 세기에 걸쳐 오스만제국의 국민 음료였다. 제국의 힘이 예전 같지 않게 되었을 때도 커피 열풍은 변하지 않았다. 1517년 예멘 총독인 외즈데미르 파샤가 커피콩을 이스탄불에 가져온 것이 그 시작이었다. '커피'라는 말이 에티오피아 남부 고원지대 카파(Kaffa)라는 지명에서 유래한 데서 알 수 있듯이 커피의 원산지는 에티오피아이다. 에티오피아 커피는 예멘에서도 재배되고 음용되었다. 커피는 예멘에서 이슬람 신비주의자들인 수피들이 처음으로 마시기 시작했다고 한다. 1517년 셀림 1세는 이집트의 맘루크 왕조를 정복하고 예멘도 오스만제국의 영토로 만들었다. 오스만제국과 예멘의 인연은 이렇게 시작되었다.

예멘 총독이 가져온 커피콩은 먼저 술탄을 위해 조리되었다. 톱카프 궁전의 주방에서 튀르크인들만의 특유한 조리법으로 만든 커피가 술탄에게 올려졌다. 예멘 원두로 만든 튀르크 커피의 특별한 맛과 향은 술탄과 관료들의 입맛을 사로잡았다. 셀림 1세는 이집트 정복 3년 만에 세상을 떠났다. 다음 술탄 쉴레이만 1세도 커피 맛에 만족하고 궁전에 커피 조리를 담당할 커피 조리장을 임명했다. 술탄에게 커피를 올리는 일은

* 이 속담의 원어 문장은 "Bir fincan kahvenin 40 yıl hatırı vardır"이다. 튀르키예언어협회(TDK)는 "아무리 작은 선행이라 할지라도 결코 잊을 수 없는 것"을 의미한다고 해석했다.

튀르크 전통 커피는 곱게 분쇄한 커피가루와 물을 제즈베(cezve)라는 도구에 넣고 얕은 숯불, 장작불이나 달궈진 모래 위에 놓고 끓인 후 잔에 따라 마시는 방식이다. 오늘날 커피의 원조가 된 튀르크 커피는 터키식 커피(Turkish coffee)로 널리 알려져 있고, 원두가루를 걸러내지 않고 함께 마시고, 특유의 묵직한 질감과 쓴맛이 두드러진 풍미가 강한 것이 특징이다.

의전 행사가 되었다. 술탄의 어머니인 황모도 궁전에 자신의 커피하우스를 두었다. 궁전에서 커피는 빠질 수 없는 최고의 기호식품이 되었다.

1554년 이스탄불에 최초의 커피하우스(튀르크어 카흐베하네)가 문을 열면서 대중도 커피를 소비하게 되었다. 사람들은 커피의 쓴맛을 희석하기 위해 커피에 설탕을 타거나 단것과 함께 마셨다. 16세기 말에 이스탄불에만 600개의 커피하우스가 있었다고 한다. 짧은 기간에 커피하우스가 번성했고, 커피 음용도 전국으로 유행되었다. 커피하우스에 모이는 인구가 모스크나 시장에 가는 사람들보다도 많을 지경이 되었다. 오스만제국

사회에서 커피는 새로운 문화 현상이 되었다. 19세기 말 차(茶)를 마시기 시작할 때까지 튀르크 커피는 오스만 사회에서 널리 음용되었다.

커피 맛과 향에 반한 오스만 사회

튀르크인들은 쓰고 검은 탄 맛, 고소하고 은은한 향의 커피를 '검은 진주' 라고 하며 좋아했다. 사람들은 집에서 커피를 만들어 마실 수도 있었지만, 커피하우스가 생기면서 커피는 커피하우스에서 마시는 것으로 인식되었다. 커피하우스는 커피를 대접하고 대접받는 주인과 손님 같은 위계관계가 존재하지 않아 모두에게 편안한 공간이 되었다. 평범한 시민의 일상은 집에서 모스크와 시장, 그리고 일터를 왔다 갔다 하는 것이었으나, 커피 맛을 알게 되면서 사람들은 커피하우스에 몰렸다. 모스크와 커피하우스는 서로 공생하는 시설이 되었다. 하루에 다섯 차례 기도해야 하는 율법 때문에 사람들은 하루에도 몇 차례 모스크에 들러야 했는데, 남자들은 기도하기 전후에 커피하우스에 들르게 되었다. 오스만제국을 방문한 서양인의 기록에 따르면, 튀르크인들은 두통, 어지러움, 무기력증을 치료하기 위해서도 커피를 마셨다고 한다. 튀르크인들이 여유를 즐기기 위해 갈 수 있는 곳으로는 포도주를 파는 메이하네, 수수 · 조 · 기장 등 잡곡을 발효시켜 만든 보자(boza, 약간의 알코올이 들어감)를 파는 보자하네 등이 있었다. 이슬람 율법상 무슬림이 이곳들을 다니기는 쉽지 않은 일이었지만, 커피하우스는 마음의 갈등을 느끼지 않아도 되는 곳이었다.

튀르크인들이 커피를 좋아하게 된 것은 커피 자체의 맛과 향 때문이기도 하지만, 커피를 매개로 한 '대화' 도 한몫을 했다. 그것은 오랜 유목 생활에서 몸에 밴 튀르크인들 특유의 개방적인 사회성 때문이기도 했다. 커피하우스는 대화와 소통으로 사람들을 연결했고, 튀르크인들은 그곳에서 다양한 계층의 사람들과 만날 수 있었다. 집에서는 만날 수 없는 사람들을 커피하우스에서 만날 수 있었고, 그곳에서는 많은 생각과 정보가 교환되었다. 모스크에서는 기도하고 커피하우스에서는 대화를 나누었다. 커피하우스는 모스크와는 그 기능이 달랐지만, 모스크처럼 사람들이 많이 모이는 집합장소가 되었다. 그러나 사교와 정보 교환의 장소이던 커피하우스가 정치적 저항과 토론의 장소로 변해가자 중앙정부가 경계하기 시작했다.

최초로 커피 음용이 금지된 것은 쉴레이만 1세 때였다. 이슬람 법학자의 수장인 셰이홀이슬람이 내놓은 종교적 유권해석인 파트와 때문이었다. 그는 "커피는 이슬람 율법에서 허용하지 않은 음료"라는 의견을 내놓았으나, 금지 조치는 오래가지 못하고 해제되었다. 메흐메드 3세, 아흐메드 1세 때도 잠시 커피 음용을 금지했으나 역시 오래 계속되지 않았다. 무라드 4세 때인 1633년에는 커피 음용과 함께 흡연도 금지했다. 무라드 4세는 말로만 그치지 않았다. 흡연하는 자, 커피 마시는 자는 발각되면 목숨을 내놓아야 할 정도였다. 그러나 무라드 4세의 금지 조치도 오래가지 못했다. 1600년대에는 흡연이 유행하면서 커피 열풍은 더욱 가열되었다. 흡연–뒷담화–커피가 커피하우스의 필수 코스처럼 되었다.

당시 정치 상황에 따라 술탄은 사람들의 '입'을 막기 위해 커피 음용을 금지하긴 했으나, 금지할수록 커피를 즐기는 사람이 날로 늘고 커피 원두의 불법거래도 막을 수는 없었다. 18세기에는 경제적인 이유로 중앙정부가 커피하우스 운영에 관대한 조치를 시행하자, 이스탄불 커피하우스 운영은 예니체리가 장악하여 커피 시장도 활기를 띠었다. 나라의 존망이 위기에 처했을 때 커피하우스는 개혁가들, 신지식인들의 모임 장소가 되었다. 튀르크 여성들이 하맘(목욕탕)에서 만나듯이, 커피하우스는 튀르크 남성들에게 포기할 수 없는 사교 공간이 되었다.

프랑스와 오스트리아에 전파된 튀르크 커피

1660년대 오스만제국과 프랑스 사이의 긴장 관계가 고조되었다.* 오스만제국과 프랑스왕국은 전통적인 동맹국이었다. 오스만제국이 베네치

* 오스만제국과 프랑스는 전통적인 동맹국이었으나, 1660년 루이 14세가 스페인 합스부르크 가문의 공주 마리아 테레사를 아내로 받아들이면서 합스부르크에게 가까워지고 오스만제국에는 거리를 유지하는 태도를 드러냈다. 루이 14세는 북아프리카 해안지대에서 전 유럽을 상대로 약탈을 벌이고 있던 바르바리 해적단을 오스만제국이 후원하고 있다고 보았다. 프랑스는 1661년 이래 바르바리 해적단에 대한 정벌을 정기적으로 벌였다. 루이 14세는 합스부르크와 오스만제국 사이에서 오스만제국과는 애매한 중립입장을 취했다.

아공화국령 크레타섬을 침략하여 1645년부터 오스만제국과 베네치아는 전쟁 중이었다. 그런데 루이 14세의 프랑스는 오스만제국과 싸우고 있는 베네치아를 비밀리에 도와주고 있었다. 이 때문에 이스탄불에 주재하는 프랑스 대사는 지하감옥에 갇히기도 했다. 전쟁의 승기는 오스만제국이 잡고 있었지만, 유럽 연합군의 지원으로 전쟁은 장기전이 되었다. 크레타에서 전쟁이 거의 마무리될 무렵인 1669년, 술탄 메흐메드 4세는 뮈테페리카 쉴레이만 아아(Müteferrika Süleyman Ağa)를 사절로 프랑스왕국에 파견했다.

그의 임무는 루이 14세에게 술탄의 친서를 직접 전달하는 것이었다.* 루이 14세는 화려한 의상을 입고 세계 강국 오스만제국의 외교사절을 영접했다. 그러나 오스만제국의 외교사절이 대사급이 아닌 것을 확인하고는 궁정 행사를 바로 끝냈다. 루이 14세와 오스만 사절의 의전 행사는 예상치 못한 '해프닝'이 되고 말았다. 그 후 쉴레이만은 파리 임시저택에 수개월을 머물면서 저택 내부를 튀르크식으로 장식하고 파리 상류층 여성들에게 튀르크 커피를 대접했다. 사람들은 카펫과 킬림(튀르크 융단의 일종), 쿠션 등이 어우러진 튀르크 특유의 따뜻하고 아늑한 실내 장식과 이국적인 풍미의 튀르크 커피에 매료되었다. 쉴레이만이 파리에서 튀르크 커피를 소개한 후, 1686년에 파리에서 최초의 커피하우스 '카페 프로코프(Café Procope)'가 문을 열었다.

오스트리아에 튀르크 커피가 알려진 계기는 전쟁이었다. 오스만제국은 1683년 7월부터 오스트리아 합스부르크제국의 수도 빈을 포위했다. 두 달간의 포위전 끝에 9월 11일 결정적인 전투가 시작되었다. 오스만군은 폴란드 왕 소비에스키가 이끄는 지원군의 후방 공격에 밀려 다음 날인 9월 12일 서둘러 퇴각했다. 이때 오스만군은 무기는 물론 약 500포대의 커피 생두를 남겨둔 채 퇴각해야 했다. 전리품을 정리하던 빈 사람들은 커피 생두의 검은 알갱이를 낙타 사료로 생각하고 폐기하려고 했다. 그러나 다양한 직업적인 경력을 통해 튀르크어와 문화를 알고 있던 폴란드인 콜시츠키가 폐기 직전의 커피 생두를 확보해 빈에서 커피하우스를 열

* 1669년 6월, 뮈테페리카 쉴레이만 아아가 루이 14세에게 전달한 서한의 프랑스어 번역문은 프랑스 외교사료관에 소장되어 있다. 프랑스 외교사료관에는 오스만제국의 튀르크어 원본은 존재하지 않는다. 오스만제국의 술탄 메흐메드 4세가 루이 14세 앞으로 보낸 서한의 서두에는 "우리는 우리가 신임하는 친구 중 한 사람을 귀하에게 보냅니다. 그는 우리 관리 중에 가장 능력 있고 가장 존경받는 사람입니다. 쉴레이만은 뛰어나고 훌륭한 저명인사의 전형입니다"라고 되어 있다. Phil McCluskey, An Ottoman envoy in Paris: Süleyman Ağa's mission to the court of Louis XIV, Osmanlı Araştımaları/The Journal of Ottoman Studies, XLVIII, 2016, p.337.

었다. 콜시츠키가 태어난 우크라이나 리비우와 오스트리아 빈에는 그의 기념 동상이 있다.

튀르크 문화를 대표하는 튀르크식 커피

튀르크 커피의 특징은 독특한 커피 제조법에 있다. 튀르크 커피의 특유한 맛은 원두의 그라인딩(분쇄)에서 나오는데, 분쇄한 원두의 입자가 밀가루처럼 매우 곱다. 커피를 끓이는 용기는 제즈베(cezve)라는 길고 좁은 편수 냄비로 뚜껑이 없다. 제즈베에 물과 커피 가루, 취향에 따른 적당량의 설탕을 넣고 잘 섞은 다음 불 위에서 천천히 끓인다. 과거에는 숯불이나 장작불 위에 제즈베를 놓고 끓였는데, 약한 불에 오래 끓여야 제맛이 났다고 한다. 커피가 끓을 때 생기는 거품은 일단 잔에 옮기고 제즈베를 다시 불에 올린 후 살짝 끓인 커피를 거품이 담긴 잔에 따른다. 그러면 커피 표면에 거품이 보글보글 앉게 되어 '진짜' 튀르크 커피가 된다. 튀르크 커피는 거품이 풍성할수록 진품이 된다. 두세 명분의 커피를 끓일 때 거품을 각각의 잔에 골고루 나누어 담아야 커피를 부었을 때 고르게 거품이 생긴다.

튀르크 커피는 마시기 전에 물로 입속을 가신 다음 커피 가루가 가라앉을 때까지 잠시 기다렸다 마신다. 커피 가루 입자가 워낙 가늘어 먹어도 된다. 다 마시고 나면 잔 아래 가라앉은 커피 가루의 모양을 보고 '점'을 보는 것도 문화가 되었다. 미묘하게 구수한 커피 맛과 향을 즐기고 난 후 침전된 커피 가루로 미래를 알 수 있는 것은 튀르크 커피뿐이다. 이처럼 튀르크 커피는 준비하고 마시는 과정이 하나의 의식처럼 이루어진다.

2. 튀르크 문화 모방 열풍

튀르크 문화 취향 현상, 튀르크리

유럽에서는 16세기부터 튀르크 문화에 대한 유행이 점차 일어났다. 18세기에 이르러 오스만의 회화, 음악, 건축, 의상, 실내 장식 등이 유럽에서 유행했다. 이때는 유럽에서 동양 문화에 대한 취향과 학문적 관심을 의미하는 오리엔탈리즘(Orientalism)이라는 사조가 일어난 시기였다. 오리엔트는 동양(East)을 의미했고, 동양은 중동, 북아프리카, 아시아를 의미했다. 유럽인들에게 오스만제국은 '동양' 중에서도 이국적이고 신비스러운 대상이었다. 유럽인들은 이탈리아 화가가 그린 정복자 메흐메드 2세의 초상화와 아라베스크 문양의 튀르크산 직물로 오스만제국을 간접적으로 접했다.

그런데 15세기 이후 신항로 개척으로 유럽과 오스만제국 간에 상품 교류가 활발해졌고, 유럽에서는 커피, 향신료, 향수, 차(茶) 같은 이국적인 물산을 구하려는 새로운 소비 패턴이 생겼다. 신항로 개척과 르네상스를 거치면서 오스만제국에 대한 유럽인들의 시각도 크게 변하게 되었다. 유럽인들은 오스만제국을 군사·정치적인 경쟁과 두려움의 상대에서 이국적 문화를 가진 호기심의 나라로 인식했다. 세계를 무대로 한 유럽 상인들의 활발한 활동으로 꽃문양의 직물, 카프탄(허리통이 헐렁하고 소매가 긴 옷), 터번, 카펫, 가구, 로쿰(달콤하고 쫀득한 튀르크 과자의 일종), 나르길레(물담배), 커피, 세밀화, 이즈니크 타일 등 오스만 물산이 유럽에 들어갔다. 유럽의 궁전이나 귀족의 저택에서 오스만 문화 취향을 개성적으로 반영하고 드러내는 일이 유행했다. 특히 18세기 프랑스를 중심으로 일어난 튀르크 문화 취향 현상을 튀르크리(Turquerie)라고 불렀다.

메흐메드 첼레비의 파리 도착 장면 오스만제국은 최초의 외국 상주대사로 이르미세키즈 메흐메드 첼레비를 프랑스왕국에 파견했다. 이들 일행은 1721년 3월 21일 파리에 있는 튀일리궁(Tuileries Palace)에서 루이 15세를 알현했다. 프랑스 화가 샤를 파로셀(Charles Parrocel) 작품으로 튀일리궁의 정원에 들어가는 오스만제국 사절단과 환영 인파를 담았다. 캔버스에 유채. 할릴 이날즉 & 귄셀 렌다 편저, 오스만 문명(Ottoman Civilization 2), 튀르키예문화부, 2003, p.1108.

유럽에서 튀르크 문화에 관한 관심과 호기심이 증폭하게 된 계기는 오스만제국 외교사절의 프랑스 방문이었다. 당시 프랑스는 다른 유럽 국가들이 선망하는 문화 선진국이었다. 1721년 오스만제국의 외교사절 이르미세키즈 메흐메드 첼레비(Yirmisekiz Mehmed Çelebi)*가 유럽의 중심지 파리를 방문했다. 오스만제국 대사의 파리 방문은 오스만 문화와 유럽 문화가 만나고 교류한 최초의 공식적인 시도였다. 이후 오스만제국의 대사와 사절단이 보여준 우아한 행동과 말투, 의상의 화려함에 매료되어 튀르크적인 것을 좋아하는 튀르크리가 선풍적으로 유행했다. 동시에 오스만제국에서도 프랑스식 건축과 생활 모습을 모방하게 되었다. 20년 후인 1742년에 메흐메드 첼레비의 아들 사이드 에펜디의 프랑스 공식 방문에서도 오스만제국 대사와 사절단은 루이 15세를 알현하는 등 대대적인 관심과 환영을 받았다. 오스만제국 외교사절의 프랑스 방문으로 문학, 회화, 공연, 장식 등의 분야에 튀르크 취향이 반영되었고, 튀르크인을 주

* 이르미세키즈 메흐메드 첼레비(1670년경~1732년)는 오스만제국의 관료정치인이다. 메흐메드 첼레비는 예니체리 부대 장교의 아들로, 헝가리 페치 전투에서 아버지가 전사하자 예니체리에 입대하여 28번 예니체리 부대에서 복무했다. 이르미세키즈는 숫자 28로, 그가 28번 예니체리 부대에서 복무했다고 붙여진 별명이다.

인공으로 한 소설, 발레, 오페라 등이 등장했다.

튀르크 오스만제국을 소개한 화가들

14세기에 유럽 화가들은 수입한 카펫 위에 서 있는 인물을 그렸다. 강한 색상과 아라베스크 문양의 동양적 모티브는 유럽인들의 마음을 사로잡았다. 튀르크 카펫이 유럽에 수출되어 프랑스 궁전과 귀족의 저택에서 널리 사용되었고, 튀르크 카펫은 부와 명성의 상징이 되었다. 오리엔트 물산인 튀르크 카펫은 여러 화가의 그림에 소재로 등장했는데, 그중 한스 홀바인의 〈대사들〉, 로렌초 로토의 〈자선을 베푸는 성 안토니노〉, 메디치 가문의 후원 속에 성경 이야기를 그린 도메니코 기를란다요의 〈옥좌에 앉은 성모자와 성인들〉 등이 대표적이다.

플랑드르 출신의 화가 반 무어는 오스만제국의 '튤립 시대'에 이스탄불에 체류하면서 오스만인들과 레반트 지역 사람들의 의상과 관련한 그림을 많이 남겼다. 레반트는 팔레스타인, 이스라엘, 요르단, 시리아 등 중동 일부 지역을 가리키는 말로, 유럽인들은 종교적·상업적 이유로 레반트에 많은 관심을 가졌다. 아흐메드 3세가 네덜란드 대사를 접견하는 그림은 반 무어의 대표작 중 하나이다. 반 무어는 1737년 세상을 떠날 때까지 이스탄불에 머물렀으며, 사후에는 이스탄불 베이올루 지역의 가톨릭 교회 정원에 안치되었다.

스위스 제네바 출신의 화가 장 에티엔 리오타르는 1738~1742년 이스탄불에 체류하면서 튀르크 스타일의 의상을 입은 많은 초상화를 그렸다. 그는 튀르크인처럼 옷을 입고 턱수염을 기른 자신의 초상화도 남겼다. 리오타르는 1743~1745년 빈 체류 시 이스탄불에서 그린 그림을 화가이자 판화가인 주세페 카메라타와 요한 레인스퍼거에게 판화로 만들게 했다. 그렇게 만들어진 판화들이 전 유럽에 퍼지면서 그의 이름도 유럽에 알려졌고, 그는 튀르크 문화를 유럽에 전파한 선구자 중의 한 사람이 되었다.

독일 화가 한스 홀바인(Hans Holbein)이 그린 〈대사들(Ambassadors)〉 그림 왼쪽은 장 드 댕트빌(29세, 프랑스가 파견한 영국 대사), 오른쪽은 주교인 조르주 드 셀브(25세, 후에 베네치아 대사)로 댕트빌의 주문으로 홀바인이 그렸다. 그림에는 지구의, 수학책, 삼각자, 컴퍼스, 천구의, 휴대용 해시계 등 당대 유럽의 귀족과 지식인이 관심을 갖는 많은 오브제들이 배치되었다. 그중에서도 탁자 위에 펼쳐진 카펫은 오스만제국 물산이다. 8각형의 메달 무늬와 정형화된 패턴이 있는 오스만제국산 카펫은 15세기 이래 유럽에서 각광을 받았다. 1533년, 오크 패널에 유채. 할릴 이날즉 & 귄셀 렌다 편저, 오스만 문명(Ottoman Civilization 2), 튀르키예문화부, 2003, p.800.

상상과 볼거리, 연극과 오페라

1600년대 유럽에서 오스만제국과 관련하여 공연된 발레와 오페라 등은 주로 전쟁을 소재로 한 것이었다. 오스만제국에서 놀라운 원정사업을 이룩한 정복자 메흐메드 2세와 쉴레이만 1세와 관련한 것이 대부분으로, 유럽인 입장에서는 패배를 인정하는 비극적인 줄거리였다. 그 후에는 바예지드 2세와 티무르의 앙카라 전투, 빈 공성전과 같은 중요한 역사적 사건, 호기심을 자극하는 궁정 하렘의 음모, 대재상 토팔 오스만 파샤 같은 프랑스인에게 도움을 준 인물 등과 관련한 다양한 주제의 연극, 발레, 오페라 등이 공연되었다. 1758년 아흐메드 레스미 대사가 술탄 무스타파 3세(재위 1757~1773년)의 즉위를 알리기 위해 빈을 방문했을 때, 오스만제국의 외교사절을 위해 〈관대한 튀르크인(Le turc généreux)〉이라는 오페라 발레가 공연되었다.

볼프강 아마데우스 모차르트가 25세 때 빈에서 작곡한 〈후궁 탈출〉은 오스만제국 고관의 궁전 하렘을 소재로 한 이국적 오페라이다. 〈후궁 탈출〉은 1782년 7월 16일 빈의 부르크 극장에서 초연되었다. 폭력, 호색, 노예, 위선과 이슬람 혐오라는 부정적 시각은 있었으나, 오스만을 소개하는 중요한 오페라가 되었다. 모차르트는 〈튀르크 행진곡〉도 작곡했는데, 〈튀르크 행진곡〉은 모차르트의 피아노 소나타 11번 3악장으로 모차르트가 3악장에 '튀르크풍'으로 연주하라는 뜻의 지시어 'alla turca'를 써넣어서 붙여진 별명이다. 모차르트는 예니체리 군악대 메흐테르의 연주에 영감을 받아 〈튀르크 행진곡〉을 튀르크풍으로 연주하라고 했다. 오스만제국의 군악대는 세계 최초로 베이스 드럼(북)과 심벌즈를 사용했으며, 오스만 군악대에 영감을 받아 프로이센, 폴란드, 오스트리아, 프랑스 등에서 군악대 음악을 도입했다.

3. 서양의 편견 오리엔탈리즘

튀르크인을 보는 유럽인의 시각

15세기 이래 튀르크인에 대한 유럽인의 시각은 네 단계로 변화를 거쳤다. 그 첫 번째 단계는 1453년 콘스탄티노플 정복 이후 튀르크인들의 위협에 두려움을 느끼기 시작하는 기간이다. 건국 초기부터 15세기 중반까지 유럽의 기독교 세계를 위협하는 오스만제국의 원정에 맞서 유럽은 수차례나 유럽 십자군을 결성했으나 효과를 보지 못했다. 오스만제국의 '제2 로마' 인 콘스탄티노플 정복은 그 자체로 유럽에 엄청난 공포심을 불러일으켰다. 15세기부터 16세기 중반까지 유럽의 독일어권에서는 튀르크인의 위협(Türkengefahr), 튀르크인에 대한 두려움(Türkenfurcht)이라는 말이 유행했다. 이 시기에 발명된 구텐베르크의 활판 인쇄술로 대량복제가 가능해진 유럽의 정치권, 종교권에서 튀르크인의 잔인성을 강조하는 선전물을 대량으로 유포했다. 15세기 중반 이래 '무슬림' 과 '튀르크인' 은 같은 뜻으로 사용되었기 때문에, 유럽 사회에서는 튀르크인과 무슬림에 대한 부정적 인식과 적대감이 널리 조성되었다.

두 번째 단계는 콘스탄티노플 정복 76년 후인 1529년 오스만제국의 제1차 빈 공성전 실패 이후부터 1683년 오스만제국의 두 번째 빈 포위 작전 실패까지의 기간이다. 1699년 카를로비츠 조약으로 오스만제국은 트란실바니아, 헝가리 대부분을 잃고 유럽에 대한 군사적 열세를 보여주었다. 이 시기에 유럽은 군사기술과 산업 발달로 빠르게 변신하고 있었으나, 오스만제국은 이를 추격하지 못했다. 세 번째 단계는 17~18세기 유럽의 계몽기에 프랑스 궁전을 시작으로 한 튀르크 문화 취향(튀르크리)이 유행한 시기이다. 튀르크인에 대한 유럽인의 시각이 변하게 된 것은 오스만제국이 더는 두려운 존재가 아니기 때문이었다. 마지막 단계는 19세기 열강의 제국주의 시대에 유럽이 쇠락해가는 오스만제국을 유럽의 '병자(sick man)' 로 낙인찍고, 정치적 책략으로 재정금융을 장악하여 경제를 침탈하고 간접 지배한 시기다. 이 시기에는 열강의 제국주의 정책에 편승한 선정주의적 지식인들과 예술가들이 튀르크인과 문화를 폄훼하고 왜곡하는 활동을 서슴지 않았다.

19세기 오리엔탈리즘

18~19세기 유럽에서 오리엔탈리즘은 동양의 언어, 문학, 종교, 철학, 역사 등을 연구하는 동양학을 말한다. 문화적으로는 아시아적인 것에 관한 열광적인 경향을 말하기도 한다. 나폴레옹의 이집트 원정 이후 동양을 배경으로 한 화가들의 탐미적인 경향을 말하기도 한다. 동양에 관해 연구하는 학자들은 유럽 문화 속에 있는 동양적인 요소나 경향 등을 말하기도 한다. 그러나 19세기 유럽 열강의 식민주의와 제국주의의 팽창으로 인한 유럽인들의 인식 변화로 오리엔탈리즘의 본질도 변화하게 되었다. 유럽 열강은 세계 곳곳에 확장한 식민지와 그 지배를 정당화하기 위해, 서양 우월주의를 바탕으로 동양을 다른 시선으로 바라보고 재단했다. 동양 문화를 모방하고 수용하던 지식인들, 예술가들은 시선을 돌려 유럽 열강의 식민 지배를 정당화하는 데 중요한 역할을 했다.

19세기 오리엔탈리즘 회화는 프랑스가 중심이었다. 주제는 19세기 무슬림 여성의 모습과 하렘이었다. 서양인의 시각에서 바라보면 하렘은 매우 신비스럽고 낯선 곳이었기 때문에 많은 화가에게 매력적인 소재가 되었다. 프랑스 화가들은 다른 유럽 국가의 화가들과는 다르게 하렘의 여인을 관능적으로 표현했다. 대표적인 오리엔탈리즘 화가로는 장레옹 제롬(1824~1904년)이 있으며 여성 누드를 그린 〈노예시장〉이라는 작품이 있다. 오스만제국의 하렘을 그린 화가로는 장 오귀스트 도미니크 앵그르(1780~1867년)가 대표적이다. 앵그르의 1814년 작품 〈그랑 오달리스크

(Grande Odalisque)〉는 하렘의 여성을 그린 것인데, 오달리스크는 하렘에서 후궁이 될 수 있는 궁녀를 의미한다. 하렘은 남자의 출입을 제한하는 곳이고 앵그르가 동양을 여행한 적이 없다는 점을 고려하면, 그의 그림은 상상으로 창작된 것이라고 할 수밖에 없다. 앵그르는 1867년 〈튀르크탕(Le Bain Turc)〉을 그려 이국적인 여성의 관능미를 표현하기도 했다.

18~19세기에 유럽인들은 외교적인 임무나 탐험 목적으로, 또는 단순 여행자로 동양을 여행했다. 1704년 앙투안 갈랑이 『천일야화』를 프랑스어로 번역 출간한 이래 유럽인들은 너도나도 동양에 대한 공상과 상상을 가지고 동양 여행을 하고 여행기를 발간했다. 동방여행기는 돈 버는 사업이었다. 오스만제국을 여행한 사람들은 무슬림 여성과 하렘에 관한 글을 자신의 책 속에 담았다. 초기 여행가들은 거의 남성이었다. 하렘은 남성이 들어갈 수 없는 곳이었기 때문에 하렘의 여성을 직접 보는 것은 가능하지 않았다. 그런데도 작가는 자신이 본 것처럼 하렘의 여성을 묘사했다. 나중에 하렘을 볼 기회를 가진 유럽인 여성들도 여행기를 남겨 비교적 균형감 있게 하렘의 여성을 표현하긴 했으나, 서구 우월적인 시각에서 보는 판단의 차이는 여전히 있었다.

일찍이 하렘을 서방에 알린 사람은 영국인 오르간 제작자인 토마스 달람(1575~1620년)이었다. 그는 엘리자베스 여왕이 메흐메드 3세에게 선물한 오르간을 제작하고 선편으로 가져가 톱카프 궁전에 설치한 사람이다. 톱카프 궁전과 술탄의 내실을 볼 기회를 얻은 달람은 1599년에 일기 형식으로 된 여행기 『The Diary of Thomas Dallam』을 내놓았다. 그는 엘리자베스 여왕의 선물에 만족한 술탄이 하렘의 여성 중에 세 명을 선택하라고 제의했다며, 자신이 여성을 바라본 장면을 글로 남겼다. 베네치아 외교사절인 오타비아노 본은 이스탄불 임무(1604~1607년)를 마치고 본국 정부에 근무 보고서를 제출했는데, 그 보고서에는 톱카프 궁전에 관한 상세한 설명도 포함되었다. 오타비아노 본 대사의 보고서는 1650년 영국 여행가 로버트 위더스가 번역해 『The Grand Signior' s Seraglio(술탄의 궁정)』라는 제목의 책으로 나왔다. 이 책은 하렘의 여성들이 목욕탕에서 문란한 행동을 한다고 써놓았다. 영국 대사의 아내로 오스만제국을 여행하고 『The Turkish Embassy Letter(튀르크 대사관 편지)』를 낸 레이디 메리 워틀리 몬태규(1689~1762년)는 무슬림 여성의 생활상을 비교적 상세하게 기록해놓았다. 그녀는 술탄은 네 명까지 처를 두고 복수의 여성과 성관계를 가질 수 있으며, 자신이 목욕탕에서 본 여성들은 몸매가 매우 아름다웠다고 기록했다.

유럽 여행가들의 관심은 술탄의 일부다처, 하렘의 여성, 목욕탕 등에 집중되었다. 일반적으로 튀르크 여성은 남성에게 억압받고 있고, 하렘의 궁녀는 모두 술탄의 노예인 것처럼 묘사되었다. 하렘은 남성이 출입할 수 없는 곳이라는 점 때문에, 유럽인들에게 하렘은 신비스럽고 비밀스러운 곳, 여성들의 감옥이나 유곽 같은 곳으로 인식되었다. 그것은 술탄에게 법적으로 허용된 일부다처제에서 비롯된 발칙한 상상 때문이었다. 유럽인들의 환상은 여행기에서 또는 하렘의 기술에서 독자들에게 재미를 전달하는 다리 역할을 했다.

사이드의 『오리엔탈리즘』

19세기 오리엔탈리즘은 팔레스타인 출신으로 미국의 영문학자이자 문학평론가, 문명비평론자인 에드워드 사이드(1935~2003년)에 의해 비판을 받았다. 에드워드 사이드는 1978년 자신의 저서 『오리엔탈리즘』을 통해 서양인들이 동양을 보는 선입견을 지적하고, 오리엔탈리즘이란 서양이 동양을 지배하는 방식이라고 주장했다. 그는 서양인이 동양을 바라보는 시각과 서양인에 의해 만들어진 동양의 이미지에 관해 분석했는데, 그가 비판한 서양 오리엔탈리즘의 전형은 서구는 우수하고 문명이고 비서구는 열등하고 야만스럽다는 이분법적 사고였다. 에드워드 사이드는 오리엔탈리즘이 서구인들의 동양에 대한 단순한 환상이 아니라, 서양의 학문, 서양인의 인식으로 굳어진 조직적인 지식체계라고 정리했다.

에드워드 사이드의 『오리엔탈리즘』 이후 동양에 대한 서구인들의 시각도 크게 변했다. 무엇보다도 1970~1980년대 이후 아시아 경제의 위상과 역할이 높아지고 커졌기 때문이다. 1923년 튀르키예공화국 출범 이후 튀르키예도 '유럽의 병자' 위상에서 벗어나 유럽연합(EU)의 정식 회원국이 될 자격이 있을 만큼 정치 경제적으로 크게 성장했다. 튀르키예의 역사학자 할릴 이날즉은 1990년 논문에서 하렘과 관련한 서방의 편견은 잘못된 것이라고 비판했다. 술탄이 하렘에 수백 명의 궁녀를 가두고 마음대로 다루었다는 서양인들의 환상은 사실과 완전히 다른 것이라고 반박했다. 오히려 하렘은 엄격한 서열체계와 교육을 담당한 곳으로, 교육의 핵심은 황실 법도에 맞는 행동을 하도록 교육하는 것이었다고 했다.

지금까지 살펴본 대로 오스만제국은 늘 서양과 교류하고 있었으나 서양에 의해서 비서양 문명권으로 인식되었다. 사이드가 『오리엔탈리즘』을 세상에 내놓은 지도 반세기가 곧 다가온다. 그 사이 세계정치와 경제는 놀라운 변화와 발전을 이루었다. 세계문명권도 서양에서 동양으로 교체될 것이라는 전망이 나온 지도 오래되었다. 오늘날 튀르키예는 아주 흥미로운 역사, 그리고 정말 놀랄 만한 건축물을 보유한 문화 강국이다. 거기에다 거대한 실크로드를 동서로 연결하는 지정학적 위치는 전통적인 지역 맹주로서의 위상을 가진 튀르키예의 전략적 가치를 높여주고 있다. 서방의 군사동맹인 나토 회원국이고 국제적 위상과 영향력을 평가받는 주요 20개국(G20)의 회원국인 튀르키예는 오랜 역사를 통해 학습한 서양과의 대화와 교류를 현재도 계속하고 있다.

에필로그

이제 긴 이야기를 마치고 마무리를 할 차례가 됐다. 최선을 다했다고 자신을 위로하면서도 뭔가 최선을 다하지 못한 것 같은 모호한 아쉬움과 자책이 남는다. 내가 처음으로 튀르키예 역사서를 출간한 때가 1998년 1월이었다. 미국 대학의 로데릭 데비슨 교수가 쓴 책을 번역하여 냈다. 그리고 2022년 6월에 『오스만제국 600년사』를 냈는데, 이는 처음 출간 이래 24년이 지난 후였다. 그리고 지금 비잔티움과 오스만제국, 두 제국에 관한 책을 썼다. 책 출간을 기준으로 한다면 튀르크인들의 역사에 꽂혀 산 지도 25년이 훌쩍 넘었다. 장엄하고 화려한 매력에 빠져 표정이 없는 역사를 넋 놓고 보면서 그들의 손짓 몸짓 하나까지도 놓치고 싶지 않은 순간들이 많았다.

왜 나는 튀르크인들의 역사에 열정적이었는지 생각해본다. 내 인생의 많은 시간을 보낸 곳은 고대 그리스·로마, 로마제국, 비잔티움제국, 이슬람제국, 그리고 오스만제국까지 그 모두의 시간이 차곡차곡 겹겹이 쌓인 곳이다. 제국이 이룩한 위대한 성취와 드라마 같은 인간의 열정이 녹아 있는 곳이다. 지구상 어느 곳에도 이렇게 특별한 곳은 없을 것이다. 그곳은 바로 아나톨리아반도와 반도의 좌우상하 지역을 연계한 역사 지역으로 세계사와 긴밀하게 연결된 곳이다. 동양이나 서양도 아닌, 동양이면서 서양 같은, 서양이면서 동양 같은 중간세계다. 그 속을 들여다보니 인간의 용기, 욕망, 자유는 언제나 더 큰 변화를 받아들였고, 역사의 물결 속에서 그들의 위대함은 신성의 신비로움으로, 위력은 저돌적인 맹렬함으로 빛을 발했다.

이 책은 비잔티움제국과 오스만제국에 관한 이야기다. 이미 서두에서 밝힌 대로 두 제국은 동양과 서양의 중간세계로, 그들의 시간과 공간이 유럽사 중심의 세계사 그늘에 가려져 있었다는 공통점이 있다. 중간세계의 고대가 메소포타미아와 페르시아의 시대라면, 중세는 비잔티움의 기독교제국 시대였고, 근대는 오스만제국의 이슬람제국 시대였다. 그러니까 이 책은 중세를 대표하는 비잔티움과 근대를 대표하는 오스만제국, 다시 말하면 기독교제국과 이슬람제국에 관한 이야기를 다룬다. 서로 무관해 보이는 기독교와 이슬람 세계의 두 제국이 중간세계에서 종교 · 문학적으로 서로 연계되어 교류하며 갈등하고, 정치 · 지리적으로 교류와 충돌, 대립과 연대를 한 이야기가 이 책의 핵심 주제이다. 시간상으로 보면, 종교와 정치, 문화, 예술 차원에서 충돌과 교류가 빚어낸 1000년의 비잔티움제국, 600년의 오스만제국, 그리고 두 제국 사이에 600년의 이슬람제국의 역사 · 문화 이야기를 다뤘다.

비잔티움과 오스만제국은 서양사의 빈틈에 있다. 나는 원고를 쓰면서 이 책이 세계사의 공간 한쪽을 미약하나마 채워줄 것이라는 믿음을 가졌다. 주목받지 못했던 비잔티움과 오스만제국을 무대 위로 올려놓고 그것들을 씨줄과 날줄로 엮어보려 했다. 역사, 정치뿐만 아니라 문화, 예술, 건축 분야에서 흥미로운 디테일을 찾아내 인과관계 속에서 그것을 단선상의 역사과정에 배치했다. 베틀에서 씨줄과 날줄이 교차하고 엮이면 천이 만들어진다. 역사적 사건을 씨줄과 날줄로 엮으면 이야기가 생긴다. 그런 면에서 이 책은 역사적 사건을 씨줄과 날줄로 엮어가며 스토리텔링 방식으로 쓴 역사 · 문화 기행기라고 해도 될 것 같다.

인생역정이 파란만장하다고 하지만, 제국의 역사도 다르지 않다. 정말 파란만장하다. 그래서 할 얘기가 많다. 인생에는 완성될 여지가 언제나 남아 있긴 하지만, 한 산을 넘으면 더 큰 산이 나타난다. 제국의 역사도 한고비를 넘기면 또 다른 고비가 기다리고 있다. 인생이나 제국이나 다 같이 완성에 이르지 못하니 늘 힘겨운 삶이 계속되는 현재 진행형만 있을 뿐이다. 어느 시인의 시구(詩句)처럼 인생은 미완성으로 완성하는 역설의 세계다. 이 시구를 빌려 말하면, 제국의 역사도 미완성으로 완성하는 역설의 세계다. 내가 아무리 불같은 정열로 탐구하고 집필했다 한들 어떻게 완성했다고 말할 수 있을까? 무모한 자만심을 내려놓고 겸손해야만 하는 이유다. 이번에 출간하는 책도 미완(未完)의 책이다. 다음 기회에 더욱 겸손하되 치열한 자세로 흥미와 배움이 있는 명품 콘텐츠의 책을 집필해보자.

참고문헌

오스만제국

사이드, 에드워드 W, 박홍규 옮김, 『오리엔탈리즘』, 교보문고, 2007.

하이얌, 오마르 & 피츠제럴드, 에드워드, 윤준 옮김,『루바이야트』, 지식을만드는지식, 2020.

Atil, Esin, *The Age of Sultan Suleyman the Magnificent*, Harry N Abrams Inc. 1987.

Boyar, Ebru, *A Social History of Ottoman Istanbul*, New York: Cambridge University Press, 2010.

DK Smithsonian, *Battles That Changed History*, DK Publishing, 2018.

Finkel, Caroline, *Osman's Dream: The Story of the Ottoman Empire 1300-1923*, New York: Basic Books, 2007.

Göçek, Fatma Müge, *East Encounters West: France and the Ottoman Empire in the Eighteenth Century*, Oxford University Press. 1987.

Goffman, Daniel, *The Ottoman Empire and Early Modern Europe*, New York: Cambridge University Press, 2002.

Goodwin, Godfrey, *A History of Ottoman Architecture*, The Johns Hopkins University, 2003.

İnalcık, Halil(ed.), *Ottoman Civilization 1 & 2*, Ankara: Ministry of Culture and Tourism Press, 2004.

İnalcık, Halil, *The Ottoman Empire: and Europe*, Istanbul: Kronik, 2017.

İnalcık, Halil, *The Ottoman Empire: The Classical Age 1300-1600*, London: Phoenix Press, 2000.

Mansel, Philip, *Constantinople: City of the World's Desire, 1453-1924*, Gardners Books. 1997.

Olivier, Bernard, *Out of Istanbul, A Journey of Discovery Along the Silk Road*, Skyhorse, 2019.

Ortaylı, İlber, *Ottoman Studies*, Istanbul: Kronik, 2021.

Özel, Mehmet(ed.), *Turkish Arts,* Ankara: Ministry of Culture Press, 1999.

Palmer, Alan, *The Decline & Fall of the Ottoman Empire*, Barnes & Noble Books, 1994.
Peirce, Lesile, *Imperial Harem: Women and Sovereignty in the Ottoman Empire*, New York: Cambridge University Press, 2010.
Quataert, Donald, *The Ottoman Empire, 1700-1922*, New York: Cambridge University Press, 2000.
Rice, Tamara Talbot, *The Seljuks in Asia Minor*, London: Thames and Hudson, 1961.
Sajdi, Dana(ed.), *Ottoman Tulips, Ottoman Coffee: Leisure and Lifestyle in the Eighteenth Century*, London-New York: Tauris Academic Studies, 2007.
Stierlin, Henri, *Turkey from the Selçuks to the Ottomans*, Taschen, 2002.
Williams, Haydn, *Turquerie: An Eighteenth-Century European Fantasy*, London: Thames & Hudson, 2015.

이슬람 & 이슬람제국

갈랑, 앙투앙, 임호경 옮김, 『천일야화』, 열린책들, 2020.
게오르규, 비르질, 민희식 · 고영희 옮김, 『마호메트 평전』, 초당, 2002.
라이언스, 조너선, 김한영 옮김, 『지혜의 집』, 책과함께, 2013.
브루그, 에릭, 임현석 옮김, 『별과 패턴의 발견: 이슬람 지오메트릭 디자인』, 북핀, 2021.
블룸, 조너선 외, 강주헌 옮김, 『이슬람 미술』, 한길아트, 2003.
어윈, 로버트, 황의갑 옮김. 『이슬람 미술』, 예경, 2005.
할둔, 이븐, 김호동 옮김, 『역사서설, 아랍, 이슬람, 문명』, 까치, 2003.
홀랜드, 톰, 이순호 옮김, 『이슬람제국의 탄생』, 책과함께. 2015.
Berkey, Jonathan, *The Formation of Islam: Religion and Society in the Near East 600-1800*, New York: Cambridge University Press, 2002.
Hattstein, Markus(ed.), *Islam: Art and Architecture*, Könemann, 2004.
Sala, Juan Pedro Monferrer(ed.), *East and West: Essays on Byzantine and Arab World in the Middle Ages*, Gorgias Press, 2009.

비잔티움

로덴, 존, 임산 옮김, 『초기 그리스도와 비잔틴 미술』, 한길아트, 2003.
메이엔도르프, 존, 그레고리오스 박노양 옮김, 『비잔틴 신학』, 정교회출판사, 2010.
베리, 존 배그넬, 김성균 옮김, 『바바리안의 유럽침략』, 우물이있는집, 2007.
스타크, 로드니, 손현선 옮김, 『기독교의 발흥』, 좋은씨앗, 2016.
스트릭랜드, 캐롤, 김호경 옮김, 『클릭 서양미술사』, 예경, 2019.
콜린스, 마이클 & 프라이스, 매튜 A., 김승철 옮김, 『기독교 역사』, 시공사, 2003.
팜필루스, 유세비우스, 엄성옥 옮김, 『유세비우스의 교회사』, 은성, 2008.
프로코피우스, 곽동훈 옮김, 『프로코피우스의 비잔틴제국 비사』, 들메나무, 2015.
헤린, 주디스, 이순호 옮김, 『비잔티움』, 글항아리. 2013.
스타타코풀로스, 디오니시오스, 최하늘 옮김, 『비잔티움의 역사』, 더숲, 2013.
Bazzaz, Sahar(ed.), *Imperial Geographies in Byzantine and Ottoman Spaces*, Harvard University Press, 2013.
Browning, Robert, *The Byzantine Empire*, Catholic University of America Press, 2000.
Brubaker, *Leslie & Haldon*, John, *Byzantium in the Iconoclast Era c. 680-850*, Cambridge University Press, 2011.
Byron, Robert, *The Byzantine Achievement, An Historical Perspective A.D. 330-1453*, London-New York: Routledge, 2011.
Cameron, Averil, *The Byzantines*, Blackwell Publishing, 2006.
Cameron, Averil, *The Byzantines*, Oxford: Blackwell, 2010.
Cheik, Nadia Maria El, *Byzantium Viewed by the Arabs*, Havard University Press, 2004.
Cormack, Robin et al. *The Oxford Handbook of Byzantine Studies*, Oxford University Press, 2008
Cormack, Robin, *Byzantine Art*, Oxford University Press, 2018.
Cormack, Robin, *Byzantium 330-1453*, London: Royal Academy Publications, 2008.
Crone, Patricia, *Slaves on Horses: The Evolution of the Islamic Polity*, Cambridge University Press, 2003.
Curcic, Slobodan(ed.), *Architecture As Icon*, Princeton University Press, 2010.
Eastmond, Antony, *The Glory of Byzantium and Early Christendom*, Phaidon Press, 2013.

Freely, John et al. *Byzantine Monuments of Istanbul*, Cambridge University Press, 2009.

Gregory, Timothy E. *A History of Byzantium* (2nd edition). Wiley-Blackwell, 2010.

Harris, Jonathan, *Constantinople: Capital of Byzantium*, London: Hambledon Continuum, 2007.

Korobeinikov, Dimitri, *Byzantium and the Turks*, Oxford University Press, 2014.

Krautheimer, Richard, *Early Christian and Byzantine Architecture*, London : Yale University Press, 1984.

Laiou, Angeliki E.(ed.), *Byzantium, A World Civilization*, Dumbarton Oaks Research Library and Collection, 1992.

Lowden, John, *Early Christian and Byzantine Art*, Phaidon Press, 1997.

Mango, Cyril(ed.), *The Oxford History of Byzantium*, Oxford University Press, 2002.

Mango, Cyril, *The Empire of New Rome*, New York : Charles Scribner' s Sons, 1980.

Necipoğlu, Nevra(ed.), *Byzantine Constantinople: Monuments, Topography, and Everyday Life*. Leiden: Brill, 2001.

Necipoglu, Nevra, *Byzantium between the Ottomans and the Latins: Politics and Society in the Late Empire*, Cambridge University Press, 2011.

Ousterhout, Robert, *Master builders of Byzantium*, University of Pennsylvania Museum of Archaeology and Anthropology, 2008.

Page, Gill, *Being Byzantine: Greek Identity Before the Ottomans*, Cambridge University Press, 2008.

Sarris, Peter, *Byzantium, A Very Short Introduction,* Oxford: Oxford University Press, 2015.

Stephenson, Paul(ed.), *The Byzantine World*, Routledge, 2010.

Treadgold, Warren, *A History of the Byzantine State and Society*, Stanford University Press; 1st edition, 1997.

Wells, Colin, *Sailing from Byzantium: How a lost Empire shaped the World*, New York: Delta Trade Paperbacks, 2007.

튀르키예어 문헌

Acun, Hakkı (ed.), *Anadolu Selçuklu Dönemi Kervansarayları*, T.C. Kültür ve Turizm Bakanlığı, 2007.

Allom Thomas, Şeniz Türkömer(trans.), *İstanbul Manzaraları Rumeli'de ve Batı Anadolu'da Gezintilerle*, Türkiye İş Bankası Kültür Yayınları, 2000.

Arnold, Thomas Walker, Halil Halid Bey(trans.), *İslamın Yayılış Tarihi*, İstanbul: Kapı Yayınları, 2022.

Aslanapa, Oktay, *Türk Sanatı*, İstanbul: Remzi Kitabevi, 2021.

Bağcı, Serpil, *Osmanlı Resim Sanatı*, T.C. Kültür ve Turizm Bakanlğı, 2012.

Bastav, Serif, *Bizans Tarihi*, İstanbul: Bilge, 2021.

Belge, Murat, *Osmanlı'da Kurumlar ve Kültür*, İstanbul Bilgi Üniversitesi Yayıları, 2005.

Çakır, Coşkun, *Osmanlı medeniyeti: siyaset, iktisat, sanat*, İstanbul: Klasik, 2005.

Emecen, Feridun M. *Yavuz Sultan Selim*, İstanbul: Kapı Yayınları, 2019.

Ersoy, Sevgi Akbulut, *Osmanlı Minyatür Tekniği*, Ankara: Kendi Yayını, 2006.

Güvenç, Bozkurt, *Türk Kültür ve Kimliği*, İstanbul Kültür Üniversitesi.

İnalcık, Halil, *Osmanistik Bilimi'ne Katkılar*, Türkiye İş Bankası Yayıları, 2017.

Karaduman, Alev(ed.), *Türk Dili, Kültür ve Tarihi*, Hacettepe Üniversitesi Edebiyat FaKültesi, 2016.

Koçi Bey, *Koçi Bey Risaleleri*, Istanbul: Kabalcı Yayınevi, 2007.

Morgan, Giles, Eylem Çağdaş Babacğlu(trans.), *Bizans'ın Kısa Tarihi Yeni Roma Ya Da Konstantin şehri*, İstanbul: Kalkedon, 2010.

Özcan, Ali Rıza(ed.), *Hat ve Tezhip Sanatı*, T.C. Kültür ve Turizm Bakaıgli i, 2009.

Woodhead, Christine(ed.), *Osmanlı Dünyası*, İstanbul: ALFA, 2018.

논문

김종일, "오스만제국 내 기독교인에 관한 정책 연구", 한국중동학회논총, 제40권 제1호, 2019.

이강온, "레브니의 베흐비의 축제서: 전통의 재해석과 서사적인 인물 표현의 등장", 서울대학교 대학원 석사학위논문, 2014.
이은정, "16-17세기 오스만 황실 여성의 사회적 위상과 공적 역할-오스만 황태후의 역할을 중심으로", 한국여성사학회, no. 16, 2012.
이은정, "고전시대 이후 (17-19세기) 예니체리의 정체성 문제-출신, 영성, 네트워크", 인문학연구원, vol. 75, no. 4, 2018.
이희철, "18세기 프랑스에서 튀르크 문화의 재현(Turquerie)에 관한 연구 : 오스만제국과 프랑스 왕국 간 동맹 관계를 중심으로", 지중해지역연구, 제22권 제3호, 2020.
황의갑 외, "이슬람 세계-유럽문명의 지적 교류", 한국중동학회논총, 제34권 제4호, 2014.
Ekinci, Ekrem Buğra, "Fratricide in Ottoman Law", *DergiPark Belleten*, Vol. 82, Issue 295, 2018.
Huddleston, Diane M. "The Harem: Looking Behind the Veil" *Department of History seminar paper*, Western Oregon University, 2012.
Sypia ski, Jakub, "Arabo-Byzantine relations in the 9th and 10th centuries as an area of cultural rivalry", *International Symposium Byzantium and The Arab World. Encounter of Civilizations*, Thessaloniki, 2011.

국내 단행본

박승찬, 중세의 재발견, 도서출판길, 2017.
석영중, 러시아 정교 역사 · 신학 · 예술, 고려대학교 출판문화원, 2017.
이덕형, 러시아 문화예술의 천년, 생각의나무, 2009.
이덕형, 비잔티움, 빛의 모자이크, 성균관대학교 출판부, 2006.
이희철, 튀르크인 이야기, 리수, 2017.
이희철, 오스만 제국 600년사, 푸른역사, 2022.
임석재, 서양건축사, 북하우스. 2019.
임영방, 중세 미술과 도상, 서울대학교 출판부, 2006.
정수일, 이슬람 문명, 창비, 2007.
한동일, 법으로 읽는 유럽사, 글항아리, 2018.

찾아보기

중간세계사 비잔티움과 오스만제국

1판 1쇄 발행 2024년 3월 5일
1판 2쇄 발행 2024년 6월 14일

지은이 이희철
펴낸이 김현정
펴낸곳 책읽는고양이 / 도서출판리수

기획 김현주
교정 이교혜
디자인 겨자씨

등록 제4-389호(2000년 1월 13일)
주소 서울시 성동구 행당로 76 110호
전화 2299-3703
팩스 2282-3152
홈페이지 www.risu.co.kr
이메일 risubook@hanmail.net

ISBN 979-11-92753-15-7 03900